옮긴이 이규원

한국외국어대학교에서 일본어를 전공했다. 문학, 인문, 역사, 과학 등 여러 분야의 책을 기획하고 번역했으며 현재 전문 번역가로 활동중이다. 옮긴 책으로 미야베 미유키의 『이유』, 『얼간이』, 『하루살이』, 『미인』, 『진상』, 『피리술사』, 『괴수전』, 『신이 없는 달』, 『기타기타 사건부』, 덴도 아라타의 『가족 사냥』, 마쓰모토 세이초의 『마쓰모토 세이초 걸작 단편 컬렉션』, 『10만 분의 1의 우연』, 『범죄자의 탄생』, 『현란한 유리』, 우부카타 도우의 『천지명찰』, 구마가이 다쓰야의 『어느 포수 이야기』, 모리 히로시의 『작가의 수지』, 하세 사토시의 『당신을 위한 소설』, 가지야마 도시유키의 『고서 수집가의 기이한 책 이야기』, 도바시 아키히로의 『굴하지 말고 달려라』, 사이조 나카의 『오늘은 뭘 만들까 과자점』, 『마음을 조종하는 고양이』, 하타케나카 메구미의 『요괴를 빌려드립니다』, 아사이 마카테의 『야채에 미쳐서』, 『연가』, 미나미 교코의 『사일런트 브레스』 등이 있다.

총리의 남편

총리의 남편

総理の夫

First Gentleman

하라다 마하

총리의 남편

総理の夫

First Gentleman

이규원 옮김

북스토리

차
례

1

20××년 9월 20일 맑음

오늘을 절대 잊지 말자는 생각에 일기를 쓰기로 결심했다.

지금도 매일 '고코쿠지 숲의 새 관찰일지'를 쓰고 있지만 나 개인의 일상을 일기로 쓰자는 생각은 한 번도 해 본 적이 없다.

관찰일지는 조류학자인 나에게는 본업의 일부이므로 상세하게 쓰려고 노력해 왔다. 그 습관 때문에 나의 일상도 세세한 데까지 시시콜콜 써 버릴 것 같아 처음에는 내키지 않았다. 만약에 쓴다면 아침 식탁에 오른 것들, 뭐 그래 봐야 맨날 토스트와 커피 같은 간단한 것들이지만, 어쨌거나 점심 도시락 메뉴, 사실 점심도 샌드위치나 주먹밥 같은 간단한 것들이지만, 그리고 저녁때 동료 연구원들과 주점에서 시켜 먹은 메뉴들까지 시시콜콜 써 버릴지도 모르겠다는 생각이 든다. 어디 그뿐인가. 아침저녁으로 측정하는 체중, 차는 몇 잔이나 마셨는지, 화장실 변기에 몇 분이나 앉아 있었는지, 신문을 다 보는 데 걸린 시간, 그 밖에 온갖 일들을 죄다 기록해 버릴 듯하여 아무래도 내키지 않았던 것이다.

나에 대한 내용이라면 그나마 낫다. 만약 내가 일기를 쓴다면 아내 린코와 있었던 일까지 세세하게 기록해 둘까 봐 두려웠다. 사실 린코는 객관적으로 볼 때 생물생태학적으로 매우 특이한 행동을 한다. 남편이라는 위치에서 봐도 역시 흥미롭다. 그것은 결혼 전에도, 결혼하고 십 년이 지난 지금도 달라지지 않았다.

린코의 말이나 행동은 늘 나나 주위 사람들의 예상을 크게 벗어난다. 좋은 의미에서. "헐, 저래도 되는 거야?"라며 눈이 휘둥그레질 행위를 아무렇지 않게 해치우고도 씩씩하게 구니까 보는 사람까지 기분이 좋아진다. 린코의 그런 언동을 목격하면 주위 사람들은 대개 기절할 것처럼 놀란다. 누구도 예상하지 않았기 때문이다. 물론 나도 예외가 아니다.

가끔 그녀는 나에게 물을 때가 있다. "히요리 씨, 나, 이런 일을 하려는데 어떻게 생각해?" 그럴 때면 나는 속으로 아무리 기겁하더라도 가슴 속에 꾹 감추고 어김없이 이렇게 대답한다. "괜찮은

데. 해 보지그래."

당신이 좋다고 생각해서 하려는 일이면 당연히 좋은 일인 게 분명하니까. 적어도 당신과 나한테는.

나의 대답을 듣고 그녀는 말한다. "역시 나는 히요리 씨의 그런 점이 마음에 든단 말이야."

이런 식의 대화에서 보다시피 우리 부부는 참으로 사이가 돈독하다.

오늘 일기를 쓰자고 결심한 이유도 다른 건 제쳐놓더라도 아내 소마 린코의 '행적'을 글로 남겨 놓고 싶다는 기분이 절실했기 때문이다.

본래 일기란 사적인 기록이다. 그러나 나는 훗날 일반에 공개되는 것을 전제로 이 일기를 써 나갈까 생각하고 있다.

언제 공개될지는 알 수 없다. 나나 린코가 세상을 뜬 뒤, 혹은 그보다 더 먼 미래의 일일지도 모른다.

그때 이 나라는 어떻게 되어 있을까. 세계는 어떻게 되어 있을까.

정치는? 경제는? 연금은? 저출생 고령화는? 고용은? 국제관계는? 환경문제는? 인간은, 생물들은 어떻게 살아가고 있을까? 내 전문 연구 분야인 두루미가 혹시 멸종되었으면 어쩌지. 이렇게 쓰다 보니 왠지 안절부절못하는 심정이 된다.

지금 이 순간 이 나라나 지구는 모든 면에서 절체절명의 상황에 처해 있다. 10년 후, 50년 후, 100년 후, 아니 더 먼 미래까지

지속되어야 할 인간과 조류와 생물들의 미래가 걱정스럽다면 당장 뭐라도 해야만 하는 상황에 우리는 처해 있는 것이다.

그나저나 얼마나 절묘한 타이밍이란 말인가.

이 시기에 일본 정국이 크게 변하려고 하는 것은 역사에 미리 프로그래밍 되어 있었다고밖에 생각할 수 없다. 아니면 신이 비장해 두었다가 꺼내 든 장난인지도 모르지.

하지만 기왕 이렇게 되었으니 그 장난에 끝까지 장단을 맞춰 줘야 하지 않을까. 물론 내가 장단을 맞춰 준다고 무슨 소용이 있겠냐마는.

앞으로 한동안 신의 장난에 철저히 놀아나게 될 사람은 나의 아내 소마 린코이다.

오늘이 바로 운명의 날이다.

길이 나올까 흉이 나올까. 아니, 그야 물론 대길이 나오리라 나는 믿고 있다.

아울러 오늘은 내가 후세에 남기고자 일기를 쓰기 시작한 날. 이 일기를 제일 먼저 차지한 사람, 그러니까 '당신'을 말하는 것인데, 대체 이 일기는 어느 시대의 이야기일까 하고 얼마간 궁금해하지 않을까.

하긴 이 일기장은 인터넷을 뒤져 어렵게 찾아낸 귀한 물건이다. 와인컬러 가죽제 하드커버에 이탈리아제 양피지를 아낌없이 사용한 '자물쇠 달린 일기장'이다. 그렇다, 언젠가 닥치리라 예측하고 지난 총선거 개표 전에 준비해 두었다. 이런 일은 아날로그

로 가는 게 맞다. 인터넷에 파일로 저장해 두는 게 제일 위험하다. 그 정도 위기관리 능력은 나에게도 있다.

내가 쓰는 이 일기는 역사의 증거가 될 것이다. 미래 어느 날, 누군가, 즉 당신은 이 일기를 유용하게 이용해 주리라 생각한다. 이를 위해서라도 나는 부끄러워하고 있을 때가 아니다. 당신이 이 일기장을 펴볼 때면 나나 린코는 저승으로 간 지 오래일 터이다. 그러므로 여기에 주저 없이 시시콜콜 모두 까발리기로 작심한 것이다.

장차 일급 역사 자료가 될 일기를 쓰기 시작한 기념할 만한 오늘.

나의 아내는, 총리가 된다.

제111대 일본국 내각총리대신 소마 린코.

일본 최초의 여성 총리가 탄생하는 날이다.

나는 전공 때문에 동트기 전에 일어난다.

우리 집 정원을 찾는 새의 개체수를 세는 일로 하루 일과를 시작하기 위해서는 새가 깨어나기 전에 일어나 미리 자리를 잡고 있어야 하기 때문이다. 참새가 쩍쩍 울기 전에 세수하고 옷 입고 커피를 준비해서 거실 창가에 쌍안경을 들고 대기한다.

나의 전공은 두루미를 비롯한 희귀 조류의 생존과 회복에 관한 연구이므로 참새나 동박새의 생태 관찰은 사실 전공과 별 관계가 없다. 그러나 길게 봐서 도쿄 중심부의 작은 잡목림에 서식하는 들새를 정점 관측해 두면 조만간 들새 개체수와 도시화의 관계에 대해 발언할 때 도움이 될 것으로 기대하고 있다.

삼십 분 정도 관찰하면 슬슬 배가 고파지므로 토스트를 굽고 커피를 한 잔 더 따른다. 출근 준비로 바쁜 아침시간에 나와 아내는 각자 알아서 자기 일을 하고 있다. 가정부 시모무라 씨가 오는 시간은 오전 9시. 시모무라 씨는 우리가 집을 비우는 낮 동안에 청소, 세탁, 택배, 장보기 등 집안일 일체를 참으로 바지런하게 해 준다.

사실대로 말하면 린코와 나는 가정부에게 집안일을 맡기는 것을 미안하게 여긴다. 결혼할 때 린코는 "나는 가정주부가 될 생각도 없고 사모님이 되고 싶지도 않아"라고 확실하게 선언했다. 전업주부가 되지도 않을 테지만 시집 본가처럼 가정부를 여럿 고용하는 호사를 부릴 마음도 없다는 말이었으리라. 즉 내 어머니처럼은 되지 않겠다는 뜻이다.

나의 어머니 소마 다카코는 '오토와 마님'이라 불리며 일꾼을 여럿 부리고 있다. 그것을 당연하게 여기는 분이다. 예전에 린코가 나와 결혼하기를 망설인 까닭도 바로 내 어머니 때문이었다. 아울러 우리 본가의 재산과 '소마 가문'이라는 이름도 마뜩찮아 했다. 돈이야 없는 것보다 있는 편이 낫지만 너무 많아도 싫다면서.

지금까지 내가 맞선을 권유받은 아가씨들과는 그런 점에서도 일선을 긋는 여자가 린코였다.

나의 형 다요리는, 세상에 돈 싫다는 여자는 없다고 확신하고 있다. 틀린 말은 아니리라. 그래서인지 어떤지는 몰라도 형은 린코가 소마 가에 들어오는 것을 경계했다. 돈 따위는 번거롭다고 말하는 여자일수록 돈에 집착하게 마련이라고 믿기 때문이다. 그래 놓고 막상 린코를 처음 만났을 때는 내가 당황할 정도로 린코 곁에 붙어서 열심히 말을 건넸다. 대충 짐작은 했다. 린코는 형의 취향에 딱 맞는 얼굴이니까. 형수는 전혀 형 스타일이 아니었지만, 말하자면 비상장 오너 기업 간의 정략결혼과 비슷해서 형은 본의와 상관없이 받아들였던 것이다.

어머니가 린코를 조금도 좋아하지 않은 것은 당연하다면 당연한 일이다.

어머니는 나를 끔찍이 아낀다. 스물두 살에 결혼해서 일찌감치 장남인 형을 낳고 15년이 지나서야 차남인 나를 낳은 만큼 애완동물처럼 귀여워했다. 시대착오도 심한 시대착오지만 내게는 유모도 있었다. 유모뿐만 아니라 내 기저귀를 갈거나 밤에 울 때 달래서 재워 주는 보육사도 여러 명 있었다. 어머니는 나를 낳기는 했지만 번거로운 일들은 전부 그들에게 맡기고 당신은 미니어처 푸들을 귀여워하듯 나를 귀여워했던 것이다.

그런 어머니답게 나의 배필을 물색하는 일에 남보다 더 속을 끓인 것은 말할 나위도 없다. 가문도 학력도 취미도 용모도 이보다 나은 여자는 없을 거라는 아가씨를 찾아내어 맞선을 권했다. 형의 결혼은 돌아가신 아버지가 멋대로 며느릿감을 데려다가 잽

싸게 결정해 버렸는데, 어쩌면 그런 남편에 대한 반발도 있었을지 모르겠다.

나는 나대로 어머니에게 저항했다. 내 아내는 직접 찾고 싶었다.

와중에 린코를 처음 만났을 때는 벼락을 맞은 듯 충격을 받았다고 할까. 그야말로 첫눈에 홀딱 반했다.

생각해 보면 10년 이상 지난…… 아니, 지금 그녀와의 첫 만남에 대하여 쓰는 것은 그만두자. 그러려면 상당한 지면이 필요하다.

그래, 어쨌든 오늘은 특별한 날이다. 그러니 아침에 일어나 늘 하던 새 관찰을 끝낸 때로 이야기를 돌리도록 하자.

시곗바늘은 5시 30분을 가리키고 있다. 나는 새로 커피를 타고 토스터에 식빵을 넣고 냉장고에서 자몽, 로메인상추, 셀러리, 베이컨칩을 꺼냈다. 준비된 재료들은 "가끔 샐러드도 드셔야죠"라는 시모무라 씨의 암묵적인 메시지였다. 그녀는 토란이나 생오징어처럼 손질이 많이 필요한 식재료는 절대로 사 두지 않는다. 린코는 요리를 하지 않는 사람이므로 가끔 요리하는 내가 레시피 없이도 뭔가를 만들 수 있을 법한 식재료를 매일 조금씩 보태는 식으로 사 놓고 있다. 식재료를 조리대에 늘어놓으니 시모무라 씨가 오늘 아침 나에게 바란 것은 '시저샐러드'가 아닐까 짐작되었다.

린코는 간밤에 아주 늦게 귀가했다. 나는 무슨 일이 있어도 밤

11시 전에는 잠자리에 들므로 아내의 귀가 시간을 확실히 알지는 못하지만 아마 새벽 2시가 지나서 돌아왔을 것이다. 아내는 침대에 들기 직전까지도 휴대폰을 들고 누군가와 통화했다. "기자회견은······"이라든지 "조각組閣 작업은······"이라는 말을 들은 것 같다. 내일을 위한 의논이 아직 끝나지 않은 게로군, 하고 꿈결에 생각했다.

이내 풀썩, 하고 내 옆자리가 푹 꺼졌다. 침대에 몸을 던진 린코는 "아, 배고파" 하고 허공을 향해 한 마디 중얼거리더니 색색 숨소리를 내며 잠들었다.

아침에 눈을 뜨자 어제의 기억이 떠올랐다. 어지간히 시장했던가 싶어 안쓰러운 기분이 들었다. 그래서 오늘만큼은 토스트와 커피밖에 없는 조식이 아니라 뭔가 제대로 된 요리를 만들어 주자고 새를 관찰하며 마음먹었다.

평소 아침은 그녀는 그녀대로 나는 나대로 각자 챙겨먹는다. 출근 시각도 다르다. 린코는 소수 야당이라 해도 한 정당의 당수인 만큼 분 단위로 바쁘게 움직이는데, 자료를 훑어보거나 휴대폰으로 의논하느라 때로는 아무것도 못 먹고 급하게 나가 버린다. 한번은 새벽 5시경에 인터폰이 울려서 누가 장난하나 했더니, 정책비서가 다급한 일로 달려왔던 적도 있다. 총선에서 린코가 당수로 있는 직진당이 크게 약진한 뒤로는 정책비서 시마자키 군이나 간사장 오즈 씨가 거의 매일 아침 집으로 찾아온다. 린코는 조식도 제대로 먹을 수 없게 되었다. 토마토주스와 토스트를

절반이나 먹으면 그나마 다행이다. 이야기를 들어 보면 점심이나 저녁은 회식을 겸하는 경우가 대부분인데, 천성이 성실한 그녀는 상대방 이야기에 집중하느라 제대로 먹지 못할 때가 많다고 한다. 그럼 어떻게 버티는 거야? 하고 물으니 "비서에게 단팥빵과 우유를 사오라고 해서 이동 중인 차에서 먹지"라는 대답이 돌아왔다. 그래서야 학생들 군것질이나 다를 게 없잖아, 라고 말하고 싶었다.

아무튼 간밤에 잠들기 직전까지 "아, 배고파"라고 중얼거리던 것이 마음에 걸려 아침을 든든하게 먹여서 출근시키자고 마음먹었다.

그렇지. 가만 생각해 보니 오늘부로 나는 총리의 남편이다. 아내의 건강 관리에 신경 쓰고 마음껏 싸울 수 있도록 출진 준비를 갖춰 주는 것이 남편인 나의 본분 아니겠는가.

그때 퍼뜩 깨달았다.

일본 최초의 '여성 총리'가 탄생했다는 말은 곧 '총리의 남편'도 일본 최초라는 뜻 아니던가. 그런데 애초에 총리의 반려는 어떤 일을 해야 하는 걸까.

낱낱이 떼어낸 로메인상추를 씻으며, 내가 너무 생각이 없었네, 하고 나도 모르게 천장을 올려다보았다.

이게 뭐란 말인가. 퍼스트레이디 아닌 퍼스트젠틀맨이 되었는데 내 반려를 위해 내가 하고 있는 일이라는 것이 고작 시저샐러드나 만드는 거라니.

왠지 이 정도로는 안 되겠다 싶어서 샐러드 토핑에 파마산치즈를 곁들이기로 했다.

조리를 하는데 주방문이 힘차게 열리며 "굿모닝" 하고 린코가 나타났다. 벌써 흰 셔츠와 무릎 위까지 내려오는 타이트스커트를 입고 있다. 민낯에 은테 안경, 부스스한 단발머리.

그러거나 말거나 내 아내는 아름답다. 아침에 깨어나 하품하는 얼굴부터 녹초가 되어 잠드는 순간까지 어떤 순간이든 눈길을 빼앗길 만큼 예쁘다.

"굿모닝. 잘 잔 거야?" 채반으로 상추의 물기를 털어 내며 물었다.

"최악이야." 린코는 내가 식탁 위에 죽 늘어놓은 조간신문들의 1면을 훑어보며 대답했다.

"수면 부족으로 피부 컨디션이 말이 아냐."

그렇게 중얼거리고 조간신문으로 얼굴을 디밀었다. 어느 신문의 1면에나 큼지막한 활자가 춤추고 있었다.

사상 최초 여성 총리 탄생
사상 최초 최연소 여성 총리 탄생
사상 최초 여성 총리 오늘 국회에서 지명

"나 참, 여기나 저기나 죄다 여성, 여성."
찰싹, 소리가 나게 지면을 치며 린코가 뚱하게 말했다.

"애초에 인류의 성은 남성과 여성이 전부잖아. 원래대로라면 여성이 총리가 될 확률이 50퍼센트인데, 뭘 새삼스럽게."

"아. 그건 좀 아니라고 생각하는데." 나는 이의를 제기했다.

"물론 대부분의 생물은 자웅으로 나눠지지. 하지만 그 생물이 살아가는 환경 속에서, 인류라면 '사회' 속에서, 특정한 사회적 위치에는 개체의 우열이나 적합한 성별이 요구되게 마련이거든. 성숙한 사회 환경에서 여성이 일국의 행정 수반이 되려면 그 여성이 개체로서 우수해야 함은 물론이고 세상의 트렌드도 필수적이니까……,"

"됐어. 알았으니까 그만, 히요리 씨. 오늘은 거기까지."

린코는 내게 손바닥을 쳐들어 보이며 나의 입을 막아 버렸다. 뭐야, 정말 하고 싶은 말은 지금부터인데.

"오, 뭘 만든 거야?"

린코가 내 손 맡을 들여다보며 물었다.

"잠깐만 기다려. 곧 완성되니까." 나는 고형 파마산치즈를 치즈 그레이터로 갈아서 끼얹었다.

나무 볼에 상추를 수북이 담고 껍질 벗긴 망고와 셀러리, 바삭바삭한 베이컨칩을 얹은 다음 그 위에 파마산치즈를 뿌렸다. 특제 시저샐러드를 린코 앞에 놓아 주며 나는 말했다.

"나는 오늘부로 '총리의 남편'이잖아. 당신의 건강에는 일국의 운명이 달려 있어. 그러니까 앞으로 내가 당신에게 최대한 건강한 조식을 챙겨 주겠어. 그게 나의 가정 정책이야."

"어, 그래?" 린코가 심드렁하게 대답했다. "고마운걸. 잘 먹겠습니다."

포크를 들고 샐러드를 먹기 시작하려는 순간, 대문 인터폰이 울렸다.

"시마자키 군이네" 하며 린코가 포크를 식탁에 내려놓고 일어섰다.

"화장하고 올게. 오 분 안에 나올 테니까 저 사람을 거실로 안내해 줘."

말하기 무섭게 후다닥 욕실로 뛰어간다. 시저샐러드에는 손도 대지 않았다. 나는 낙담했지만 "예, 예, 예" 세 번 대답하고 지시에 따랐다.

"아, 히요리 씨, 안녕하십니까!"

현관 앞에 나타난 정책비서이며 직진당 당수의 오른팔인 시마자키 고잔 군은 이마에 구슬 같은 땀을 흘리며 숨을 헐떡이고 있었다. 우리 집 대문에는 컴퓨터로 제어되는 보안 장치가 설치되어 있는데, 실내에 있는 스위치로 해제하면 문이 열린다. 거기부터 작은 잡목림 같은 정원을 50미터가량 되는 진입로가 가로지른다. 그 진입로를 전력 질주하여 현관에 다다르는 것이 육상선수 출신인 그의 버릇이다.

나도 평소처럼, 안녕하세요, 하고 대답하다가 흠칫 놀랐다.

시마자키 군 뒤로 강건한 체구에 까만 양복을 입은 남자 두 명이 버티고 있었다. 제법 험상궂은 배경이다.

"근데, 뒤에 계신 분들은?"

"아, 오늘부터 린코 씨의 SP일본의 경시청 경비부 경호과에서 요인 경호를 전담하는 경찰인 Security Police의 약칭를 맡은 반다 씨와 도쿠가와 씨입니다. 아, 괜찮습니다, 저희 쪽에서 영입한 분들이니까요. 사적인 공간에는 접근하지 않습니다. 그럼 실례합니다."

안내할 필요도 없다는 듯이 시마자키 군은 구두를 벗기 무섭게 거실을 향해 잰걸음으로 들어갔다. 나는 SP 두 사람에게, 아내를 잘 부탁드립니다, 라고 고개 숙여 인사한 뒤에 시마자키 군을 뒤따랐다.

거실에서는 이미 말끔하게 화장을 하고 재킷을 입은 린코가 시마자키 군과 마주 앉아 뭔가를 상의하고 있었다.

"오늘 오후 1시부터 특별국회가 소집됩니다. 거기서 제111대 내각총리대신으로 지명 선출됩니다. 그 직후 오즈 간사장, 민심당의 하라 당수, 신당오오조라의 하코네 당수, 혁신일보당의 야마오카 당수와 국회 내 회의실에서 협의할 겁니다. 그 후 오즈 씨와 하야마 부대표, 하라 씨 등과 조각 회의를 열고……"

머그컵에 탄 커피를 들고 가 보니 시마자키 군이 오늘 일정을 자세히 브리핑하는 중이었다.

시마자키 군은 린코가 신당을 결성하여 당수에 취임할 때부터 함께해 왔다. 그럭저럭 8년 정도 되려나. 매우 우수한 청년이다. 청년이라지만 실은 36세로, 나보다 겨우 두 살 아래이다. 그렇다면 이미 청년이 아니지 않나? 중년 초입이라고 해야 할까? 잠깐만, 그럼 나도 중년이라는 말이 되니까 그건 좀 아니다 싶은데 어떨지.

뭐 좋다. 여하튼 시마자키 '청년'은 린코를 음으로 양으로 지원하며 지금까지 뛰어 주었다. 그가 없었다면 린코의 대약진도 없었을 것이다.

그러나 이 나라의 첫 여성 총리 탄생에 가장 큰 역할을 한 이는 사실 직진당 내부인사가 아니었다. 신당인 민심당의 당수 하라구로 씨가 바로 그 사람이다.

하라 씨는 내가 알기로 정치가 중에서 가장 야심 있고 급진적인 인물이며, 희대의 책사이다. 그가 없었다면 린코는 소수 야당의 당수로 그쳐서 평생을 조금은 더 차분하게 살게 되지 않았을까.

요네자와 슌타로 전 수상이 이끄는 여당 민권당 정권은 완전한 말기 증상을 보이고 있었다. 재정은 오래전에 파탄 났고, 전전 내각 시절에 소비세율을 10퍼센트로 인상하겠다고 호언하여 '판도라의 상자'를 열어 놓고는 막상 실시를 단행하지 못한 채 우물쭈물 하는 사이에 재정이 더욱 어려워져 국제적 신용평가기관은 일본에 대한 평가를 다시 한 단계 낮추었다. 민권당 내부에서는 갈등이 계속되어 급기야 보수파와 하라 씨가 이끄는 개혁파로 갈라졌다. 직진당을 비롯한 야당 각 당은 민권당 지지율이 급락하는 타이밍을 노려 내각 불신임안을 제출했다. 예전이라면 여당이 과반수 의석을 차지하는 중의원에서 불신임안은 부결되었으리라.

하지만 이때 하라 씨가 이끄는 여당 개혁파가 야당 쪽으로 돌아섰다. 그 결과 요네자와 내각의 불신임안이 통과되었고, 수상은 규정대로 국회 해산과 총선거를 단행했던 것이다.

하라 씨는 자기 세력을 이끌고 민권당을 탈당하여 민심당을 창당했다. 선거전에 강한 그는 천하의 향방을 가르는 싸움을 훌륭하게 수행하여 갓 창당된 당인데도 80석이나 얻었다. 린코가 이끄는 직진당도 본래 5석밖에 안 되던 것을 10석으로 늘리는 대약진을 이루었지만, 그래도 소수 정당이 난립한 정국에서는 다섯 번째 당일 뿐이다. 총선거가 끝난 뒤에도 린코는 어디까지나 소수 정당의 당수에 지나지 않았다.

하지만 그 이후가 대단했다. 하라 씨는 '완전히 새로운 정치체제'라는 구호 아래 각 야당에 연립을 제안하고 정책에 동의하는 네 개 당을 모아 눈 깜짝할 사이에 연립정권을 실현시켰다. 오랜 세월 동안 정부를 멋대로 운영해 온 민권당은 허망하게 야당으로 전락하고 말았다.

나는 부끄럽게도 정치를 잘 모르지만, 그런 내 눈에도 하라 씨는 날카로운 수완과 재빠른 행동력을 지닌 무서운 인물로 보였다. 그러니 어찌 내 아내가 이 나라 최초의 여성 총리, 더구나 42세의 최연소 총리로 추대될 줄 알았겠나.

린코가 '총리'란 두 글자를 입에 올린 것은 총선이 끝나고 사흘 뒤의 일이었다.

"저기, 히요리 씨."

그녀는 잠자리에서 막 일어난 민낯에 안경을 쓰고 더부룩한 머리로 나에게 물었다.

"만약에 내가 총리가 된다면 말이야, 당신한테 무슨 곤란한 일이라도 생길까?"

그것은 별로 웃기지 않는 농담처럼 들렸다. 동시에 굉장한 아이디어처럼 들리기도 했다. 나는 대답했다. "전혀. 무슨 곤란한 일이 생기겠어."

만약 당신이 총리가 되고 싶고 세상이 그걸 원한다면 그렇게 하면 돼.

그녀는 하얀 이를 보이며 생긋 웃었다. 그리고 말했다.

히요리 씨의 이런 점이 좋다니까.

출발 준비가 끝난 듯하다. 린코가 식은 커피를 비우고 급하게 현관으로 향했다. 시마자키 군이 그 뒤를 따르고 또 내가 그 뒤를 쫓아갔다.

"히요리 씨, 오늘은 외출하지 않는 게 좋을 겁니다. 대문 앞에 기자들이 엄청나게 모여 있을 테니까요."

시마자키 군이 긴장한 얼굴로 말했다. 나는 고개를 끄덕이고, 오늘 잘 부탁해요, 라고 대답했다.

"그럼 다녀올게. 국회가 1시부터 중계되니까 잘 봐."

현관에서 나를 돌아보며 린코가 말했다. 나는 또 고개를 끄덕였다.

식탁에는 손도 대지 않은 시저샐러드 볼이 남아 있었다.

나는 로메인상추를 아삭아삭 씹으며 이 신문 저 신문 뒤적였다. 상추는 싱싱했다.

내일부터는 색다른 메뉴를 골고루 준비해서 어떻게든 아침을 먹여야지.

아니, 그게 아냐. 사실 메뉴야 뭐든 상관없다. 주눅 들지 말자. 아무튼 린코와, 함께, 아침밥을 먹자.

그것이 이 나라 최초 '총리의 남편'으로서 내가 세운 소신이었다.

2

20××년 9월 27일 맑다가 가끔 흐림

장차 일본 역사에 돌멩이 하나를 던지겠다는 일념과 각오로 이 일기를 쓰기 시작했다.

이 일기를 처음 발견한 제삼자인 '당신'에게, 그러니까 어느 시대를 살아가는 어떤 사람인지도 모르는 당신에게 내가 이 일기를 꼬박 일주일이나 거른 것을 변명하는 것이 적절한 일인지는 모르겠지만, 어쨌거나 대단한 7일간이었다. 차분하게 일기를 쓰고 있을 계제가 아니었다.

지난번에 쓴 대로 일본 정치사에나 우리 소마 가문 역사에나 기념할 만한 날인 9월 20일, 아내 소마 린코는 제111대 총리에 취임했다. 동시에, 당연한 말이지만 나는 총리의 남편이 되었다. 어느 쪽으로나 일본 정치사상 최초의 일이다. 여성이 총리가 된 것도, 그에 따라 퍼스트레이디 아닌 '퍼스트젠틀맨'이 탄생한 것도.

그런 연유로 지금이 바로 적시라는 듯 일기 쓰기를 시작했다. 특별국회에서 총리 지명을 받기 위해 집을 나서는 린코를 배웅하고, 결국 챙겨 먹이지 못한 시저샐러드는 내가 직접 먹은 뒤, 기념할 만한 '총리의 남편의 일기──제1회'는 출근하기 전 한 시간 동안 다 썼다. 쓰고 나서 시마자키 군이 충고한 '외출 자제'를 까맣게 잊은 채 출근 준비를 시작했다.

하지만 그다음이 문제였다.

지금부터는 시곗바늘을 잠시 일주일 전으로 되돌려 놓고 써 나가기로 하자. 린코와 내 인생에서 아마도 가장 길었을 하루에 대하여.

내가 연구원으로 일하는 젠다尃田 조류 연구소는 분쿄구 가스가에 있다. 업무 시작 시간은 아침 9시, 다행히도 집에서 출발하면 삼십 분밖에 걸리지 않는다. 나는 가장 가까운 고쿠분지 역에서 지하철을 타고 십 분 전에 도착하게끔 매일 통근한다.

해서 8시 20분에 집을 나서는 것이 습관이다. 재킷을 입고 문단속을 확인하고 보안 스위치를 켠다. 이 스위치를 켜면 오 분 내에 집을 나가야 한다. 오 분이 지나 집 안에서 움직이는 물체가 감지되면 경비회사에 통보되어 즉각 경비원이 달려오는 시스템이다.

한데 나서기 직전에 재킷 주머니에서 스마트폰이 울렸다. 액정 화면에는 낯선 번호가 찍혀 있었다. 의아해하며 받아 보니 "안녕하세요. 후지노미야입니다"라는 활기찬 여성의 목소리가 튀어나왔다.

"아. 후지노미야 씨……라면 누구시죠?" 얼른 떠오르는 사람이 없어서 물어보았다.

"어머, 섭섭해라. 잊으셨군요. 요전에 린코 씨와 함께 댁으로 찾아뵀던 직진당 홍보 담당자입니다."

쓴웃음이 묻어나는 대답이 돌아왔다. 아, 그제야 기억이 났다.

"이거 미안합니다. 린코의 총리 취임을 앞두고 우리 집에서 언론대책회의가 열렸을 때 만나 뵀었죠."

지난 주말에 집에서 극비 홍보 브리핑이 있었다. 대형 광고회사의 크리에이티브 디렉터(온갖 광고상을 두루 섭렵), 여성 스피치라이터(미 대통령 연설보좌관 출신), 영화 프로듀서(아카데미 외국어영화상 수상작을 프로듀스) 등 정치와 별 관계가 없어 보이는 전문가들이 모인 자리에 분명히 후지노미야 씨도 있었다. 내가 찻잔을 얹은 쟁반을 내가려고 하자 "제가 할게요" 하며 스스럼없이 도와주었던 사람이다.

린코를 총리로 하여 발족되는 내각은 언론 대책을 철저하게 준비할 작정이라고 한다. 가장 중요한 지점은 완전 무적의 '소마 총리'를 브랜딩하는 것이었다. 이번 내각은 급조된 연립정권이라 자칫 오합지졸로 비칠 수 있다. 야당으로 변한 민권당은 아무리 소소한 틈새라도 금방 찾아내 커다란 구멍으로 넓히려 들 것이다. 그럴 때 과연 무엇이 소마 내각을 지탱해 줄 수 있을까?

여론. 그렇다, 앞으로 린코를 지탱해 줄 것은 하나부터 열까지 여론이다.

정치 역량은 미지수인데다 사상 최초의 여성 총리이다. 공격할 틈은 넘쳐나고 정적은 수없이 많다. 정계 최고의 책사 하라 구로도 그 리스크를 잘 알면서 그녀를 총리로 밀었다. 그것은 역시 소마 린코에게 강력한 '여론'이라는 서포터가 붙으리라 예측했기 때문이다.

유권자들은 오랜 세월 지속된 민권당 일당 독재나 다름없는 정치에 이미 신물이 났다. 그때 혜성처럼 여성 총리가 등장했다. 반발하는 사람도 있겠지만, 총리가 지명되는 날은 새 총리의 일거수일투족에 여론의 눈길이 가장 뜨겁게 쏠릴 터이니, 바로 그날부터 여론을 확실한 아군으로 삼아야 한다는 것이 린코 측의 전략이었다.

만인의 지지를 받는 총리는 어떤 인물인가.

인물 프로듀스에 관한 한 초일류 인재들이 린코의 두뇌로 집결했다. 그 일원이며 직진당의 여러 홍보 담당자 가운데 한 명이라는 후지노미야 씨는 차분한 인상을 풍겼다. 나이는 삼십 대 중반, 쇼트보브 머리에 은테 안경, 검은 슈트 차림으로 앉아, 화려한 인재로 구성된 연출 팀원들이 이것도 아니고 저것도 아니라며 갑론을박하는 내용을 컴퓨터에 열심히 입력하고 있었다. 그 후지노미야 씨가 린코가 아닌 나를 담당한다……, 그러고 보니 같은 날 회의석상에서 얼핏 들었던가. '총리 남편의 홍보 담당'이라는 말이 금방 이해가 되지 않았던 나는, 아, 예, 하고 모호하게 웃을 뿐 구체적으로 캐묻진 않았는데,

"저번에 결정한 대로 제가 오늘부터 히요리 씨 담당이니까요. 지금 댁으로 찾아봬도 될까요?"

아, 예, 하고 나는 또 건성으로 대답했다.

"하지만…… 지금은 출근해야 하는데. 막 나가려는 참입니다

만⋯⋯."

"네? 잠깐만요⋯⋯ 잠깐만 기다려 주세요!" 스마트폰 저쪽에서
튀어나올 듯한 기세로 후지노미야 씨가 외쳤다.

"안됩니다! 절대로 안 돼요! 아시겠어요? 절대로 밖에 나가지
마세요. 제가 도착할 때까지는 집에 그냥 계세요. 지금 차를 타고
달려가는 중이니까 앞으로 십 분만 참으시면 됩니다."

"십 분만 참으라뇨?" 나는 어이가 없어서 물었다. "십 분이나
기다리다간 지각하고 맙니다. 뭐가 그리 급하신지 몰라도 아무튼
난 지금 출근합니다. 자, 그럼 다음에."

대답도 기다리지 않고 질색하며 통화를 끊어 버렸다. 나 참, 총
리는 내가 아니라 아내인데, 일반인인 나에게까지 홍보 담당을
붙여 준다니. 참으로 요란스럽지 않은가.

다시 문단속을 하고 경비회사에서 출동하기 전에 현관 밖으로
나섰다.

이제 한여름의 열기도 수그러들어 정원수 사이로 초가을바람
이 부는 것을 느낀다. 찌르르, 찌르르, 하는 박새 소리를 들으며
상쾌한 기분으로 대문으로 향했다.

그러다가 대문 근처에서 이변을 감지했다. 뭐랄까, 열기 같은
것이 대문 밖에서 스멀대는 듯한.

아까 린코가 대문을 나서는 때를 노리고 어마어마하게 많은 기
자들이 그녀를 에워쌌을 테지만 그것도 두 시간 전이다. 혹시 린
코를 놓친 기자들이 벌써부터 그녀의 귀가를 기다리고 있는 걸

까. 그렇다면 내가 남편으로서 "오늘은 총리가 늦을 겁니다"라는 정보 정도는 일러줘야 하지 않겠나.

잠금장치를 풀고 육중한 문을 밀며 밖으로 나갔다. 순간.

엄청난 수의 플래시가 눈앞에서 터졌다. 우와아, 하며 인파가 이쪽으로 밀려왔다. 나는 놀라서 우뚝 서 버렸다.

"소마 히요리 씨! 일본 최초로 총리의 남편이 되신 소감을!"

"총리와 결혼하게 된 경위를 말씀해 주세요! 프러포즈는 어느 분이 하셨습니까!?"

"총리의 어떤 면에 끌리셨습니까?"

"총리가 될 거라는 소식은 언제 들으셨습니까?!"

일제히 마이크와 녹음기를 들이댄다. 바로 눈앞에서 셔터 소리가 들리고 플래시가 팡팡 터진다. 엄청나게 많은 비디오카메라와 스마트폰이 내 얼굴을 향하고 있다. 나는 멍하니 입을 벌린 채 아무 말도 못하고 전봇대처럼 굳어 버렸다.

"잠시 실례, 비켜 줘요! 그만들 하세요!"

그때. 소리를 지르며 기자들 사이를 가르고 돌진해 오는 여성이 보였다. 후지노미야 씨였다. 보브 머리가 헝클어지든 말든 아수라처럼 악을 쓰고 있다. 내 앞에 뚝 멈춰 선 후지노미야 씨는 웅성거리는 기자들을 향해 "얼굴 노출은 절대 안 됩니다!"라고 으르렁거렸다.

"인터뷰도 절대 안 돼요! 이분은 일반인이에요, 사진을 찍거나 녹화하는 건 프라이버시 침해입니다!"

"일반인은 아니죠. 총리의 남편이잖아요"라고 누군가 말했다. 그 말이 나오기 무섭게 "아직까지는 일반인입니다"라고 후지노미야 씨가 콧구멍을 벌렁거리며 응수했다.

"소마 린코 씨는 오늘 오후 1시 15분경 총리로 지명됩니다. 그때까지 이분은 평범한 일개 시민입니다."

맞는 말이다.

"오늘 오후 1시 16분부터는 분명히 총리의 남편이 됩니다. 하지만 소마 히요리 씨가 일반인이라는 데는 변함이 없습니다. 따라서 공적인 자리에 소마 린코 씨와 함께 등장할 때 말고는 반드시 저를 통해서만 취재 요청을 받겠습니다."

웅성웅성 파문이 번져 간다. "누구지?" 하고 수군거리는 목소리가 번져 가는 것을 알아듣고 "인사가 늦었습니다만" 하며 후지노미야 씨는 의아해하는 여러 얼굴을 향해 말했다.

"오늘부터 소마 히요리 씨의 홍보 담당이 된 직진당의 후지노미야 아야카입니다. 앞으로 소마 히요리 씨에 관한 모든 취재는 저를 통해서 신청해 주십시오."

후지노미야 씨의 말은 전쟁터에서 제 이름을 고하는 전국시대 무장의 목소리처럼 들렸다.

나는 곧 무장에게 끌려가듯이 직진당 당용차에 올랐다. "근무처까지 모셔다 드리죠"라는 말과 함께 내 의사도 묻지 않고 태웠던 것이다.

"말씀드렸잖아요, 밖에 나가면 안 된다고." 차가 출발하기 무섭게 후지노미야 씨가 타박했다.

"린코 씨가 총리가 되면 남편 히요리 씨도 주목받게 됩니다. 조심하지 않으면 곤란합니다."

"죄송합니다." 나는 위축되고 말았다. "그렇게 되는 건가요? 저어…… 아내가 주목받는 거야 당연하지만, 나까지?"

"무슨 말씀이세요. 요전 브리핑 때 말씀드렸잖아요."

듣고 보니 그런 말을 얼핏 들은 듯도 하지만, 앞으로 아내를 보필할 일본 최고의 프로듀서 팀에게 대접이 소홀해질까 봐 물수건을 데워다 주거나 찻잎을 갈아 주거나 다과를 낼 타이밍을 엿보느라 경황이 없어서 나에 관해 토의된 내용은 전혀 기억에 남아 있지 않다.

후지노미야 씨에 따르면 프로듀서 팀의 목표는 열심히 뛰는 능력 있는 총리란 이미지를 만드는 동시에 히요리에게도 이상적인 남편이라는 이미지를 사람들의 머릿속에 심어 주는 것이다. 소마 부부는 앞으로 일본을 대표하는 부부로 활약해 주어야 한다는 말 같았다.

소마 부부를 보면서 노년층이라면 '저런 사위가 있으면 얼마나 좋을까' 생각하고, 젊은이라면 '부부라는 존재도 나쁘지 않으니 결혼해도 괜찮겠구나'라고 생각해야 한다. 초 저출생 고령화 사회 현대 일본에서 고령자에게는 위안을, 젊은이에게는 결혼을 꿈꾸게 하는 모델이 되어야 한다.

"하지만 그런 얘긴 전혀 들은 기억이 없는데."

후지노미야 씨의 이야기를 듣다 보니 얼굴이 긴장되었다.

대체 무슨 말인가. 그러니까 린코와 내가 만혼 문제, 저출생 문제 해결을 위한 모델이 되어야 한다는 말 아닌가.

"물론 기억이 없겠죠. 린코 씨와 히요리 씨가 없는 자리에서, 바로 사흘 전에 팀이 결정한 거니까."

후지노미야 씨는 당당한 표정으로 말했다. 그러더니 "우리 팀이 저번에 댁으로 찾아뵌 결과 쓸 만하다고 결론을 내린 겁니다" 라고 덧붙였다.

"쓸 만하다니, 뭐가요?"

"뭐긴요." 순간 황당하다는 어조로 대꾸한 후지노미야 씨가 이내 "그러니까요" 하고 침착하게 말투를 고치더니 말했다.

"히요리 씨 말입니다."

엉? 하고 나는 스스로를 가리켰다. "내가?"

후지노미야 씨가 "맞아요, 이겁니다. 바로 이런 모습" 하고 자못 재미있다는 듯 대답했다.

"아주 좋아요, 소마 총리의 프로모션 팀 여러분도 말했지만, 순진하달까 귀엽달까."

소마 린코, 42세. 직진당 당수. 도쿄대 법학부 졸업, 재학 중에 하버드대 유학, 노벨경제학상 수상자 헤럴드 버밀리온 박사 밑에서 연구. 도쿄대학 대학원 법학정치학연구과에서 박사과정 수료. 경제동우회를 모체로 하는 공공정책 싱크탱크에서 연구원으로 일한 뒤 무소속으로 중의원 선거에 출마, 31세에 첫 당선. 부친은 아쿠타카와 상 최연소 수상자인 소설가 마토베 아쓰시. 모친은 도쿄대 대학원 교수이며 국제정치학 전공인 정치학자 마토베 유. 양친은 모두 타계했지만 특히 모친의 유지를 이어 정치가가 되었다는 이색적인 출신성분. 날카로운 논객으로 도리에 어긋나는 걸 끔찍이 싫어한다.

소마 히요리, 38세. 조류학자. 도쿄대 이학부 졸업, 동 대학원 생물다양성과학연구실에서 박사과정 수료. 젠다 조류 연구소 연구원. 일본을 대표하는 대재벌 소마 일가 출신이다. 나이보다 젊어 보인다.

"어때요. 이런 부부가 또 있습니까?" 후지노미야 씨가 황홀한 눈빛을 보여 준다.

"어, 잠깐만요." 그 대목에서 내가 끼어들었다.

"총리는 내가 아니라 아내이고 나는 지금까지 지내 온 대로 어디까지나 일반인입니다."

"물론 저도 그렇게 말했습니다만." 후지노미야 씨는 은테 안경을 손가락 끝으로 쓱 밀어 올리며 대답했다.

"오늘 오후 1시 16분부터 히요리 씨는 '총리의 남편'이 된다고도 했죠. 그러니까 히요리 씨도 총리님과 함께 공식석상에 나갈 때는 공인이 되는 겁니다."

나는 눈을 끔뻑거렸다. '공인'이라는 말의 의미를 금방 이해할 수 없었다.

"총리와 함께 공식석상에 나가다뇨? 구체적으로, 그게, 어떤

때를 말하는 거죠?"

후지노미야 씨는 나를 힐끔 쳐다보았다. 순진한 도련님이네,
라고 말하는 듯한 눈빛으로.

"앞으로 린코 씨는 다양한 공식석상에 등장하게 됩니다. 가령
외국에서 요인이 방문했을 때 총리가 주최하는 만찬이라든지 궁
중만찬회라든지. 또는 외국을 공식 방문할 때 동반한다든지."

"네에?" 나도 모르게 큰 소리를 내고 말았다.

"잠깐만. 외국에 공식 방문이라니, 예를 들면…… 으음, 선진국
수뇌회의니 아세안이니 유엔총회니 하는 데 참석한다는 겁니까?"

"그렇죠." 후지노미야 씨가 당연하다는 표정으로 대답했다.

"어디 그뿐이겠습니까. 각국 공식 방문도 있죠. 우선은 미국,
중국, 한국, 태국, 싱가포르, 인도, 영국, 프랑스……,"

"아니 그러니까 내 말은." 일본과 교류하는 나라를 줄줄이 나열
할 기세라 내가 후지노미야 씨의 말을 가로막았다.

"나 같은 사람이 귀중한 예산까지 써 가며 외유할 필요는 없잖
아요. 린코 혼자 가면 되지……."

"무슨 말씀이세요." 즉각 날카로운 반론이 돌아왔다.

"각국 수뇌는 부부 동반으로 방일하는 경우가 많은데, 그럴 경
우 총리 배우자 역시 외국 수뇌 부부를 총리 옆에서 맞아 줄 의무
가 있습니다. 또 각국 수뇌는 주요 국제회의의 주최국을 방문할
때 부부가 동반하는 관례가 있습니다. 방문한 나라에서 각국 수
뇌 및 배우자와 교류하고 우리 나라의 문화를 홍보하는 등 중요

한 역할을 합니다. 결코 놀러 나가는 게 아닙니다. 엄연한 외교죠. 따라서 수뇌의 배우자는 가장 뛰어난 외교관이어야 합니다."

어라, 그런가요? 하고 나는 또 모호한 대답을 했다. 그리고 딱히 잘못을 저지른 것도 아닌데 주눅이 들고 말았다. 후지노미야 씨는 승리한 사람처럼 의기양양하게 말했다.

"어쨌든 총리의 배우자로서 해야 할 일, 특히 외교에서는 대단히 중요한 역할이 많기 때문에 차량 이동 시간만으로는 설명드릴 수 없습니다. 외무성 담당관과 함께 다시 댁을 방문해서 설명하고 협의도 할 예정이니까 그리 알아 두십시오."

오후 1시 15분, 국회의사당.

"……소마 린코를 중의원 규칙 제18조 제2항에 의거하여 본원에서 내각총리대신으로 지명하기로 결정했습니다."

박수갈채가 회오리바람처럼 일어났다. 검은 양복에 하얀 셔츠를 입은 린코가 씩씩하게 일어나 정면을 향해 정중하게 인사했다. 이어서 사방으로 몸을 돌려가며 연신 허리를 숙인다. 많은 의원들이 그녀 주위로 몰려들어 악수를 청했다.

동시에 마른침을 삼키며 텔레비전을 보던 내 주위에서도 박수가 울려 퍼졌다.

"대단해, 소마 씨. 축하해."

제일 먼저 악수를 청한 것은 젠다 조류 연구소 소장 도쿠다 미노루 씨였다.

"이야, 살다 보니 이런 날도 보는군. 정말 감개무량한데. 설마 우리 연구소에서 총리대신 관계자를 배출할 줄이야……."

총리대신 관계자라는 매우 미묘한 표현을 사용했지만, 소장 나름대로 축하 인사였을 것이다.

"고맙습니다." 나는 웃는 낯으로 대답했다.

"아뇨, 소장님, 그건 좀 아니지 않습니까?"

한껏 기분이 좋은 소장과 나 사이로 끼어든 이는 상석연구원 구보즈카 유타카 씨였다.

"우리 연구소가 총리대신 관계자를 배출한 게 아니라 소마 부인이 총리가 되니까 자동적으로 소마 씨가 총리의 남편이 된 거잖아요. 딱히 노력한 것도 없이…… 그래도 뭐 축하할 일인 건 분명합니다만."

뚱한 말투는 이 사람의 특징이기도 하다. 하지만 나름대로의 축하 표현일 것이다. "고맙습니다"라고 역시 웃는 낯으로 말했다.

"그나저나, 멋지시네, 사모님이. ……아, 그게 아니라, 소마 부인. ……아, 그게 아니라 소마 총리."

린코에 대한 호칭을 연거푸 바꾸며 끼어든 사람은 동료 연구원 하타가야 다쿠 씨였다. 멸종위기종 신천옹의 서식 조사에 인생을 바치는 열정적인 연구자이다.

"저렇게 아름답고 연설도 잘하고 정책도 찬성할 만한 것이 많고. 이야, 정말이지 소마 씨는 대단한 분을 아내로 맞았군요."

"하타가야 씨, 지금 정책이라고 말씀하셨는데, 정책에 대해 제대로 들어 본 적이 있긴 한가요?"

"나는 무조건 소마 총리를 응원해요. 여기 소마 씨의 파트너 되시는 분이니까 당연히 좋은 분이겠죠."

새로 끼어든 사람은 후배 연구원 이토 루이 씨. 우리 연구소의 유일한 30대 여성이다.

"그런 태도는 좀 문제 아닌가?" 구보즈카 씨가 재차 끼어든다.

"소마 씨의 파트너니까 당연히 좋은 사람이라고 단언할 수는 없죠. 물론 소마 씨는 좋은 사람이지만, 정치에서는 좋은 사람이라고 해서 반드시 일을 잘한다고 할 수는 없으니까요. 오히려 조금 나쁜 놈이 아니면 해 나갈 수 없는 거 아닌가요. 안 그래, 소마 씨?"

아, 예, 하며 나는 쓴웃음을 짓는 수밖에 없었다. 나쁜 놈이 아니면 일할 수 없다니, 린코가 들으면 화를 낼 것 같지만 한편으로 일리 있는 말이라는 생각도 든다.

"아뇨, 그렇지 않아요. 소마 총리는 확실히 정의로운 분입니다. 올곧은 분이에요. 안 그러면 소마 씨가 결혼했을 리 없잖아요."

이토 씨가 지지 않고 응수했다. 내 주변 여자들도 마찬가지 의견이다, 우리는 아무튼 소마 총리를 지지한다, 라며 열을 올렸다. 린코는 아직 총리로서 명확한 정책을 제시한 것은 아니다. 그런데도 책사 하라 구로와 프로모션 팀이 원하는 대로 여론을 확실하게 제 편으로 끌어들일 기세다.

"뭐 여하튼 경사스런 날이야. 어때 소마 씨, 오늘은 함께 축하 파티라도 해야 하지 않겠어?"

소장이 내 어깨를 툭 치며 즐거운 표정으로 말했다. 소장은 자기가 연구하는 참매만큼이나 알코올도 사랑한다. 주위에 모여 있던 연구원 모두가 즉시 찬성하더니 내 의견은 묻지도 않고 혼고에 있는 단골 주점에 가기로 정해 버렸다.

젠다 조류 연구소는 일본 조류 연구사에 큰 족적을 남긴 고 젠다 류노스케 박사가 1935년 설립한 국내에서 손꼽히는 조류 전문 연구기관이다. 자연사 연구실과 함께 보전 연구실을 두고, 주로 환경성의 위탁으로 멸종위기에 처한 조류 조사와 생존 회복을 위한 연구를 하고 있다.

나를 연구소로 끌어준 이는 대학 연구실 시절부터 많은 신세를 진 도쿠다 소장이다. 도쿠다 가는 학자 집안으로, 증조부 대부터 생물학 제일선에서 활약해 왔다. 전문가 중에서도 전문가 집안이라 하겠다. 물론 도쿠다 소장뿐 아니라 우리 연구소의 구성원 모두가 전문가들이다. 이 말은 곧 재테크하고는 거리가 먼, 말하자면 속세를 떠난 인물들뿐이라는 뜻이다. 딱히 자랑은 아니지만.

그날은 린코도 당연히 늦게 귀가할 테니까 주점에서 두 시간쯤 놀다 가도 문제없을 것 같았다. "귀가하실 때는 콜택시를 보내 드릴 테니까 그걸 이용해 주세요"라고 후지노미야 씨는 말했지만, 뭐 그렇게까지 까다롭게 굴지 않아도 될 터였다. 콜택시를 사양하고 평소처럼 지하철을 타고 귀가하기로 마음먹었다.

그런데 근무 시간이 끝나기 직전에 뜻밖의 손님이 찾아왔다.

오후 5시 정각. 자, 이제 회식이다, 라며 다들 퇴근 준비를 서두를 때 "소마 씨. 손님 오셨습니다"라고 사무국의 다누마 마사요 씨가 긴장한 얼굴로 연구실에 들어와 알려 주었다.

"안 돼, 이 시간에 손님이라니. 이제 다들 퇴근할 참인데."

나 대신에 소장이 대답했다. 다누마 씨는 고개를 가로젓더니 "평범한 손님이 아니거든요. 소장님도 함께 만나 보시죠"라고 말했다. 나와 소장은 얼굴을 마주 보았다.

응접실에서 우리를 기다리는 것은 소마 다카코, 그러니까 내 어머니였다.

"오호, 오토와 마님!"

소장은 그 자리에 당장 무릎을 꿇을 기세로 허리를 크게 꺾어 고개를 숙였다. 기모노를 입은 어머니는 소매를 흔들며 소파에서 일어나 침착하게 인사했다.

"아들이 늘 신세 지고 있습니다. 나이만 든 철부지라 혹시 폐가 되지 않는지요?"

"아이구, 천만에요. 아닙니다." 소장은 양손을 삭삭 소리 나게 문지르며 말했다.

"소마 씨가 연구에 정말 쩌엉말 열심이라…… 저야말로 늘 신세를 지고 있습니다요."

소장이 이렇게 당황하며 아부하는 까닭은 하나뿐이다. 소마 가에서는 매년 연구소의 모체인 재단에 많은 기부를 하고 있다. 그러니까 큰손 스폰서라는 말이다. 어머니에게는 '절세 대책의 일환'일 뿐이지만, 돈이 끊기면 재단은 존립이 위태로워질 만한 액수인 듯하다. 내가 연구소에 근무하게 된 것이 그 덕분이라고는 생각하고 싶지 않지만 절반쯤은 그 덕분일지도.

"뭐예요, 어머니, 약속도 없이 퇴근 시간에 불쑥 찾아오는 게 어딨어요. 대체 무슨 일인데요?"

나는 뚱하게 말했다. 일반 상식 같은 게 안 통하는 사람이라는 것은 알지만 한 마디 쏘아붙이지 않을 수 없었다. 어머니는 태연한 표정으로 말했다.

"집에서 텔레비전을 보는데 왠지 안절부절못하겠더라. 당장 너랑 같이 가 봐야겠다 싶어서 데리러 온 거다."

"같이 가자니, 어딜요?"

"국회의사당."

나와 소장은 다시 한 번 얼굴을 마주 보았다.

"거긴 왜요?"

"린코가 곧 조각 작업을 하잖니. 내 의견도 한 마디 전해 둬야 할 것 같아서."

나는 글자 그대로 할 말을 잃었다. 뭐라고 대답해야 좋을지 알 수 없었다.

"너희 아버지가 예전에 신세 졌던 정치가들과 그 자제 의원들 중에 이번에 야당으로 처지가 바뀐 분들이 여러 분 있잖니, 가련하게도. 정말이지 린코는 피도 눈물도 없지 뭐냐. 내가 가서 한 마디 해 두어야겠다. 자, 히요리, 가자. 뭘 꾸물거려."

"아뇨, 어머니, 그게요." 나는 당황해서 간신히 말을 이었다.

"물론 린코가 총리가 되긴 했지만…… 우리는 그냥 일반인인데 조각 작업에 의견을 제시하다니, 그럴 권한이 없잖아요……."

어머니의 삼백안이 나를 힐끗 째려보았다.

나 대신에 소장이 당황했다.

"이봐, 소마 씨, 어머님 모시고 당장 출발하게. 우리는 괜찮으니까. 자, 어서. 어서."

소장에게 쫓겨나듯이 나는 연구소 입구에 대기해 있던 본가 승용차에 올라탔다. 뒷좌석에 앉자마자 어머니는 운전기사 오카자키 씨에게 "자, 국회로 가세요"라고 고했다.

"어차피 쫓겨난다니까요." 내가 어이없어하며 말하자, "어리석긴. 설마 내가 진짜 쳐들어가겠니?" 하고 어머니가 웃었다. "그냥 국회 앞을 지나가자는 것뿐이다. 우리 며느리에게 경의를 표하며."

나는 더욱 어이가 없어 한숨을 흘렸다.

경의를 표하며, 라고 어머니는 말했지만 실은 살짝 자랑하고 싶었으리라. 우리 아들이 총리의 낭군이라오, 라고 누구에게랄 것도 없이 뻐기고 싶었겠지.

내 어머니는 그런 사람이다. 나쁘게 말하면 세상 물정에 어둡다. 좋게 말하면 사악함이 없고 감정에 충실하다.

이렇게 쓰고 보니 내가 많이 듣던 소리네.

결국 어머니에게 끌려가 본가에서 식사를 해야 하는 신세가 되었다. 본가에는 축하 화환이나 축전이 산더미처럼 쌓여 있었다. 물론 '소마 린코 님의 총리 취임을 축하'하는 것들이다. 소마의 피를 물려받지는 않았지만 여하튼 '소마' 가에서 총리를 배출한 것은 틀림없다.

어머니는 한껏 즐거운 기분으로 답례 전화를 걸었고 나에게도 수화기를 넘겨 정재계 인사들에게 축하해 줘서 고맙다는 인사를 하게 했다. 게다가 어머니와 가까운 정재계 인사들이 축하하러 달려오는 바람에 그들과 술잔도 나누다 보니 소마 가의 객실은 어느새 축하연 자리로 변하고 말았다. 그동안 주머니에서 휴대폰이 여러 번 진동했다. 전부 후지노미야 씨가 거는 것이었지만 대단한 양반들 앞인지라 차마 받을 수 없었다.

어머니 운전기사가 모는 차를 타고 집에 도착한 것은 자정이 다 되어서였다.

현관등이 환하게 켜져 있었다. 가정부 시모무라 씨가 방범을 위해 켜 두고 퇴근했을 것이다.

현관문을 열기 무섭게 달콤한 향기에 휩싸였다. 눈앞에 호접란이나 카틀레아 화분이 발 디딜 틈도 없이 가득 들어차 있었다. 참으로 호화롭고 멋진 화원이 펼쳐져 놀라고 말았다.

난이라면 복도부터 거실이며 식당까지 넘쳐날 지경이었다. "와아, 엄청나네." 나도 모르게 혼잣말을 하는 순간 현관문 열리는 소리가 났다.

린코였다. 귀가한 것이다. 나는 당황해서 복도로 돌아가 현관으로 뛰어나갔다.

"당신 왔어." 저도 모르게 들뜬 목소리를 냈다.

"어, 아직 안 잤어?" 조금 놀란 소리로 말한 뒤에 린코가 정식으로 인사했다. "다녀왔습니다."

"굉장해. 꽃으로 가득 찼어, 그것도 온통 난이야."

린코는 거실로 들어오자, "오오" 하며 주위를 둘러보았다.

"완전히 화원이네."

"그러게. 화원이야."

나는 바로 옆에 있던 커다란 호접란 꽃을 손가락으로 흔들어 보였다. "뭐해?" 하고 린코가 물었다.

"어, 그냥 뭐. 꽃 속에 벌새가 있는 것 같아서. 벌새라고, 크기가 요만해."

흠, 하며 린코가 난에 얼굴을 가까이 대고 쿡쿡 웃었다.

"다행이야."

린코가 속삭였다. 나는 얼굴을 들고 물었다.

"뭐가?"

후우, 한숨짓고 나서 린코가 생긋 웃었다. 그날 집을 나갈 때 보여 준 것과 똑같은 빛나는 미소였다.

"긴 하루 끝에 히요리 씨가 있어 줘서."

분명히 기나긴 하루였다.

정신이 아뜩해질 만큼 긴 하루였다. 이제 총리가 된 린코와 나의 거리가 확 멀어진 것처럼 느껴지는 하루였다.

하지만 뭐, 좋게 생각하자.

다행이야, 히요리 씨가 있어 줘서. 기나긴 하루 끝에 린코의 그 한 마디를 들을 수 있었으니까.

3

20××년 9월 30일 맑음

미래 어느 시점에 이 일기를 읽고 있을, 아마도 내가 알지 못하는 당신에게 조금 엉뚱하긴 하지만 내 전공 분야인 조류가 보여주는 '사회'에 대하여 잠시 설명해 두고자 한다.

세상에는 참으로 다양한 새가 서식한다. 세계적으로는 대략 9천 종이 있고 일본에만 630종 남짓, 즉 전 세계 조류의 약 6퍼센트가 서식한다. 일본은 참으로 풍부한 들새 나라인 셈이다.

새는 대체로 동종끼리 생활하지만 다른 종류와도 다양한 관계를 맺으며 살아간다. 일반에 널리 알려진 뻐꾸기의 탁란(뻐꾸기가 개개비나 때까치의 둥지에 알을 낳아 두어, 부화한 새끼 뻐꾸기를 타인, 아니 타조에게 떠맡겨 키우게 한다)이나 바닷새 콜로니(다양한 종류의 바닷새들이 좁은 장소에 밀집하여 각자 둥지를 틀고 공존하는 것) 등은 종이 다른 새들끼리 관계를 맺으며 살아가는 좋은 예이다. 그들은 누가 가르치지 않아도 이렇게 '종간사회'를 이루며 산다.

새들은 종이 달라도 함부로 싸우지 않고(물론 포식자·피식자의 관계는 예외지만) 어떻게든 공존하는 것이 생존을 위한 첫 걸음임을 본능적으로 알고 있다.

비유가 조금 장황했지만, 그래서 하고 싶은 말이 뭐냐면, 내 아내이자 총리로 취임한 소마 린코가 발족한 내각은 연립여당에 기반하고 있으며 내 눈에는 그것이 마치 '종간사회'적인 내각으로 보인다는 말이다.

가령 연립내각의 제1당 '민심당'의 당수 하라 구로가 뻐꾸기라면, '내각이란 알'을 떠맡은 린코는 개개비라고 해야 할까.

뻐꾸기 하라 씨는 정계의 풍운아이다. 사실 이 사람이 얼마 전까지 여당이던 민권당에서 내분을 일으키며 탈당하지 않았다면 정권을 잡고 있던 요네자와 내각은 의회 해산과 총선거를 실시할 필요도 없었을 테고, 그 결과 민권당이 여당에서 야당으로 밀려나는 일도 없었을 것이다. 그리고 린코는 지금도 개개비로서 제 둥지(직진당)를 가꾸고 지키느라 여념이 없었으리라.

그러나 하라 씨는 그렇게 놔두지 않았다. 많고 많은 둥지 중에 하필이면 린코의 둥지에 연립내각이란 알을 까 놓았다. 이 경우 '린코의 둥지'는 직진당이 아니라 내각을 뜻한다. 뻐꾸기 하라 씨는 종이 다른 새의 훌륭한 둥지에 알을 까 놓고는 거기에 개개비 린코를 끌어들여 알을 품게 한 것이다. 그런 마술 같은 일을 해낼 수 있는 새가 실재하는지는 확인된 바가 없지만.

이것은 어디까지나 일기이고 아내 린코가 총리로 취임한 사건이 계기가 되어 쓰기 시작했다. 벌써부터 하루하루 매우 다양한 일들이 일어나고 있고, 그걸 기록해 놓는 데만 해도 방대한 페이지가 필요하리라는 사실쯤은 잘 안다. 그러나 린코가 어떤 경위로 요네자와 전 내각의 타도에 관여하고 결과적으로 정권을 잡았는지를 제대로 기록해 두지 않으면 이 일기의 역사적 가치가 떨어질지도 모르겠다는 생각이 든다. 따라서 이야기를 조금 이전으로 되돌려 보겠다.

요네자와 내각을 지탱하는 민권당이 여당이던 시절, 나와 린코는 하라 구로 부부의 초대를 받고 만찬에 참석한 일이 있다. 당시 하라 씨는 민권당 '전 간사장'이라는 직함을 갖고 있었다.

간사장을 역임할 만큼 당에서 중용되던 하라 씨이지만, 그 뒤 권좌에 오른 요네자와 전 총리와 마음이 맞지 않자 '여당 자리에 안주하고 있을 때가 아니다. 위기에 빠진 일본의 현실을 바꾸려면 민권당이 먼저 변해야 한다'며 요네자와 전 총리와 대립했다.

하라 씨가 요네자와 전 총리와 대립한 데는 이유가 있었다. 요네자와 내각 이전에 집권했던 단고 분조 내각이 제3차까지 계속된 뒤, 요네자와 씨와 하라 씨가 단고 씨의 후계 자리를 놓고 민권당 대표 선거에서 격돌했다. 당시 요네자와 씨는 당 부대표였고 하라 씨는 간사장이었다. 민권당원의 표는 양분되었지만 요네자와 씨가 가까스로 승리하여 새 대표가 되고 총리에 취임했다.

요네자와 씨의 조부는 예전에 총리를 역임한 요네자와 도미스케. 부친은 외무대신을 역임한 요네자와 도미타로. 아들도 중의원 의원이다. 해서 요네자와 가는 정치가(더구나 늘 집권당)의 대명사 같은 이미지를 갖고 있다. 한편 하라 씨는 민권당 간사장이던 고 엔도 준야 씨의 비서로 오랫동안 일하며 제 힘으로 우뚝 선 정치가이다. 의지가 굳고 활달 솔직한 언변으로 민심을 휘어잡는 데 능하므로 선거에 강하다. 존경하는 인물로는 전설적인 총리 다나카 가쿠에이를 꼽는다고 한다. 정반대 유형인 두 사람은 같은 당에 속했으면서도 오랫동안 불꽃 튀는 대결을 벌여 왔다.

하라 씨는 "요네자와 총리 같은 서러브레드뛰어난 능력을 가진 혈통으로 유명한 경주마 품종는 솔직히 딱 질색이오"라고 노골적으로 말했다. 그날 저녁 만찬 석상에서 나와 린코에게 말이다.

"그러고 보니 소마 박사야말로 재계의 서러브레드이신데 이거 결례를 범했군요."

초대받은 만찬 석상——시내 호텔의 꼭대기에 있는 프렌치 레스토랑의 개인실이었다——에서 하라 씨는 건배도 하는 둥 마는 둥 곧장 요네자와 총리를 비판하다가 앞서 말한 발언에 이르렀다. 그러더니 제풀에 와하하 소리 높여 웃었다.

그때 나는 조류의 생태를 관찰하듯 흥미롭게 하라 씨의 웃는 모습을 바라보고 있었으므로 발언 내용에는 별로 신경 쓰지 않았다. 흠, 정치가라는 사람들은 시시한 농담을 던져 놓고 제풀에 와하하 큰소리로 웃나 보네, 하는 생각을 하고 있었다. 린코가 이끄는 직진당 간부 중에는 젊은 사람이 많아서, 하라 씨처럼 대놓고 나는 정치가입네 하는 인물을 대면한 것은 이때가 처음이었다.

한손에 브랜디 잔, 다른 손에 궐련, 무릎 위에는 하얀 페르시아

고양이. 만나기 전까지만 해도 거물 정치인은 그런 모습이 아닐까 상상했다.

그런데 눈앞에 있는 거물 정치인 하라 구로는 몹시 천연덕스럽고 활기찬 아저씨였고 듣기로는 술도 못 마시고 담배도 안 피우며 무릎 위에도 당연히 페르시아고양이 같은 것은 없었다.

"한데 아시다시피 내가 고졸이에요. 소마 씨처럼 번쩍거리는 학력에 명문가 출신을 만나면 눈이 부셔서 쩔쩔맵니다. 아이고, 어쩐지 아까부터 눈을 제대로 뜨고 있을 수가 없더라니…… 잠깐 실례."

하라 씨가 별안간 고개를 숙이더니 양복 안주머니에 손을 넣어 안경 같은 것을 꺼내 썼다. 눈이 부셔서 선글라스라도 쓰겠다는 건가? 하며 나도 모르게 상체를 그에게 기울였다. 하라 씨가 이쪽으로 얼굴을 홱 돌렸다. 돋보기처럼 동그랗고 두꺼운 렌즈를 끼운 검은 테 안경이었다.

옆에서 푹, 하고 웃음소리가 터져서 돌아다보니 린코가 얼른 제 입을 손으로 막았다. 그러고는 아무 거리낌 없이 아하하하, 하고 기분 좋게 웃어 젖혔다.

"당신도 참. 그렇게 이상한 얼굴을 하니까 두 분이 놀라시잖아요."

하라 부인이 부드럽게 한 마디를 거들며 웃음을 터뜨렸다. 하라 부인은 참으로 현명한 사람임을 이때 알았다. 린코의 엉뚱하게 커다란 웃음소리를 가려 주기 위해 짐짓 커다란 소리로 웃은 거니까.

나는 어안이 벙벙해서 우유병 바닥 같은 안경을 쓴 하라 씨 얼굴만 쳐다보고 있었다. 하라 부인의 절묘한 임기응변을 목도하고 부동자세로 굳어 있는 나를 두꺼운 안경 렌즈 너머에서 눈동자 두 개가 재미있다는 듯이 바라보았다.

"호오, 과연 소마 가 사람답군요. 이런 안경을 쓴 얼굴을 처음 보는 사람들은 대개 린코 씨처럼 폭소를 터뜨리던데…… 눈 하나 깜짝하지 않으시네."

"이이의 웃음 버튼이 다른 사람들과 달라서요."

웃음기 묻은 목소리로 린코가 변명해 주었다. 다만 하라 부인과는 달리 어딘지 어설펐다.

"그 안경, 진짜입니까?" 내가 묻자,

"그럼요. 파티 용품이 아닙니다. 써 보시려오?"

그렇게 말하며 하라 씨가 안경을 내밀었다. 받아서 써 보니 세상이 빙빙 도는 것 같았다. 우유병 밑바닥 같은 안경을 쓴 내 얼굴을 보고 이번에는 하라 씨가 웃음을 터뜨렸다.

덕분에 고급 프렌치 레스토랑 개인실의 긴장된 공기는 부드러운(이라기보다 활달한) 분위기로 일변했다.

하라 씨는 지독한 근시이기는 해도 사람을 끄는 힘이 있는 인물이었다. 우유병 밑바닥 같은 안경 렌즈뿐만 아니라 한순간에 상대방 마음을 사로잡는 기술을 갖고 있었다. 그가 스승으로 모신 정치가 엔도 씨도 학력 따위에 아랑곳없이 그 장점을 알아보고 하라 씨를 중용한 게 아닐까.

그날 만찬은 "지극히 사적인 식사 자리에 소마 당수를 초대하고 싶다"고 하라 씨의 개인비서가 린코의 비서 시마자키 군을 통해 의사를 타진해서 마련된 자리였다. 민권당 실세이며 가장 유력한 차기 총리 후보로 간주되는 하라 구로의 접근을 의외라 여긴 린코는 상당히 경계했다. 회식에 또 누가 참석하느냐고 묻자 "하라 구로 부부뿐"이며 비서도 동행하지 않는다는 대답이 돌아왔다. 린코는 하라 씨의 메시지를 즉시 이해하고, 그렇다면 나도 남편과 동행할게요, 라고 대응했다. 만약 하라 파 의원이나 비서가 동석하는 자리라고 했다면 린코는 경계심이 발동해 거절했을지도 모른다.

하라 씨는 "지극히 사적인 모임", 즉 "하라 구로와 소마 린코가 단둘이 만나 대화해 보지 않겠소?"라는 메시지를 띄운 것이다. 나는 생선회에 비유하자면 장식용 채소일 뿐이므로 꾸어다 놓은 보릿자루처럼 가만히 앉아만 있으면 되었다.

물론 린코는 그럴 수 없었다. 대체 하라 구로가 무슨 꿍꿍이로 나를 부를까, 하며 만나기 전까지 몹시 마음을 졸였다. 그러면서도 내심 기대하는 모습이었다.

나는 린코에게 물어보았다. "당신은 하라 씨를 어떻게 생각해?"

린코는 냉큼 답했다.

"속이 시커먼 사람. ……말 그대로 하라 구로하라=배, 구로=검다. '배가 검다는 '음험하다'는 일본어의 관용적 표현 ^{잖아.}"

그러네, 하며 나는 고개를 끄덕이다가 "이거, 어려운 문제네?" 하고 당황해서 내처 물어보았다. 속이 시커먼 인물이 음험한 계획 같은 거라도 제안한다면 어떻게 대응할 거야?

"그러게. 어려운 문제인지도 모르지." 린코가 가볍게 대답했다. "하지만 속시커먼(하라 구로의 별명 같았다) 씨는 굉장히 고생한 사람이니까 남의 고생도 이해할 수 있고, 더한 고생도 회피하려 하지 않는 정치가가 아닐까. 나는 '하라 구로는 음흉한 정치가'라는 평판보다 '하라 구로는 산전수전 다 겪은 고생한 사람'이라는 팩트를 믿어."

산전수전 다 겪은 고생한 인물…… 하긴 말 그대로 구로^{구로'는} ^{'검다' 외에 '고생'으로 읽히기도 한다니까}, 라고 말하려다가 그만두었다.

"그러니까 하라 씨 내외를 만나면 무슨 얘기가 나오든 일단 들어 보겠다는 거네?"

얼핏 그럴 듯하지만 상당히 모호한 질문을 해 보았다. 린코는 "그렇지, 뭐" 하며 미소 지었다.

"백전노장이니까 조심해야지. 아, 당신은 무슨 얘기가 오가더라도 사람 좋게 웃고만 있으면 돼."

장식용 채소는 입 다물고 있어라. 그런 말인가.

그런 경위로 만나게 된 하라 구로는 정말이지 매력 넘치는 아저씨였다.

"나는 가방끈이 짧은 사람이지만." 전채로 나온 오리고기찜에 나이프와 포크를 바삐 놀리며 하라 씨는 겸손하게 말했다. "어머님 고 마토베 유 선생의 저서라면 한 권도 빠짐없이 읽었습니다. 『메타글로벌 사회에 살아남는 일본』은 늘 곁에 두고 보는 책입니다."

"고맙습니다." 린코는 살짝 홍조를 띠며 대답했다. 그녀는 국제정치학자로 활약하다 타계한 어머니를 깊이 존경했다. 그리고 하라 씨가 거론한 책은 린코 역시 제일 아끼며 늘 곁에 두고 읽는 책이었다.

"게다가 아버님의 절필본 『해부대 위의 재봉틀과 박쥐우산의 우연한 만남』도, 도통 종잡기는 힘들었지만 왠지 중간에 그만둘 수 없는 이야기였지요."

이번에는 내가 웃음을 터뜨릴 뻔했다. 린코가 초등학생 때 갑자기 타계한 그녀의 아버지, 요절한 천재작가 마토베 아쓰시의 절필본 제목을 막힘없이 말하는 사람을 처음 만나 보았기 때문이다. 하라 씨의 감상은 읽어 보지 않았다고밖에 생각할 수 없었지만, 혀가 엉킬 법한 초현실적 제목을 매끄럽게 말했다는 사실만으로도 린코는 한껏 흥분한 듯했다.

"제 부모님 저서를 다 읽으셨다니 영광입니다. 하라 선생은 굉장한 독서가시군요."

린코가 흥분을 간신히 억제하며 말하자,

"덕분에 이렇게 근시가 되어 버렸잖아요" 하며 하라 씨가 웃었다. 저 두툼한 안경 렌즈를 보면 수만 권은 독파했을 것 같은데.

하라 구로는 정말이지 교묘하게 린코의 마음을 사로잡았다. 하라 씨가 지휘자처럼 물꼬를 트고 흐름을 유도하여 두 사람은 어느새 속을 터놓고 대화하게 되었다. 린코의 흥미를 끌 만한 화제가 무엇인지 꼼꼼하게 준비해서 나온 것이 틀림없었다.

그렇지만 여당 거물과 야당 중에서도 세력이 미미한 정당 당수의 대화 아닌가. 보통은 이쪽에서 상대방의 속셈을 헤아리며 조금은 저자세로 나가야 마땅할 것이다. 그런데 린코는 탐색이나 사전 교섭에 다분히 서툰 편이고, 무슨 일에나 직구 승부를 택하는 성격이었다. 그것이 소마 린코라는 정치가의 가장 큰 매력이자 약점임을 본인은 어느 정도나 자각하고 있을까.

부드러운 분위기에서 차가운 전채, 따뜻한 전채, 수프, 메인으로 코스요리 식사는 순조롭게 진행되었다. 하라 씨는 건배한 샴페인에 입술만 살짝 댔을 뿐 금세 생수로 바꾸었다. 부인도 생수를 마셨다. 나도 그다지 잘 마시는 편이 아니므로 와인을 쪼금씩 홀짝거리고 있었다. 린코만 거침없이 마셨다. 그녀는 술이 꽤 강해서 어지간히 마셔서는 취하지 않는다. 그러나 여당 고위 간부가 기분을 맞춰 주자 감정이 한껏 고양되는지 몹시 즐거운 표정이었다.

하라 씨는 참으로 노련하게 대화를 이끌었다. 무난한 대화 틈틈이 요네자와 내각에 대한 비판을 역시 무난하게 슬쩍슬쩍 끼워 넣었다. 야당 당수에게 여당 간부가 제 식구에 대한 험담을 속닥거린다는 것은 일반적으로는 생각하기 힘든 일이다. 하지만 하라 씨는 여당에 적을 두었으면서도 여당의 고통스러운 내부 상황을 린코에게 에둘러 전하려 애쓰는 듯했다.

그의 의도는 대체 무엇일까?

린코는 여당 민권당의 오랜 일당 지배체제로 정치가와 공무원이 유착하고 관청과 민간기업이 유착한 현실을 직진당 창당 이래 늘 규탄해 왔다. 저출생 대책이나 세제 개혁에 대해서도 역대 내각이 좀처럼 손대지 못하는 점을 답답해했다.

요네자와 내각은 자파에 속한 출신성분 좋은 의원만 중용하여 저희끼리만 만족하는 내각을 만들어 '동문회 내각'이라 불리고 있었다. 그런 연유로 린코는 요네자와 내각에 반감을 느끼고 늘 속을 태웠다.

"요네자와 내각은 이제 말기 증세에 빠졌다고 봅니다."

린코는 꽤 대담해졌다. 눈앞에 있는 사람이 여당 고위 간부라는 사실도 망각한 것처럼 거침없이 발언했다.

"일전에 교세이신문의 여론 조사에 따르면 내각 지지율이 3할대로 떨어졌더군요. 3할 이하로 떨어지는 것도 시간문제입니다. 국민의 마음은 요네자와 내각을 떠난 지 오래입니다. 요네자와 총리에게 계속 정권을 맡겨 두는 것은 국난만 부를 뿐이에요."

"지당한 말씀." 하라 씨는 차분하게 린코의 발언을 수긍했다.

"애초에 민권당 일당 지배가 너무 오래됐습니다. 벌써 20년 넘게 여당이라니, 정상적인 민주주의가 유지되고 있다고는 도저히 말할 수 없죠. 적절한 정권 교체가 이루어지지 않으니 담합과 부패가 만연합니다. 그 피해는 고스란히 국민 몫이죠."

"맞습니다" 하고 호응하는 하라 씨. 옆에 있는 부인도 생긋생긋 웃고 있다.

나는 "잠깐…… 린코 씨, 발언이 너무 센데" 하며 한껏 기염을 토하는 아내를 작은 소리로 말렸다.

"상대를 봐 가면서 말해야지…… 저쪽은 여당 고위 간부잖아."

"그래, 알고 있어." 린코는 눈 주위가 발그레해져서 말했다.

"하라 선생은 요네자와 총리처럼 옹졸한 사람이 아냐. 거물이라고. 상황을 대국적으로 보고 계셔. 그러니까 이렇게 내 얘기도 기꺼이 들어 주시지. 안 그런가요?"

"암, 그렇고말고요. 나를 거물이라고 하신 것은 조금 지나친 말씀이지만."

두 사람의 얘기를 듣던 나는 조금 불안해졌다. 도미와 참치의 대화에 장식용 야채가 끼어드는 것은 주제넘은 짓이지만, 아무래도 속시커먼 씨에게 뭔가 꿍꿍이가 있는 것처럼 보였다. 아니라면 애초에 이런 만찬 자리를 마련할 리도 없지 않겠는가.

잔에 남아 있던 그랑 에세조 05년산을 다 들이켠 린코는 빈 잔을 테이블에 내려놓았다. 그러더니 하라 구로의 얼굴을 똑바로 쳐다보며,

"이번 국회에 내각불신임 결의안을 제출하면 어떻게 하시겠어요?"

하고 불쑥 들이밀었다. 순간 내 얼굴에서 핏기가 싹 가셨다.

내각불신임 결의안.

일본국헌법 제69조──내각은 중의원에서 불신임 결의안을 가
결하거나 신임 결의안을 부결할 경우, 열흘 내에 중의원을 해산
하지 않는 한 총사퇴해야 한다.

즉 중의원에서 불신임 결의안을 내놓으면 내각은 자신을 불신
임한 중의원을 해산하고 총선를 실시하거나 총사퇴해야 한다. 불
신임 결의안은 야당에게 전가의 보도라고도 할 수 있다. 여당과
대결하는 자세를 선명히 하고 국민에게 '야당 봉기'를 선언하는
최강의 카드이다.

그러나 중의원 의석은 대개 여당이 과반수를 점하므로 야당이
한 덩어리로 뭉쳐 불신임 결의안을 제출해도 부결되게 마련이다.
따라서 이 카드는 매우 신중하게 써야 한다. 어림없게 부결되면
국민에게 '역시 야당은 안 돼', '믿고 맡길 수 없다'는 식으로 도리
어 실망을 부르기 십상이다.

부결될 줄 알면서 제출할 때도 있다. 다만 그 경우는 야당이 단
단히 결속하여 내각에 'NO'라고 말할 수 있을 만큼 단결되어 있
어야 하며, 국민에게 '야당이 할 수 있는 일은 다 했다'는 평가를
받을 수 있다는 계산이 서야 한다. 전가의 보도이기는 하되 말하
자면 양날의 검인 셈이다.

린코는 당시 직진당 당수가 된 지 8년이었고 중의원 의석수는
5석이었다. '신당오오조라' '혁신일보당'에 이어 제3의 야당이었
다. 뉴스 같은 데서 각 야당 당수의 발언을 소개할 때도 린코는

세 번째로 등장했다. 즉 정권의 일익을 담당하는 것은 아무리 기를 써도 바랄 수 없는 처지였다.

그런 린코가, 물론 숱하게 고생해 온 사람인지는 모르지만 현재 여당의 거물이고 음흉한 정객이며 막후 실세인 하라 구로에게 대뜸 '최후의 카드'를 슬쩍 내비친 것이다. 그 모습에는 나도 놀랐다.

최후의 카드를 내미는 정도의 일이라면 린코가 아니라 제1야당 신당오오조라의 하코네 당수쯤 되는 인물이 해야 하지 않을까. 그러니까 여러 야당이 완벽하게 단결하도록 사전교섭을 해낼 수 있는 인물이 나서야 되는 일이 아니냐는 거다.

린코가 정치가로서 그 정도까지 성장했을까? 내가 모르는 사이에? 그렇다면 그건 그것대로 대단한 일이긴 하지만.

내가 이렇게 혼자 가슴을 졸이고 있는데 내각불신임 결의안 제출 이야기를 들은 하라 구로는 입가를 살짝 휘어 올리며 빙긋이 웃었다. 그 웃음이 짐짓 실세다운 인상을 풍겨서 또다시 나의 흥미를 끌었다.

"역시 당신은 감이 좋군요, 소마 씨."

하라 씨의 말투는, 자, 그렇다면 지금부터 뒷거래를 시작해 볼까요, 라고 말할 것 같은, 탐관오리와 손잡은 에치고야에도 시대에 에치고 지방 출신의 상인을 가리킨다. 각종 사극에서 악덕 관리와 유착된 악한 상인으로 자주 등장했다 같은 울림이 있었다.

"실은 그 한 마디를 듣고 싶어서 오늘 두 분을 이 자리에 모신 거요."

하라 씨는 상체를 앞으로 살짝 기울여 뒷거래 상담을 시작하려는 에치고야처럼 속삭였다.

"우리 함께 도각에 나섭시다. ……내가 반역에 나서겠소."

내 귀에는 도각이 아니라 도막처럼 들렸다도각=내각 타도. 도막=막부 타도. 하라 구로의 말투가 살짝 예스러운 탓일까.

어쨌거나 나는 본의 아니게 일본의 운명을 결정짓는 비밀을 공유하고 말았다.

생각해 보면 그날의 만찬 훨씬 전부터, 그러니까 민권당 대표 선거에서 요네자와 씨와 대결했다가 패한 순간부터 책사 하라 구로는 은밀하게 탐색에 나섰을 가능성이 크다.

자신이 꾸릴 내각에 어울리는 야당 인사는 누구일까? 자신이 반역에 나설 때, 그 화약을 채우는 데 적합한 그릇은 무엇일까?

비밀리에, 신중하게, 하라 씨는 야당 인사들을 물색했을 게 틀림없다.

그리고 찾아낸 것이다. 각종 유착을 배격하고 타성을 싫어하고 진지하게 일본을 개혁하고자 하고 기개 넘치는 여성 정치가 소마 린코를.

그날 저녁 하라 구로와 린코 사이에 오간 밀약. 요네자와 내각을 무너뜨리고 연립정권을 수립하자──하지만 그때까지만 해도 린코는 자신이 총리가 되리라고는 상상하지 못했을 게다. 모든 일이 수월하게 진행되어 연립정권이 수립된다면 총리로는 당연히 하라 씨가 취임하고 자신은 무슨 대신 자리를 받으리라는 정도의 기대가 있었는지는 모르지만.

정말이지 하라 구로는 속을 알 수 없는 인물이었다. 만찬 자리에서는 그가 오래전에 구상해 두었을 정계 재편의 청사진은 요만큼도 보여 주지 않았다. 다만 한 마디, 함께, 도각에 나섭시다, 라고만 했을 뿐.

그렇지만 식사를 마치고 헤어질 무렵에 하라 씨가 던진 한 마디는 지금도 또렷이 기억하고 있다.

레스토랑 개인실을 나설 때 하라 내외는 문 옆에서 우리를 배웅해 주었다. 하라 구로는 먼저 린코와 악수하고 친절하게 그녀를 개인실 밖으로 안내해 주었다. 그리고 뒤따라 나가려고 하는 나에게 이렇게 말했다.

"연립내각이 수립될 때는 본가의 지원을 기대하고 있겠습니다."

그는 정중하게 고개 숙여 인사하고는 입가를 휘어 올리며 씩 웃었다.

음흉한 막후 실세이며 산전수전 다 겪은 정객이 내 아내를 총리로 내세운 것은 그로부터 세 달 뒤였다.

4

20××년 10월 4일

아내 소마 린코가 총리에 취임하여 소마 내각이 발족한 지도 2
주가 지났다. 아아, 얼마나 숨찬 2주였던가. 그야말로 노도와 같
은 날들을 겪느라 경황이 없어 일기 쓰기를 시작했다는 사실조차
까맣게 잊고 있었다. 열 살 즈음부터 써 오는 '새 관찰일지'라면
이제는 아침에 양치질을 하듯 습관이 되어서 변함없이 쓰고 있지
만.

새의 생태는 매우 안정적이다. 새들은 아침과 함께 일어나 지
저귀고 먹이를 찾아 날아올랐다가 석양과 함께 둥지로 돌아온다.
봄에는 봄대로, 가을에는 가을대로 그들의 생활이 있다. 그것이
수백 수천 년 동안 거의 변함없이 봄 여름 가을 겨울 반복되고 있
다. 인간이 새들의 환경을 위협하고 생태계를 어지럽히는 파괴를
자행해도 새들은 여전히 자기 생활을 담담히 반복하며 변하는 일
이 없다.

그에 비하면 우리의 생활은 어떤가.

내 경우는 어릴 때부터 생활 환경이 극적으로 변하는 일이 거
의 없어서 '세상 물정 모르는 도련님'이니 '속세를 떠나 버린 아이'
니 하는 소리를 숱하게 들었다. 그러나 분하게도 그건 정확한 말

이었다. 어머니의 넘치는 사랑과 저택에 보호받으며 아주 따뜻하게 자란 것은 틀림없는 사실이니까.

언제였나, 나를 따라다니던 여자가 이렇게 말한 적이 있다. "당신은 스스로를 돌아본 적이 있어요? 입만 열면 새, 새. 늘 새 얘기만 하는데, 그러는 당신이야말로 새장 속에 사는 새예요!"

적절한 비유이긴 했지만, 정작 새장 속의 새는 자기가 갇혀 산다는 걸 전혀 의식하지 못한다. 아니, 더 나아가 새는 자기가 새라는 사실조차 의식하지 못한다. 자기가 휘파람새인지 카나리아인지도 의식하지 않는다.

여하튼 '새장 속 새'였던 나를 세상에 놓아준 사람. 그게 린코였다.

그녀도 딱히 세상 사람들에게 '새장 속 새'라 불리던 나에게 자유를 주려고 새장 문을 열어 준 것은 아니다. 그녀가 나를 '새장 속 새'라고 인식한 것도 아니고, 내가 뭔가에 사로잡혀 자유롭지 못하게 산다고 동정한 것도 아니다. 어느 날 별 생각 없이 다가와 당연하다는 듯이 대뜸 새장 문을 열어 준 것이다. 그 순간 나는 비로소 의식했다. 여태까지 내가 '새장 속 새였다'는 사실을.

자유를 얻은 나는 린코를 따라 창공을 향해 날갯짓했고 예전에 할아버지가 살던 고색창연한 저택(그러니까 내 아버지의 집)을 그녀와 나의 '둥지'로 정했다.

내가 38년 인생에서 생활 환경을 크게 바꾼 것은 린코와 결혼하면서 할아버지 저택을 신혼집으로 정한 것, 그때가 유일하다.

그 뒤로 10년간 우리 부부의 생활에는 극적인 변화가 없었다. 그야 뭐 고부갈등이나 집안의 갈등이 없었다면 거짓말이겠지만 우리의 생활을 위협할 정도는 아니었다. 린코가 중의원 의원에 출마해서 멋지게 당선되었을 때는 역시 "당찬 사람이네……" 하며 어안이 벙벙했지만, 본래 정책 분야의 싱크탱크 연구원이었고 국제정치학자였던 모친의 영향도 있어서 언젠가 그녀가 정계에 진출하리라는 것은 어렴풋이 예감하고 있었다. 그러므로 국회의원이 될 만해서 된 거라고 해도 틀린 말은 아니다.

　그러나 설마…… 아내가 총리라는 자리까지 도전해서 당선될 줄은 상상도 못했다. 내 빈곤한 상상력을 지금은 부끄러워하고 있다. 하지만 세상의 남편들 가운데 자기 아내가 총리가 될 거라고 상상해 보는 사람이 과연 얼마나 있겠나.

　그런 연유로 내 인생에서 두 번째 지각변동이 일어났다. 소마 내각 출범과 함께 남편인 나의 생활도 내 뜻과는 상관없이 변하지 않을 수 없었다.

　린코가 총리로 임명되기 무섭게 물리적인 변화가 찾아왔다.

　우선 우리 집 대문 양쪽에 '초소'가 들어섰다. 조립식 패널로 만든 그것은 한 명이 들어가 있을 수 있는 크기였다. 여기서 경비원이 24시간 체제로 근무한다. 덥거나 춥거나 비가 오나 바람이 부나 대문을 지켜 주고 있다. 그야말로 살아 있는 인왕상이 지키는 대문이다. 나는 집에 드나들 때마다 그 믿음직한 인왕들에게 "수

고하십니다"라고 고개 숙여 인사한다.

'전담 기자'라는 사람들도 등장했다. 린코가 집을 나설 시간이면 그들은 벌써부터 대문 앞에 진을 치고 있다. 총리의 동정을 상세하게 추적하는 것이 그들의 임무 같았다. 언론사마다 파견한다는데, 열 명 정도가 어슬렁거린다. 린코가 수행 차량에 타면 그들 역시 긴급출동이라도 하듯이 업무 차량에 급히 올라타고 뒤를 쫓는다. 대부분 젊은 기자이며 절반쯤은 여성이다. 그들은 린코가 수상관저 앞에 서서 몇 분간 발언하는 것을 '부라사가리 취재_{일본의 취재 관행으로, 출퇴근 길에 있는 유명인에게 따라붙어 취재하는 행위를 말한다}'도 하고, 국회의 총리실 앞에도 진을 치며, 저녁이면 호텔 레스토랑 같은 데서 열리는 사적인 모임에서도 개인실 복도에 서서 기다린다고 한다. 그리고 린코가 귀가할 때까지 아무튼 일 분 일 초도 그녀에게서 눈길을 떼지 않고 쫓아다닌다. 그런 상황이므로 나쁜 짓은 엄두도 낼 수 없다. 나로서는 도리어 마음이 놓인다. 그래서 나는 이 친위대 같은 젊은이들을 만나면 반드시 "늘 고맙습니다"라고 인사하고 있다.

친위대가 떼 지어 쫓아다니는 것은 '총리 공용차'. 이 역시 린코가 총리가 되자 나타난 믿음직스런 차량이다. 국산 브랜드이며 광택이 흐르는 까만색 바디에 방탄유리를 장착했다. 조수석에는 SP(요인 경호 경찰) 팀장이 눈을 부릅뜨고 있고 뒷좌석에는 린코와 야당 시절부터 함께한 비서 시마자키 군이 탄다. 앞뒤를 경호 차량이 지키고 역시 검은색 차량 여러 대(이걸 그림자 무사 차량이라고 한다)도 함께 달린다. 다시 그 뒤를 친위대 차량이 바짝 따라가는 것이다. 다이묘 행렬에도 시대 영주가 공식적으로 외출할 때 취하는 행렬로, 체면과 위신을 중시했던 만큼 최대한 호화롭고 큰 규모로 꾸렸다까지는 아니지만 대단한 규모임에는 틀림없다. 더욱 놀라운 것은, 이건 시마자키 군한테 들은 이야기인데, 지방에 가면 총리의 공용 차량이 통과하는 도로에는 모두 푸른 신호등이 켜져 있다고 한다. 설마, 그렇게까지, 하며 내가 웃었지만 "총리 차량은 일 초라도 공도에 멈추면 안 됩니다"라고 시마자키 군은 콧방울을 부풀리며 대꾸했다. 법률로 정해진 것은 아니지만 총리 차량은 어쨌든 각별한 대우를 받는다. 일국의 수상은 일 초도 헛되이 보내서는 안 된다는 뜻이리라. 무엇보다 테러의 표적이 되지 않아야 한다는 것이 가장 중요한 이유겠지.

그전에도 린코는 직진당 공용 차량으로 국회나 의원회관에 드나들었다. 매우 평범하고 연비가 뛰어난 친환경 차량이었다. 이번에 제공된 공용 차량에 비하면 귀여운 차라고 해야 할까.

린코가 중의원 의원에 당선되어 처음 국회에 출석할 때는 어머니가 "괜찮은 차를 제공"하겠다고 제안한 적이 있다. 모처럼 국회의원이 되었으니 고급차를 타야지, 뭣하면 내가 한 대 뽑아 줄까. 하지만 린코는 정중히 사양했다. 차를 사 주겠다는 제안이 어머니 나름의 축하 인사임은 알고 있었지만 정치가로 데뷔하는 마당에 소마 가와의 인연을 필요 이상으로 드러내고 싶지는 않았던 것이다. 그래서 어머니 심기가 불편해졌다. 소마 가의 며느리가 저런 평범한 차로 국회에 가다니 남우세스럽구나, 하면서. 소마가의 며느리가 총리 전용 차량으로 갈아탄 것에 누구보다 만족한 사람은 어머니였는지도 모른다.

SP도 총리 지명 전에는 두 명이었다가 지명 후 여덟 명으로 늘었다. 남자가 여섯, 여자가 둘. 경시청의 약 4만 경관 중에서 선발된 경호 프로페셔널이며, 비상시에는 말 그대로 온몸을 던져 총리를 지킨다. 물론 그런 사태가 벌어지기 전에 수상한 인물이나 움직임을 감지하여 미연에 막아야 하지만. 여하튼 그들은 온 신경을 린코 주위에 집중하고 린코가 가는 곳을 사방팔방 감시한다. 말하자면 살아 있는 12신장천상계 신들의 직속 군대를 지휘하는 12명의 장군이다. 여덟 명뿐이지만.

정말이지 린코의 주변이 어마어마해졌다. 나 역시 내 집인데도 출입할 때마다 왠지 신경이 쓰인다. '내 담당'인 홍보 스태프 후지노미야 씨는 나에게 "누가 뭘 물어도 총리에 관해서는 쓸데없는 말을 절대로 삼가 주세요"라고 단단히 입막음을 했다. 알겠습니다, 하며 순순히 대답하기는 했지만, 영 미덥지 않은지 직장인 젠다 조류 연구소까지 당용차로 출퇴근시켜 준다. 후지노미야 씨가 덧붙이길 "히요리 씨는 사람이 너무 순해서 지하철 같은 데서 납치라도 당하면 큰일입니다"라는데, 가령 어느 주간지 기자가 뒤를 밟다가, 잠깐 얘기 좀 할까요, 하며 어디론가 끌고 가면 곤란하다는 것이다. 무슨 초등학생 대하듯 걱정하고 있다.

애초에 린코한테 주워듣는 정계 뒷이야기 같은 것을 누구에게 들려주고 싶어도 그녀가 총리가 된 뒤로는 마주 앉아 대화다운 대화를 나누지 못하는 상황인데.

그래, 우리의 일상에서 그게 가장 커다란 변화인지도 모른다.

린코가 국회의원이 되고부터는 부부가 함께 보내는 시간이 크게 줄었다.

결혼하고 중의원 선거에 출마할 때까지는 매주 두 번쯤 저녁을 같이 먹고 주말에도 함께 지낼 때가 많았다. 어머니 부름을 받고 본가에 갈 때도 있었는데, 린코는 어떤 상황에서나 분위기를 정확히 파악하고 상대방의 행동을 예상하며 행동했다. 어머니 앞에서 웃음을 지우지 않았고, 언제 준비했는지 어머니 마음에 쏙 들 만한 소소한 선물도 잊지 않았다.

본가에 도착하면 내가 대학생 때 돌아가신 아버지의 영정에 먼저 정중하게 고개를 숙였다. 누가 특별히 부탁한 것도 아닌데 처음부터 그렇게 해 주었다. 어머니는 아들을 빼앗아 간 며느리를 고깝게 여기고 있었지만 그녀의 그런 모습에 크게 감동한 듯했다. 그 뒤로 종종 불편해질 때도 있었지만 고부간에 직접 다투는 볼썽사나운 일은 한 번도 없었다.

린코가 정계에 발을 들여놓기 전에는 평일에도 밖에서 만나 함께 식사하거나 영화를 보거나 서점에서 책을 고르는 등 신혼부부답게 지냈다. 린코가 흥미를 보이는 일이면 나도 흥미를 품었고 린코가 가고 싶어 하는 곳이면 나도 가 보고 싶었다. 그게 무엇이든 린코를 따라다니는 것이 기쁘고 즐거웠다. 린코는 그런 나를 늘 받아들여 주었지만, 정말로 혼자 있고 싶을 때는 "오늘은 혼자 갈래." "잠시 혼자 있게 해 줄래?"라고 말했다. 그런 솔직함도 그녀의 장점이라고 생각한다.

아, 이야기가 또 탈선하고 말았다. 린코 이야기만 나오면 아무래도 이것저것 다 쓰고 싶어진다.

소마 내각이 출범한 이래 나와 린코가 얼굴을 마주하는 것은 그녀가 식탁에 앉는 아침의 십오 분이 전부이다. 일전에 썼듯이 총리의 남편인 나에게는 린코의 건강을 챙겨야 하는 의무가 있으므로 적어도 조식만은 제대로 먹이자고 결심했다. 그래서 시저샐러드, 시리얼, 오골계 계란덮밥 등 이것저것 궁리해서 준비해 보지만 총리가 된 아내는 차분히 조식을 먹고 있을 수 없다. 조식 테이블에도 늘 누군가 함께하고 있다. 대개는 총리의 정무담당 비서관이 된 시마자키 군이다.

나는 매일 아침 일찍 관용 차량을 타고 찾아오는 시마자키 군이 왠지 딱해서 "우리 집으로 이사하는 게 어때요?"라고 슬쩍, 그러나 진지하게 권해 보았다. 시마자키 군은 하루의 마지막 업무로 린코를 집까지 데려다 주고 그대로 응접실에서 밤늦게까지 이런저런 논의를 한 후에 나카노사카우에에 있는 자택으로 돌아간다. 그리고 이튿날 아침 7시에는 다시 우리 집으로 찾아온다. 휴일에도 뻔질나게 연락을 하고, 린코가 외출할 때는 늘 수행한다. 개인 시간까지 린코를 위해 포기했으리라. 린코가 크게 의지하는 사람이므로 그가 쓰러지기라도 하면 큰일이다. 그런 사태가 없도록 우리 집에 세 개나 있는 객실 가운데 하나를 그에게 제공해서 함께 지내면 될 텐데, 하고 생각했던 것이다.

"아이고, 히요리 씨. 그렇게 되면 총리님이나 저나 프라이버시가 완전히 사라져 버리잖아요. 좀 봐주십쇼."

나의 제안에 시마자키 군이 쓴웃음을 지었다.

"당신에게 프라이버시라는 것도 있었나요?" 하고 내가 묻자,

"서글픈 말씀은 말아 주세요" 하며 시마자키 군은 살짝 토라진 시늉을 했다. 그에게도 가장의 귀가를 이제나저제나 기다리는 처자식이 있었다.

여하튼 부부가 아침에 십오 분간 얼굴을 마주한다지만 단둘이 있는 것도 아니고, 린코의 모든 관심은 이제 국정으로 향하고 있으며, 내가 아내에게 말하는 내용도 한정되어 버린데다가 그녀에게 특별한 이야기를 듣는 일도 없어졌다.

하지만 린코는 잊지 않고 있다. 나에게 뭐든 소소한 이야기를 건네는 것을.

"신천옹 개체수 데이터는 나왔어?", "도쿠다 소장은 건강하시지?", "히요리 씨가 타 주는 커피는 입안을 개운하게 해 준다니까."

그럴 때마다 얼마나 뿌듯한지. 그녀의 마음 어딘가에는 내가 앉을 자리가 조금은 비워져 있구나, 라고 생각하면 행복해진다.

린코는 오늘도 건강한 모습으로 더 좋은 나라를 만들기 위해 분투하자고 결의하고 있다. 그렇다면 나도 힘내야지.

린코가 총리로 지명된 직후 조각이 이루어졌다.

물론 연립에 참가하는 여당이 될 다섯 개 정당——민심당, 신당오오조라新黨おおぞら, 혁신일보당革新一步黨, 신당카와루닛폰新黨変る日本, 그리고 직진당——사이에 누가 어느 자리를 차지할지를 놓고 사전에 물밑 협상을 거듭한 듯했다. 린코가 그렇다고 밝힌 적은 없지만 조각 결과를 보면 이번 인사는 연립내각의 흑막인 민심당 당수 하라 구로가 주도했음을 알 수 있었다. 내가 알 정도라면 국민 대부분도 비슷하게 느꼈으리라.

얼마 전까지 여당이던 민권당을 탈당하여 민심당을 창당한 하라 씨. 정국을 극적으로 재편한 주동자인 그는 "이 나라의 정치를 근본적으로 바꿔나가겠다"라는 한 마디로 린코를 끌어들였다.

사상 최연소이자 최초의 여성 총리를 탄생시키기 위해 움직인 정계의 흑막은 소마 내각을 꾸리는 데서도 암약한 듯하다. 물론 총리가 된 린코가 조각을 지휘하고 연립여당 각 당의 의견도 수렴한 게 틀림없지만, 눈치가 백단인 린코인 만큼 하라 씨의 의견을 최대한 존중하며 조각했을 것이다.

소마 내각의 면면을 보면 중요한 장관 자리는 민심당이 차지한 듯하다. 하지만 가장 중요한 자리를 직진당(린코)이 차지했으니 개인적으로는 불평할 이유가 없다.

그렇다면 이 단계까지 끌고 온 하라 씨는 자기 자리를 어디에 잡아 놓았을까.

하라 구로는 '연립여당협의회 의장'이 되었다. 그의 사무실은 관저 내부에 있는 것도 아니고 직함 역시 장관이 아니다. 의장이 라지만 중의원이나 참의원 의장도 아니다. 새 내각 진용이 공식 발표되어도 텔레비전 뉴스나 신문이나 인터넷에도 이름이 나오지 않는다. 어디를 살펴봐도 하라 구로의 하 자도 보이지 않는다.

관방장관이 된 직진당 전 간사장 오즈 도모스케 씨가 내각 면면을 발표하는 뉴스를 텔레비전으로 보던 나도 "어?" 하고 의아해할 정도였다. 하라 구로라는 이름이 전혀 나오지 않다니, 이럴 리가 없잖아.

이상하다고 생각하는데, 이튿날 조간 3면에 중간 크기쯤 되는 기사에 '민심당 당수 하라 구로 씨, 연립여당협의회 의장에 취임'이라고 실려 있었다. 거기에는 얼핏 어중간해 보이는 그 기사의 중요성이 이렇게 해설되어 있었다.

'연립여당협의회는 소마 내각의 실질적 의사결정기관이다. 그 의장은 말하자면 연립여당의 간사장과 같은 위상이며, 정권 운영의 핵심이 되어 정책 방향을 결정하는 가장 중요한 자리이다.'

나는 으음, 하는 신음 소리가 나오려는 것을 참으며 생각했다.

속시커먼 씨. 뒤에서 내각을 조종하겠다는 겁니까.

그런데 과연 그렇게 쉽게 될까.

저래 봬도 내 아내는 대단한 인물입니다. 각오하셔야 할걸요.

소마 내각이 발족하는 날, 마침내 첫 각의가 열렸다.

각료가 된 면면이 회의를 위해 처음으로 수상관저에 모일 때는 모두 정장을 차려입는다. 먼저 궁중에서 천황의 총리 임명 친임식, 국무대신 인증식을 치른 뒤 관저에서 첫 각의가 열리기 때문이며, 기념 촬영을 위해 정장을 입고 오는 것은 아니다.

린코는 이날 발목까지 오는 까만 이브닝드레스에 하얀 재킷을 입고 계단 위에 당당하게 나타났다. 뒤이어 새 각료들이 잇달아 모습을 보였다. 살짝 상기된 얼굴, 자랑스레 가슴을 편 자세. 한 무리가 되어 한 단 한 단 계단을 내려온다. 눈을 제대로 뜨기 힘들 정도로 터지는 플래시 속에서 린코는 얼굴을 똑바로 들고 앞을 바라보고 있다. 그 눈은 수많은 카메라를 응시하며 결코 피하려는 기미가 없어 보인다.

하지만 나는 알 수 있었다. 그때 린코가 응시하던 것은 카메라가 아니라 카메라 너머에 있는 국민의 시선이라는 것을.

5

20××년 11월 10일 대체로 맑음

이 일기를 미래의 어느 날 어딘가에서 읽고 있을 당신. 내가 지금 이 글을 쓰고 있는 장소가 어디인지 과연 알아맞힐 수 있을지. 아니, 아마 결코 알아맞히지 못할 것이다. 하긴 나도 이런 뜻밖의 곳에서 일기를 쓰게 되리라고는 불과 두 달 전까지만 해도 상상하지 못했으니까.

지금 내가 있는 이곳은 정부 전용기 안이다.

내 아내이자 총리인 소마 린코의 첫 수뇌외교가 된 미국 공식 방문을 마치고 귀국하는 중이다. 린코는 기내 뒤쪽 '일반 객실'(일반이라고 하지만 관광객이 탑승한 것은 아니며 정부 관계자나 기자단이 앉아 있다)에 마련된 기자회견석에서 회견하는 중이다. 나는 워싱턴에서 방문했던 스미소니언 박물관의 최신 조류 컬렉션 목록을 면밀하게 살펴보고 있었는데, 이륙 직후에 마신 와인 탓인지 혹은 익숙지 않은 '반려외교'(전에는 '부인외교'라고 했다고 한다)의 피로 탓인지 어느새 곯아 떨어져 그대로 몇 시간을 자고 말았다.

정부 전용기는 놀랍도록 안락했다. 이 비행기는 연립내각으로 정권이 교체되기 직전에 도입된 신형 순수 국산 중형 제트기

'MLJ'(Michibishi Longrange Jet)이다. 요네자와 전 수상이 도입하여 첫 비행에 탑승하기를 원했지만 고스란히 린코에게 양보하지 않을 수 없었다.

요네자와 씨한테는 안된 일이지만, 일본 최초의 여성 총리가 국산 정부 전용기를 타고 미국 워싱턴을 방문한다는 시나리오가 실현되자 외무성도 경산성도 쾌재를 부르고 싶었을 것이다. 비행기나 신칸센 등의 세일즈는 국익으로 연결되는 빅 비즈니스이므로 톱 세일즈가 필요하다. 미국이나 중국은 이런 톱 세일즈를 빈틈없이 해 왔지만 유감스럽게도 일본 수상은 지금까지 이런 일에 서툴러, 해외에 나가면 판촉은커녕 이것저것 강매나 당하고 귀국하는 일이 많았다. 린코는 기회가 있을 때마다 기존 정권과는 다른 정치 기법을 활용하려고 하므로 이런 일에도 주저 없이 도전하는 모습을 보여 주었다.

미국이 비행기 제작의 대국이라지만 뛰어난 연비에 기술적 신뢰성이 높은 일본제 비행기에 흥미가 없는 것은 아니다. 여성 총리가 일본 비행기를 타고 당당하게 워싱턴을 방문한다는 연출에 미국은 민감하게 반응했다.

정부 전용기는 귀빈실이 기수 쪽에 있고, 황족이나 총리가 이용하는 캐빈도 이곳에 있다. 나는 남편의 특권으로 린코와 함께 전방 탑승구로 올라탔는데, 그때 이 캐빈을 볼 수 있었다. 원목 무늬 인테리어에 면적도 넉넉하고 침대와 샤워 룸도 완비했다. 귀빈실에 이어 회의실이 있고, 그 뒤에 '반려실'(전에는 '부인실'로 불렸다고 한다)이라는 개인실이 있다. 이곳이 나의 전용 공간이다. 기체 중앙부는 수상보좌관이나 수행원을 위한 자리. 후방은 정부나 성청 스태프, 수행기자를 위한 자리로 지정되어 있다.

정부 전용기 조종사와 객실 승무원은 모두 항공자위대 소속이며 엄연한 자위관이다. 이번 비행에서는 여성자위관이 부조종사를 맡았다. 린코가 요구한 일은 아니지만 항공막료장이 그렇게 조치했다고 들었다. 이륙하기 전, 날개 밑에서 린코와 그녀가 서로 마주 보며 경례하는 순간은 매스컴에게 최고의 셔터 찬스였을 게 틀림없다.

여하튼 나의 전용 객실 '반려실'은 매우 편안했다. 좌석이 두 개이며, 이용하는 사람은 나 하나. 도어는 안에서 잠글 수 있고 통로 쪽으로 난 창은 스위치를 누르면 불투명 유리로 변한다. 덕분에 옷을 갈아입을 수도 있고 입을 쩍 벌리고 잠잘 수도 있다. 사실 내가 옷 갈아입는 모습이나 잠자는 모습이야 누가 봐도 지장이 없지만, 역시 '수상 부인'이 사용한다는 전제로 설계되었던 것이다.

풀 플랫으로 젖혔던 시트를 일으켜 세우자 눈앞 모니터에 콜사인이 깜빡거리고 있었다. 전에는 기내에서 비디오 시청 같은 것밖에 못했지만 요즘은 최신형 OS를 탑재한 터치식 단말기가 설비되어 있다. 인터넷도 연결되므로 기내에서 영상통화도 가능하다. 즉 자리를 뜨지 않아도 린코나 스태프와 통화할 수 있는 것이다. 물론 이런 설비는 일반 민간기에는 없다.

콜사인은 삼십 분 전부터 깜빡인 듯하다. 발신자는 기체 뒤쪽에 있는 후지노미야 씨였다. 나는 후지노미야 씨의 시트 단말기로 문자를 보냈다. '미안해요, 잠자고 있었습니다'라고.

금방 답신이 왔다. '그쪽으로 찾아봬도 될까요?' 거절할 이유가 없으므로 '물론이죠'라고 답신했다.

노크 소리에 "네" 하고 대답하자 "실례합니다"라는 소리와 함께 문이 열렸다.

"오오, 정말 완전한 개인실이네요. 편하게 잘 수 있겠어요."

후지노미야 씨가 실내를 둘러보며 말했다.

"옆 좌석에 앉아도 될까요?"

"물론이죠" 하고 나는 대답했다. 아까부터 물론이죠, 라는 말밖에 하지 않고 있다. 후지노미야 씨는 퍼스트클래스 사양의 가죽 시트에 앉았다. 나는 시트에서 일어나 스위치를 눌러 통로 쪽 창을 불투명유리에서 투명유리로 바꾸었다.

"어머, 그 창이 그렇게 바뀌는군요?"

"네, 뭐." 나는 모호한 말투로 대답했다.

"총리 부인이 옷 갈아입는 모습이나 잠든 모습을 함부로 드러낼 수는 없잖아요. 나야 뭐 누가 보든 상관없지만."

"그렇군요. 역시 총리는 남성이라는 게 전제되어 있네요."

거반 어이가 없다는 듯 거반 감탄한 듯 후지노미야 씨가 말했다.

"삼십 분 전에 연락하셨더군요. 무슨 일 있나요?"

시선을 정면으로 향한 채 물었다. "이젠 됐어요. 끝났거든요."
하고 후지노미야 씨가 대답했다.

"총리 기자회견 뒤에 히요리 씨도 기자회견을 했으면 좋겠다는
기자들의 요청이 있었거든요. 총리의 남편으로서 첫 워싱턴 방문
의 소감을 듣고 싶답니다. 물론 거절했어요. 그런 회견은 들어 본
적도 없으니까."

정부 전용기에서 하는 수상의 기자회견은 늘 있는 행사이지만
총리의 반려(지금까지는 수상 부인)의 기자회견은 들어 본 적이
없다. 그런 요청은 거절하는 편이 좋겠지.

"그런데 먼저 총리님께 여쭤 보니, 오, 좋잖아요? 하시더군요.
워싱턴에 대해서라면 그이가 나보다 훨씬 해박하니까, 하시면서.
그거 사실이에요?"

나는 시트에서 죽 미끄러질 뻔했다. 린코는 심술도 고약하지.
물론 나는 국제조류학회 참석차 워싱턴에 몇 번 가보았다. 하지
만 총리가 된 린코가 '워싱턴'이라고 한다면 그건 '미국 정부'를 뜻
하는 말로 들리지 않겠는가.

"워싱턴을 잘 안다고 해 봐야 아주 국소적으로만 알 뿐입니다.
스미소니언 박물관이라든지."

변명하듯 말하자 "물론 잘 압니다"라며 후지노미야 씨는 재미
있다는 듯이 웃었다.

"히요리 씨는 놀려 먹는 맛이 있다니까요. 총리님도 그렇게 생
각하시는 거예요, 틀림없이."

이야기를 조금 뒤로 돌려보자.

소마 내각이 출범한 뒤 국회에서 린코의 소신 표명 연설이 있었는데, 중계방송 시청률이 40.3퍼센트라는 놀라운 수치를 기록했다. 작년 홍백가합전 시청률보다 높았다고 한다. 생방송이 아니라 인터넷 동영상 재생 횟수까지 합치면 엄청나게 많은 사람들이 린코의 연설을 시청한 셈이다.

소마 내각 출범 직후의 내각 지지율은 '매우 지지한다'와 '지지하는 편이다'를 합하면 무려 78퍼센트. 유권자의 약 8할이 소마 총리의 정책을 듣기도 전에 내각 지지를 표명한 것이다. 여기에는 나도 놀랐다.

"대단한걸." 내가 솔직하게 감탄하자 당사자 린코는 "희귀하니까 지지한다는 것만으로는 곤란해"라며 전혀 들뜬 모습을 보이지 않았다.

첫 여성 총리라는 희귀함만으로 얻은 지지율이라면 그것은 자신이 원하는 바가 아니라는 것이다. 여하튼 소마 내각의 흑막 하라 구로로서는 의도한 대로 순조롭게 출발한 셈이므로 만족하고 있을 게 틀림없다.

총리로 지명되고 다음날, 린코는 소신 표명 연설의 초안을 작성하기 위해 일찌감치 움직였다. 내각참여총리실 자문관로 발탁된 '전설의' 스피치라이터 쿠온 쿠미라는 여성을 집으로 부르고 정책비서가 된 시마자키 군과 내각 브레인도 잇달아 객실에 모아 놓고 초안을 작성하게 했다. 하라 구로의 모습은 보이지 않았지만 린코 내각에 대한 하라 씨의 요구 사항은 이미 받아 둔 상태여서 그 것을 담아 초안을 작성했다. 초안이 완성되면 하라 씨의 최종 확인을 받도록 되어 있는 듯했다. 초안 작성에 직접 개입하지 않는 것도 역시 막후 실세다웠다.

연설은 국민에게 직접 호소하는 내용으로 시작되었다. 국회에 있는 의원들에게가 아니었다. 처음부터 린코는 소신 표명 연설을 통해 국민에게 직접 호소하겠다는 생각밖에 없는 듯했다.

존경하는 국민 여러분. 우리는 오늘 새로 태어났습니다.

지난 정권은 세력을 지키고 정권을 연장하려고 우리 국민에게 오랫동안 미사여구로 포장된 환상을 심어 놓았습니다.

'우리 국민은 인내심이 강하다', '우리는 고난을 잘 참는다', '고통을 나누고 더 강하게 단결하자'. 이제 그 환상을 벗겨내야 합니다.

그 환상이 감춰 온 우리의 진짜 모습을 이제는 국민 한 사람 한 사람이 직시하고 전 세계에 널리 알릴 때입니다.

우리 국민은 유연한 사고방식을 가지고 있습니다. 상대를 배려하는 마음이 있습니다. 지난 정권은 그 친절과 유연함을 어떤 악 정도 참아내고 정부가 하라는 대로 따르는 국민으로 뒤바꿔 놓고 국민의 침묵을 이용해 왔습니다. 그러나 이번 총선거에서 우리 국민은 지난 정권을 향해 분명하게 '노'를 외쳤습니다. 침묵을 외침으로 바꾼 것입니다.

오늘 우리는 새로 태어났습니다. 국민 여러분께서 무엇보다 먼저 이 점을 인식해 주셨으면 합니다. 그 위에 저는 긍지와 소명의식을 가지고 국민 한 사람 한 사람의 생활을 지원해 가겠습니다. 이것이 제가 분명하게 밝히는 첫 번째 약속입니다.

총리 연설에 늘 따르게 마련인 야유나 비난은 들리지 않았다. 물론 야당 의원들은 발목 잡을 기회를 놓칠세라 귀를 바짝 세웠을 것이다. 그러나 일찌감치 놀라운 지지율을 보여 주는 정권이다. 섣불리 야유하다가는 도리어 야당이 비난을 들을 것이다. 여성 총리라는 점도 있으니 일단은 '어디 얼마나 잘하나 보자', '일단 잠자코 들어주기나 하자'며 신사인 척 앉아 있었을 것이다. 그러나 예상 밖으로 따가운 연설에 야당 의원들은 완전히 입을 다물어 버렸다.

린코는 소신 표명을 통해 향후 정책을 크게 다섯 가지로 제시했다.

1. 국민주권의 재인식, 구체제 청산
2. 사회보장의 재원 확보를 위한 추가 증세
3. 지방자치제 강화, 자치 시스템의 개혁

4. 저출생, 고용, 경제 활성화를 하나의 맥락으로 보고 개선책 실시

5. 탈원전을 위한 에너지 정책과 친환경 정책 실시

추가 증세 문제는 민권당 정권 시절을 거치는 동안 내내 판도라의 상자로 방치되었다. 그러나 누적된 재정 적자는 엄청난 숫자에 달해 더 이상 버틸 수 없는 지경이고, 더 방치하다가는 파산할 것이 뻔했다. 그럼에도 지난 정권은 '고양이 목에 방울 달기'를 차마 시도하지 못하고 발만 동동 구르고 있었다. 요네자와 내각이 손대지 못하고 꾸물거리던 골치 아픈 과제이지만, 용기와 신념을 가지고 개혁하겠다. 그것을 내각 타도의 기치로 내세운 린코는 선거 유세에서 '소비세를 15퍼센트로 인상하겠다'고 당당하게 호소했다. 다만 식료품과 일용품, 교육비, 육아 관련용품 등에 대한 세금은 현행 10퍼센트로 묶어 두고 외식, 고급 브랜드, 승용차, 부동산 등에는 과감하게 과세하는 유럽형 '복수세율'을 전제로 하는 것이었다. 일본의 재정 위기를 극복하려면 국민 각자가 내 문제로 인식하고 한 덩어리가 되어야 한다. 나도 여러분과 함께하겠다, 라고 린코는 호소했다. 소비세율 추가 인상을 피할 수 없다는 것을 이제는 누구나 알고 있는데도 정부가 차마 결단하지 못하는 모습에 도리어 불안을 느끼던 국민은 '나도 여러분과 함께하겠다'는, 국민 눈높이에 맞춰져 있는 린코의 위기의식에 공감하는 분위기였다.

자치 시스템의 개혁은 린코의 지론이었다. 모든 자원이 도쿄 한군데로 몰리는(특히 경제) 양상이 초래한 지역 격차는 저출생 고령화로 더욱 가속화하여 지방자치단체 중에는 산업 활력과 노동력을 모두 잃고 파산 위기에 직면한 곳이 적지 않다. 이제 중앙정부는 예전처럼 지방에 듬뿍 던져 줄 돈이 없다. 이렇게 되면 확실한 자립을 꾀하는 것이 답이다. 중앙에 기대지 말고 지역산업을 살리고 젊은 노동력을 끌어들여야 한다. 중앙정부는 지방의 그런 노력을 지원하겠다는 것이다.

저출생과 고용 문제는 일본의 국력 신장을 위해서도 해결해야 한다. 비정규직 청년들이 불안정한 수입 때문에 결혼을 포기하고 사회에 진출한 여성은 직장을 잃을까 봐 출산을 망설인다. 안정된 고용 창출과 자녀를 안심하고 키울 수 있는 사회 환경을 정비하는 일이 시급하다. 고용 여력이 있는 기업을 늘리려면 경제 활성화가 더욱 필요하며, 이를 위해 정부는 각종 규제를 완화하고 지원책을 내놓아야 한다.

에너지 정책은 소마 내각의 핵심 정책이기도 하다. 동일본대지진으로 후쿠시마 제1원자력발전소가 파괴되어 최악의 상황인 '레벨7'의 위기에 빠진 경험은 지금도 전국민의 트라우마로 남아 있다. 그 후 일본의 원전 보유와 가동에 대한 국민적 반발이 심해서 전국의 원자력발전소는 가동을 멈추거나 폐기되어 일본은 탈원전을 향해 일정한 진척을 보여 주었다. 한편 원전을 놓고 정부, 경산성, 산업계 사이에 여전히 격론이 계속되고 있다. 다양한 이권이 복잡하게 얽힌 발전업계를 과감히 재편하지 않고서는 원전을 폐지하기가 어렵다는 것도 사실이다. 지난 정권의 보수파 중에는 전력 회사와 유착된 '원전 마피아' 의원이 적지 않았고, 그들의 암약 때문에 총리도 좀처럼 '탈원전'을 선언할 수 없었다. 린코는 처음부터 탈원전파였지만, 사실은 하라 구로도 지난 정권 내에서는 누구보다 강하게 탈원전을 주장하고 있었다. 의외라고 생각하겠지만 두 사람은 탈원전에서 의견이 일치했다. 린코는 일찌감치 풍력과 태양광 에너지 발전으로 바꿀 것, 전력 주파수(헤르츠)를 전국적으로 통일할 것, 전력 회사의 자유화 등을 외치고 있었다. 다만 린코를 앞장세운 하라 씨가 현 시점에서 무엇을 노리고 있는지는 나도 알지 못한다.

놀랍게도 린코의 소신 표명 연설은 대목마다 동의의 박수를 받을지언정 야유는 한 번도 나오지 않고 끝났다.

린코의 소신 표명 연설은 늘 인색하던 언론에서도 제법 호의적으로 다루었고 해외 언론에서도 호평했다. 무엇보다 여성 총리 탄생과 그 정책을 지지하는 일본의 여론을 흥미롭게 바라보았고, 각국 정부도 일단은 새 내각에 협조하겠다는 태도를 표명했다.

미국에서는 대통령이 취임하면 처음 100일간은 '허니문 기간'이라고 해서 설사 실수가 있더라도 국민이 관대하게 봐준다고 한다. 그러나 101일째부터는 상황이 달라진다. 국민의 시선이 냉정해져서 성과를 보여 주지 않으면 금방 비난으로 돌아선다.

소마 린코는 과연 국민이라는 신랑에게 사랑을 받으며 101일째를 맞을 수 있을까——이는 《워싱턴포스트》의 사설에 실린 문장이다. 린코의 방미에 맞춰 발표된 그 사설은 'Honeymoon to the Washington : Tough flight of the first female prime minister under the thunderstorm of Japan(워싱턴행 허니문 : 일본에 닥친 폭풍우 속에서 이루어지는 첫 여성 총리의 힘겨운 비행)'이라는 제목의 매우 냉정한 글이었다.

그러나 린코는 이 사설을 워싱턴의 호텔 객실에서 읽고는 "훌륭하네, 이 사설" 하고 혼잣말처럼 말했다.

"비판하는 건데?" 내가 묻자,

"그 점이 마음에 들어"라고 대답했다.

"비판 받지 않는 정치가는 도리어 불신감을 사게 되잖아. 언론과 유착된 거 아닌가 하는. 늘 비판에 노출되어 있지 않으면 위기감을 가질 수 없어. 난 그게 제일 두려워."

이렇게 본심을 드러내는 것은 린코가 본모습으로 돌아와 있음을 보여 준다. 그때 린코의 속마음을 받아 주는 것이 나의 역할이다.

"괜찮아. 당신의 머릿속에서 위기의식이 사라지면 내가 환기시켜 줄 테니까."

"정말이지?" 린코가 미소 지었다.

"어떻게 환기시켜 줄 건데?"

"나도 국민의 한 사람이니까" 하고 진지하게 대답했다.

"그리고 전문 관찰자잖아. 나의 객관적이고도 솔직한 의견에 귀를 기울여 주면 돼."

"전문 관찰자라지만 새만 관찰하잖아?"

"맞아. 말이 없는 새를 관찰할 수 있으니까 사람도 깊이 관찰할 수 있는 거지. 물론 정세 관찰도."

린코는 웃었다. 그 웃음은 그녀의 마음이 얼마나 편해졌는지를 보여 주는 것이었다.

총리의 남편으로서 내가 그녀를 위해 할 수 있는 일은 소소한 것이다. 하지만 그 소소한 숨 돌림이야말로 잊어서는 안 된다.

2박3일의 워싱턴 방문을 마치자 우리를 실은 정부 전용기는 하네다로 향했다. 내일은 국회가 속개될 테고 다음 주말에는 한국 공식 방문이 예정되어 있다. 게다가 12월이 되기 전에 린코와 나는 이사를 해야 한다. 그렇다, '수상관저'로.

후지노미야 씨는 내 옆자리에 앉아 이런저런 이야기를 하다가 마침내 피곤했는지 또는 개인실이 너무 안락했는지 어느새 잠이 들고 말았다.

나는 앞쪽 캐빈에 있는 린코에게 단말기를 통해 메시지를 보내 보았다. 국회 대책이나 내각 운영으로 일 분 일 초의 여유도 없는 나의 아내. 'How's your honeymoon to Washington, D.C.?(워싱턴DC행 허니문은 어땠어?)'라는 나의 메시지에 채 일 분도 안 되어 답신이 왔다.

'Enjoyed!(즐거웠어!)'

그래. 이런 점이 좋은 거다. 배짱과 장난기, 그리고 빠른 반응.

나는 단말기 모니터에 떠오른 글자들을 지그시 쳐다보았다.

즐거웠어! 이 단순명쾌한 한 마디가 앞으로도 계속 린코와 함께하기를. 그렇게 기도하지 않을 수 없었다.

6

20××년 11월 17일 흐림

인간은 정을 쏟은 상대에게 뭔가를 해 주고 싶어 한다. 세련된 레스토랑에서 데이트하자고 유혹하거나 과감하게 아파트를 구입해 놓고 구애하거나……. 그런데 이것이 꼭 인간만의 이야기는 아니다. 마음에 드는 상대에게 먹이를 가져다주거나 멋진 둥지를 만들어 놓고 그곳으로 꾀어 들이거나 하는 것은 조류 세계에서는 지극히 당연한 일이며 본능적으로 이루어지는 행위이다.

20세기를 대표하는 동물행동학의 아버지이자 노벨 생리·의학상 수상자이기도 한 콘라트 로렌츠 박사는 내가 가장 존경하는 학자이다. 새를 새끼 때부터 키우며 관찰해서 그 유명한 '각인' 이론──오리 새끼는 부화 직후에 처음 본 움직이는 물체를 어미로 알고 졸졸 따라다닌다는 그 이론 말이다──을 발견했다. 박사의 명저 『솔로몬의 반지』에 이런 일화가 나온다.

박사는 성조가 된 갈까마귀를 키웠는데, 그 새가 박사를 사랑하게 되었다. 갈까마귀는 사랑하는 대상에게 자기가 좋아하는 것을 뭐든지 주고 싶어 했다. 그래서 타액으로 반죽한 밀웜(거저리과 갑충의 유충)을 박사에게 먹이려고 안달이었다. 박사가 밀웜을 먹고 싶지 않아 피해 다니자 갈까마귀는 연정이 더욱 간절해져 뾰족한 부리로 박사의 귓구멍에 친절하게 밀웜을 쑤셔 넣었다고 한다. 입으로 받아먹지 않자 입 비슷한 부위면 어디든 상관없다는 듯 기어코 먹이고 싶어 필사적이었다. 이에 박사는 다음과 같이 말했다. "암컷은 수컷에 매료되고 수컷은 암컷에게 매료된다는 '이성 유인의 법칙'은 조류의 세계에서는 전혀 성립하지 않는다." 상대가 마음에 들면 냉랭하게 차일 때까지 혹은 경쟁자에게 쫓겨날 때까지 제 감정을 전하려고 애쓴다. 그것이 조류 세계의 상식이다. 박사는 그 갈까마귀가 불쌍해서 구애를 받아 주는 수밖에 없었다고 한다──귓구멍으로.

왜 또 구구한 이야기를 일기에 늘어놓느냐고 당신은 고개를 갸웃거릴지도 모르겠다. 음, 왜냐하면 그게…… 인간이란 존재는 사안의 핵심을 언급하기 전에, 그리고 그 핵심이 언급하기 힘든 것일 경우에는 빙 둘러서 말하는 동물이기 때문이다. 그래서 나의 이야기가 종종 장황해지는 것이다. 그것은 나라는 인간이 그렇게 태어나서가 아니라 인간이 일반적으로 그렇기 때문이다.

린코가 총리로 취임하고 미국을 시작으로 한국, 중국에 '번개 방문'(나는 직장 유급휴가를 내고 전부 동반했다)을 했는데, 이는 특별국회가 개회중이라는 빡빡한 일정에서 간신히 시간을 만들어 감행되었다. 국회가 끝날 때까지 외유는 곤란하다는 의견도 주위에서 들려왔지만, 하루라도 좋으니 미국, 중국, 한국의 수뇌와 교류하고 오겠다며 주저 없이 출국했다. 선후경중을 따져 현재 무엇이 가장 시급한지를 결정하는 능력, 판단력, 빠른 결단. 내 아내이지만 무서운 인물이다. 나로 말하면 연구소 소장에게 유급휴가 신청을 언제 내야 하나, 아무리 '외교적으로 총리를 돕는다'고 하지만, 상식적으로 아내 출장길에 남편이 따라다녀도 되나? 그건 좀 이상하지 않나? 하며 고민하고 있는데, 소장이 먼저, "이봐, 자네, 총리께서 외유하시는 데 동반해 드리지 않아도 되나?" 하며 운을 띄워 주었다.

연장된 특별국회에서는 린코가 공약으로 내놓은 소비세율 개정안을 놓고 벌써 논쟁이 시작되어 시끌시끌한 양상을 드러내고 있었다. 야당으로 밀려난 민권당 의원들도 일본의 첫 여성 총리가 얼마나 잘하는지 보자, 하며 처음 얼마 동안은 큰소리로 비난하는 것을 삼갔지만, 소비세율 인상이라는 판도라 상자를, 더 이상 우물쭈물할 때가 아닙니다, 라며 과감하게 열어젖힌 린코에게, 지금 물어뜯지 않으면 언제 물어뜯겠냐는 듯이 비난을 퍼붓기 시작했다. 국회를 중계하는 화면에 비친 린코는 의연한 얼굴로 어떤 질문이 날아와도, 그리고 아무리 야유가 쏟아져도, 답변 드리겠습니다, 하며 낭랑한 목소리로 답변서도 보지 않고 논리정연하게 대답하고, 아무리 심술궂은 질문과 발언이라도 가볍게 받아넘겼다. 소비세 증세라는 엄청난 문제를 꺼내 놓고도 어찌 저렇게 태연한 얼굴을 할 수 있나, 비상식적이지 않나, 냉혈한 아닌가, 라며 야당 아저씨들은 텔레비전 카메라를 향해 야유를 날렸지만, 국민은 오히려 그들의 개기름 흐르는 얼굴을 보는 데 염증을 내고 있었다.

물론 소비세 증세를 국민 모두가 찬성하는 것은 아니지만, (여론 조사는 찬성 52퍼센트, 반대 48퍼센트의 팽팽한 양상을 보여 준다) 자신이 따르는 지도자가 조리 있게 설명해 주면 충분히 납득할 수 있을 터였다. 하려고만 들면 간단한 일이었는데도 주위가 온통 울타리투성이라 한쪽을 세우면 한쪽이 넘어지는 상황을 스스로 만들어 버린 민권당 정권인지라 아무래도 그렇게 할 수 없었던 것이다. 의연한 얼굴로 밀어붙이는 린코의 모습에, 저 여자가 공을 세우게 놔두면 안 된다며 야당 아저씨들은 안색을 잃고 초조해하고 있었다.

　그들은 법안을 불발시키기 위해서라도 뭐든 좋으니 소마 총리의 인기를 추락시킬 결정적 소재가 없을까 하며 주변을 킁킁거리기 시작했다. 하지만 린코는 남편인 내가 봐도, 삐딱하게 보고 물구나무를 서서 봐도 청렴결백하기 짝이 없는 사람이다. 그녀도 말했다. 내 인생에 허용할 수 없는 단 한 가지는 비뚤어진 것이라고. 그런 그녀를 흔들어 본들 티끌 하나 나올 리 없었다.

　그러자 그들의 칼끝이 나와 내 본가로 향했다.

　소마 린코에게 혹시 밀월을 필요 이상으로 갖다 바치는 신봉자는 없을까——하며.

　번개 투어를 마치고 귀국한 직후 형 소마 다요리에게서 문자가 날아왔다.

　'어머니가 같이 밥 먹자고 하시니까 오늘 저녁 오토와 본가에

들러라.'

어머니도 상당히 일방적인 사람이지만 그 장남인 형도 어머니 못지않게 일방적이다. 머릿속에 생각이 떠오를 때마다 상대방 사정은 고려하지 않고 실행에 옮겨버린다. 하긴 형이 나처럼 매사 망설이는 사람이었다면 산하기업의 2만 사원을 이끄는 소마그룹의 총수 노릇하기가 상당히 곤란했겠지.

형은 현재 53세, 비상장기업그룹 '소마글로벌'의 CEO이며 10년 전 아버지가 돌아가시자 소마 가의 가장이 되었다. 부인 사키코 씨와 두 딸이 있는데, 고등학교 1학년생 마키와 중학교 1학년생 아키는 시내 명문 여학교에 다니고 있다. 형은 딸들에게 해로운 벌레가 꾀는 걸 막아야 한다며 운전기사 딸린 차량으로 통학시키는 한편 휴대폰도 사 주지 않고 게임이나 인터넷도 허락하지 않는다. 그러면 어떻게 친구를 사귀느냐고 생각하겠지만 "휴대폰이나 게임이 아니면 안 된다는 아이라면 친구로 사귈 것도 없다"라는 것이 형의 지론이다. 그럼에도 사귀고 싶어 하는 아이들(혹은 그 부모들)은 얼마든지 있다. 어떻게든 마키 짱 아키 짱의 호감을 사 두었다가 훗날 '소마'에 취직을, 혹은 그곳 엘리트 사원과 결혼을, 이라는 것이 학부모들의 속셈이지, 라며 형은 늘 괘씸하다는 투로 말한다. 두 딸이 적을 둔 학교에 다닐 정도면 괜찮은 집안의 자식일 게 분명한데 "그 인간들 머릿속에는 든든한 가문에 딸을 시집보낼 생각밖에 없다니까"라니, 이 얼마나 빈곤한 발상인가.

"요즘 학부모들이 린코 씨를 좀 본받았으면 좋겠어. 린코 씨를 보라고. 본인은 손가락 하나 까딱하지 않는데 소마 가의 도련님이 제 발로 쫓아다니며 뭐든지 갖다 바치잖아. 네가 전공하는 그것처럼. 눈앞을 쓱 지나간 암컷을 졸졸 따라다닌다는 오리인지 뭔지 그거……"

오토와 본가 식당에서 소마 가의 주방을 30년간 맡아 온 요리사 다케무라 씨가 조리한 완두콩 포타주 수프를 스푼으로 떠먹으며 형이 말했다. 신참 가정부라는 젊은 여성 도미타 씨가 위태로운 동작으로 은색 수프 볼에서 내 수프 접시로 녹색 액체를 부어 주었다. "고마워요." 도미타 씨에게 인사한 다음 "각인 말이군요?" 하고 내가 형에게 확인했다.

"그건 말이죠, 형님. 갓 부화한 물새 새끼가 처음 눈에 들어온 움직이는 물체에 본능적으로 애착을 느끼는 걸 말합니다. 특별히 암컷이나 오리한테만 한정된 얘기는 아니에요."

"아니, 린코의 대단한 점은 히요리를 붙잡은 것만은 아니잖니?"

가족끼리 먹는 저녁 식사인데도 기모노 정장을 반듯하게 차려입은 어머니였다. 오비에 끼워 둔 하얀 냅킨으로 입술을 살짝 찍어내며 어머니가 말했다.

"그 아이 좀 봐라. 어느새 소마 가의 며느리 자리를 차지한 것도 모자라 어어 하는 사이에 총리까지 되어 버렸잖니. 마키 아키의 엄마하고는 차원이 다르지. 안 그러니, 히요리?"

나는 대답하지 않았다. 그렇죠, 라고 대답했다가는 성마른 형이 금방 욱할 것이다. 게다가 형은 다분히 마더 콤플렉스 성향이다. 어머니는 아무래도 뒤늦게 낳은 나를 더 아끼는데, 형은 그것도 오래전부터 못마땅했을 게 틀림없다.

아버지의 후계자가 될 운명을 타고난 형은 어릴 때부터 아버지에게 수시로 잔소리를 들으며 컸다. 아버지가 원하는 학교에 입학하고 아버지가 희망하는 영국 유학도 다녀왔다. 아버지 명령대로 경영학을 전공하고 아버지 회사에 입사하고 입사하기 무섭게 아버지가 손을 쓴 대로 관리부 부장이 되었다. 결혼도 아버지가 택한 배필과 했다. 아버지의 조언을 들으며 딸들을 키웠다. 모든 것은 소마 가를 위해서, '소마글로벌'의 번영을 위해서였다.

형의 눈으로 보자면, 새한테 정신이 팔려 '멍하게 살아 온' 동생 녀석이 어느 날 불쑥 지적인 미인을 데려와 인사를 시키는가 싶더니 피로연도 없이 결혼해 버린 것이 못마땅한 와중에, 제수씨가 불쑥 총리가 되어버린 상황은 더욱 마뜩찮았으리라. "소마 내각 출범 뒤로는 린코 씨를 식사에 초대하기도 어려워졌어" 하고 남편인 나를 눈앞에 두고 아무렇지도 않게 말한다.

"지위가 지위인 만큼 '소마' 총수인 내가 식사에 초대하면 뇌물이라도 바치는 것 아닌가 하고 야당의원이나 언론에서 오해하기 십상이지. 괜히 민폐 끼치면 곤란하니까 직접 초대하는 건 이제 그만두기로 했다."

"그런데, 형님." 어머니를 대할 때와 마찬가지로 소마 가의 가장인 형이 아무리 무례한 말을 하더라도 나는 예의를 지켜 대응하자고 다짐하고 있다.

"전에는 린코를 직접 초대한 적이 여러 번 있다, 그런 말처럼 들립니다만."

"뭐야, '린 짱'이 너한테 얘기 안 했어?" 소마 가에서 어언 20여 년을 일해 온 소믈리에 엔도 씨에게 부르고뉴 레드와인을 서브 받으며 형은 뜻밖이라는 표정이 되었다.

"린 짱이 말하길 너희 부부는 아무것도 숨기는 게 없으니까 아 주버님에게 초대받은 것도 말해 두겠습니다, 라고 했는데. 딱히 숨길 일을 하는 것도 아니고 볼일이 있어서 린 짱을 식사에 초대 한 것뿐이니까 나야 상관없다고 말해 두었지만. 한데 역시 린 짱 은……."

"잠깐만 다요리. 너 말투가 그게 뭐니." 내가 반응하기보다 먼 저 어머니가 눈에 쌍심지를 세우며 형의 말을 막았다.

"총리에게 린 짱, 린 짱…… 너무 무람없이 불러대는구나."

"아유, 사모님, 뭘 그렇게까지 말씀하셔요." 어머니를 모신 지 어언 40년인 소마 가의 가정부 관리장 오쿠바야시 씨가 빵 접시 에 어머니가 좋아하는 호박씨 롤빵을 얹어 주며 끼어들었다.

"다요리 도련님은 잠깐 그렇게 불러 보고 싶었을 뿐이겠죠. 소 마 성을 가진 총리님이 등장한 걸 자랑스러워하시거든요. 그렇 죠, 도련님?"

"그럼요. 역시 오쿠바야시 씨밖에 없네요." 형은 오쿠바야시 씨 에게 씽긋 웃어 보였다.

"밖에서는 린 짱이라고 부르지 않아요. 총리가 되었으니 '총리님'이라고 부르지. 평소엔 늘 그랬던 것처럼 '린코 상'이고."

"저어, 그러니까 그 말씀은 안에서는 '린 짱'이라고 부른다는 건가요?"

마침내 내가 공격할 틈을 잡았다.

"속으로만 부르는 거다."

라고 대꾸하는 형. 이건 더 기분 나쁜데.

"너, 설마 히요리에게 이런 얘기하려고 저녁에 모이자고 한 거냐?"

어머니가 어이없다는 듯이 말했다. 형이 보낸 문자에는 '어머니가 같이 밥 먹자고 하시니까'라고 되어 있었는데, 아무래도 어머니를 핑계로 나를 불러들인 듯하다. 형은 나나 린코에게 할 말이 있을 때는 늘 이렇게 어머니를 앞세운다. 그렇게 하면 우리가 거절하지 못하기 때문이다.

"어허, 어머니도 참. 이래 봬도 제가 '소마글로벌'의 CEO입니다. 그렇게 쩨쩨한 이유로 어머니를 내세워 동생을 불러들이거나 하진 않아요."

짐짓 여유로운 태도로 말하더니, "그래도 말하고 나니까 조금 개운하긴 하네"라고 덧붙였다.

"그럼 무슨 일로 저를 부른 거죠?"

그날 저녁 '조류보호연맹'의 간부를 만나기로 약속되어 있었는데, 어렵게 다음으로 미루고 본가에 왔던 것이다. 아무리 형이라

도 아내에 대한 호칭 이야기를 듣자고 호출당하는 것은 사양하고
싶었다.

형이 와인을 한 모금 마시고 천천히 말했다.

"탁 털어놓고 말하지. 린 짱…… 아니, 소마 총리가 좀 막나가
는 것 같지 않냐?"

"막나가다뇨?" 나는 글쎄요, 하며 고개를 갸웃거렸다.

"소비세 말이야. 탈원전 문제도 그렇고. 다른 정책들이야 아무
렴 상관없지만." 형이 간단명료하게 말을 이었다.

"총리가 추진하는 유럽형 '복수세율'은 솔직히 경제를 발목잡기
쉬워. 내가 간부로 있는 경제동우회 회원 기업 중에는 현행 세율
10퍼센트를 15퍼센트로 인상하면 수익에 큰 영향을 받아 일시적
으로 적자로 돌아서는 기업도 나올 거다. 인상된 세금을 상품 가
격에 전가하는 기업도 있을 테니까 물가도 뛰겠지. 소비세가 높
으면 소비 심리도 식을 테니 결과적으로는 시장을 위축시켜 일본
의 국제 경쟁력을 약화시킬 가능성도 있다."

갑자기 경영자의 말투로 변했다. 나는 잠자코 형의 주장을 듣
기로 했다.

"게다가 탈원전도 문제야. 물론 여론은 탈원전에 거의 찬성하
고 있어. 길게 보자면 어차피 피할 수는 없겠지만…… 그래도 원
자력 역시 에너지 정책의 한 가지 선택지로 남겨 두고 최소한 전
체 전력의 20퍼센트는 원자력으로 충당하고 원전도 살려 둬야 한
다고 생각한다. 안 그러면 원전 관련 고용도 사라질 테고 전력 회

사들의 주가도 더 떨어져."

거기까지 단숨에 말하더니 "너는 태평한 도련님이라 연금 같은
건 걱정하지 않아도 되니까 관심도 없을 테지만" 하고 전제하며
말을 이었다.

"전력 회사 주식은 예전에는 고배당 안정주였어. 후쿠시마에서
사고가 나는 바람에 달라져 버렸지만, 연금에서 차지하는 비율은
아직도 높다. 총리가 주장하는 것처럼 전력 회사를 자유화해 보
라고. 전력 회사 주가가 더 떨어져서 안 그래도 적은 연금이 더
줄어들겠지. 여하튼 사고 이후 가동 정지와 폐지로 원전이 사라
지는 추세니까 굳이 지금 당장 탈원전하자고 주장할 필요는 없잖
아."

그러고 보니 린코가 지난번 미국을 방문할 때 경제계에서 20명
정도가 방문단을 꾸려 동행했다. 경제동우회 회장을 비롯한 간부
들인데, 현지 경제계와 함께하는 파티에 불려나간 나는 그들에게
둘러싸여 곤혹스러웠다. 물론 소마 가의 차남이라는 점도 있어서
그랬겠지만 아버지뻘 되는 지체 높은 분들이 내게 아부하고 추
켜세우는 것이었다. 나는 어떻게 대응해야 좋을지 몰라 그저, 감
사합니다, 잘 부탁합니다, 열심히 하겠습니다, 라는 모호한 대답
을 남기고 간신히 자리를 빠져나왔다.

오랫동안 권좌에 있던 민권당과 손발이 착착 맞아 온 그들에
게 이번 정권 교체는 매우 뼈아픈 사건이었음이 틀림없다. 하지
만 기왕 이렇게 되었으니 여론의 절대적 지지를 받는 현 정권과

친해지고 싶겠지. 그들로서는 린코가 추진하는 정책 중에 받아들이기 힘든 부분도 많을 것이다. 그러나 린코도 그들도 정권과 경제계가 한 마음이라는 것을 미국에 과시하고 싶었으리라. 그리고 방미 중에 총리와 가까이 어울리다 보면 정책에 관한 요구사항을 슬쩍 들이밀 기회가 있을 거라고 생각했는지도 모른다. 실제로 파티 석상이나 왕복 비행기 안에서 경제동우회 회장 도요쓰 노부타다(도요쓰자동차 회장)와 부회장 이쿠시마 마코토(가쿠유상사 사장)가 린코에게 접근했었다. 두 사람은 린코가 총리로 취임한 직후 인사차 관저를 공식 방문하기도 했는데, 린코와 어떤 이야기를 나누었는지는 물론 나는 아는 바가 없다.

형이 그들의 부탁을 받고 '총리와 가장 가까운 위치에 있는' 나에게 고언을 전달하고 있다는 것은 이제 명백해졌다.

"말씀은 잘 알겠습니다, 형님."

들고 있던 포크와 나이프를 접시에 내려놓으며 나는 말했다.

"지난번 미국 방문 때 저도 도요쓰 회장님, 이쿠시마 부회장님과 이야기를 나누었어요. 그분들 말씀도 잘 들었고요. 잘 듣긴 했습니다만……."

실제로는 회장과 부회장은 나에게 뭔가 전하려고 빙빙 돌려서 이야기했지만, 너무 다양한 사람들에 둘러싸여 있어서 두 사람이 무슨 말을 하려는 것인지 통 이해하지 못했다. 게다가 정재계 인사들의 언변은 은유와 비유로 가득했다. "다음에 잘 부탁합니다"가 '너한테 부탁하는 일은 이제 없을 것이다'라는 뜻이고, "이 건은 저에게 맡겨 주십시오"라는 말이 '너한테는 못 맡기겠다'는 뜻인 것처럼. 또 "어서 오세요"가 '빨리 돌아가'로 쓰이는 것처럼. 그런 의미에서는 "잘 들었다"라는 나의 말은 '통 알아듣지 못했다'는 뜻이 되려나.

"아니, 너는 전혀 알아듣지 못했어." 형이 단호하게 부정했다.

"도요쓰 씨와 이쿠시마 씨는 총리의 일방적인 방식에 몹시 긴장하고 있어. 그녀보다 훨씬 오래 일본 경제계를 이끌어 오신 분들 눈에는 사전 협의도 없이 대번에 치고 들어오는 총리의 방식이 위험해 보이는 거지. 국회 운영도 너무 일방적이지 않나? 공무원이 작성해 준 답변서도 무시해 버리고(실제로는 무시한 것이 아니라 그대로 낭독하지 않았을 뿐이지만) 제멋대로 답변하고, 공약이니까 밀어붙이겠다며 어떤 의견에도 귀를 기울이지 않고…… 그건 거의 독재잖아. 다양한 의견을 빠짐없이 들어 줘야 할 민주주의 국가의 수장 모습이라고는 하기 힘들지 않나?"

"그건 완전히 오해입니다." 이번에는 내가 단호하게 부정했다. 내 아내를 독재자라고까지 한다면 더는 참을 수 없다.

"물론 그 사람이 뭘 결심하면 대쪽처럼 밀고 나가는 점도 있고 성과를 얻기 위해 다소 거친 방식을 취할지도 모릅니다. 하지만 그건 신념이 있어서예요. 그 사람은 선거로 뽑힌 의원들에 의해 정당하게 선출된 총리입니다. 따라서 당연히 민주주의 국가 일본의 대표예요. 다양한 의견을 빠짐없이 수렴해야 한다고 하셨는데, 물론 맞는 말입니다. 지금 그 사람이 바로 그걸 실천하고 있는 겁니다."

국민 한 사람 한 사람의 다양한 의견을 최대한 빠뜨리지 않고 수렴한다. 그 의견을 깊이 숙고해서 정책에 반영한다. 바로 그것이 린코가 총리로서 제일 먼저 하고 싶었던 일이다. 미디어를 이용하고 언론을 활용하며, 바쁜 와중에도 틈틈이 거리로 나가 시민들을 만난다. 정재계 거물이 아니라 청년, 학부모, 노인, 질병으로 고통 받는 사람들. 이런 서민의 목소리야말로 그녀가 경청하고 싶은 것이다.

"린코의 마음에는 늘 우선순위가 분명히 정해져 있습니다. 지금 그 사람 가슴속에는 국민의 살림을 보호하는 일이 무엇보다 시급합니다. 국민의 살림에 직결된 것과 그렇지 않은 것. 이렇게 선명하게 구분하고 있어요. 소마 내각은 이제 막 출발했지만 국민들도 총리의 생각을 잘 알고 있지 않을까요. 그러니까 출범 2개월이 지나도 놀라운 지지율이 유지되고 있는 거겠죠."

소마 정권은 정재계의 주장에만 귀를 기울여 온 지난 정권과는 명백히 다릅니다. 그렇게 한 마디 덧붙이려다가 참았다. 내 이야기를 듣던 형의 얼굴이 금세 불쾌한 표정으로 변하는 것을 보았기 때문이다.

"됐다. 그만하자." 포기했다는 듯이 형이 말했다. 형은 토라지면 늘 "됐다" 하며 나하고는 말도 섞지 않았다. 그다음에 형이 하는 일은 용돈으로 과자 같은 걸 사다가 요리사나 가정부에게 나눠주며 우리 형제가 다툴 때는 자기편을 들라고 회유하는 것이었다. 내가 그런 형을 한심하게 여긴 반면 아버지는 "뭘 좀 아는 놈이네"라며 오히려 믿음직스러워했다. 형이 어릴 적의 기질 그대로 성인이 되었다고 생각하고 싶지는 않지만, 마냥 부정할 수도 없을 것 같다.

"그만들 해라, 이 나이에 형제가 말다툼이라니."

심판처럼 우리의 대화를 잠자코 듣던 어머니가 역시 불쾌한 듯이 입을 열었다.

"히요리. 너는 지금까지 정재계와 인연을 맺지 않고 살아 온 복받은 사람이지만 이제는 그렇게만 살 수는 없게 되었다는 점도 알아야 해. 알겠니? 네 부인이 총리가 되어 버렸으니까."

형과 내가 다투면 어머니는 늘 내 편이 되어 주었다. 소마 가의 장남이 참아야지. 그게 어머니가 입버릇처럼 형에게 내리는 판정이다. 어머니의 말에 형은 순종했다. 십 대 때나 오십 대인 지금이나 형은 늘 어머니에게 놀랄 만큼 순종적이다. 오히려 어머니의 편애를 받던 내가 삐딱하게 자라 버린 것 같다.

그런 어머니가 뜻밖에 형을 옹호했다. "린코도 소마 가의 며느리인 만큼 소마글로벌에 보탬이 되는 쪽으로 생각해 주었으면 좋겠다."

하지만 그 의견에는 도저히 동의할 수 없었다.

"린코는 소마 가의 며느리이기 전에 총리입니다. 시댁에 유리한 정책을 편다면 그야말로 대형 스캔들이 되겠죠. 국민을 배반하는 겁니다. 즉각 퇴진하란 소리가 나오겠죠. 어머니나 형님이

나 그걸 알고 말씀하시는 건가요?"

형이 특대형 한숨을 지었다. 그러고는 뜻밖의 말을 꺼냈다.

"지금까지 우리가 직진당이나 '소마 린코를 사랑하는 사람들의 모임' 후원 파티 티켓을 얼마나 많이 사 주었는지 너는 알기나 하냐?"

나는 네? 하고 놀라며 형을 쳐다보았다.

"후원 파티 티켓? 린코의 사조직에서 파는 티켓을요?"

"그래." 형은 마침내 어이없어하는 목소리로 말했다.

"너희 부부는 서로 감추는 게 없다며? 남편인 네가 왜 그 정도도 모르지?"

정치자금을 모으려면 정치자금 모금 파티는 필수적이다. 인기 높은 국회의원이 주최하는 파티에서는 하룻저녁에 수천 만, 때로는 억 단위로 돈이 움직인다. 정치자금 규정법은 기업이 특정 정치가 개인에게 기부하는 행위를 엄격히 금지하므로 거액 기부가 불가하기 때문에 소액으로 파는 파티 티켓을 조직적으로 구입하여 '우회 기부'를 하는 기업이 있는 것이다.

나는 아내가 정치자금을 어떻게 마련하는지 알지 못하며 일체 관여하지 않고 있다. 아니, 관여할 필요도 없고 린코도 나에게 그걸 바라지 않는다. 따라서 형의 회사가——법에 저촉되지는 않는다고 형은 단언했지만——결과적으로 린코의 정치자금 관리단체에 기부를 해 왔다는 사실을 알고 크게 놀랐다.

"동생 부인이 갑자기 총리가 되는 바람에 지원 규모를 전보다

늘렸던 건데…… 린 쨩도 이대로는 곤란하다는 걸 알고 있을 테
고."

　나는 점점 혼란에 빠졌다. 엉뚱하지만 로렌츠 박사의 귓속에
밀웜을 박아 넣는 짝사랑에 빠진 갈까마귀 일화가 문득 떠올랐
다.

　밀웜을 당신에게, 사랑하는 당신에게 줄게. 대신 내가 하는 말
을 들어줄래?

7

20××년 11월 22일 맑음

이사한다는 뜻밖의 통보를 받은 것은 본가에서 어머니, 형과 불온한 저녁 식사를 함께하고 다음 주의 일이었다.

"이사하기로 했습니다."

나에게 통보한 사람은 아내 린코가 아니라 후지노미야 씨였다. 요즘은 출근시간에 그녀가 우리 집으로 와서 나를 당용차에 태워 직장으로 데려다주면서 이런저런 논의를 하는 것이 일과처럼 되어 있었다. 갑작스런 이사 선언은 출근하는 차량 안에서 들었다.

후지노미야 씨가 린코의 수상 취임과 함께 우리 동네인 고코쿠지로 이사했다는 걸 알고 있었던 나는 "또 이사하세요?"라고 물었다.

"아이 참. 제가 아니라 총리님과 히요리 씨예요. 드디어 이사하게 됐습니다. 수상관저로."

꿈에 그리던 해변의 고층맨션으로라도 이사하는 것처럼 후지노미야 씨는 왠지 들떠 있는 모습이었다. 나는, 결국 올 게 왔나, 하며 가만히 탄식했다.

아내가 총리가 된 뒤로 언젠가 이런 날이 오리라는 것은 알고 있었다. 그러나 린코나 나나 왠지 관저 입주를 화제에 올리지 않고 회피해 온 듯하다. 지금 살고 있는 이 집에 내가 얼마나 애착을 느끼고 있는지 린코도 잘 알고 있을 터였다.

우리가 결혼하고 신혼집으로 삼은 이 집은 조부가 은퇴하여 살던 서양식 저택이다. 종전 직후 저명한 건축가에게 의뢰하여 지었는데, 20년 전 조부가 타계했을 때 상속세 대책의 일환으로 매각하려고 했지만, 내가 꼭 남겨 두었으면 좋겠다고 철없이 떼를 썼다. 나는 조부가 남긴 방대한 재산 중에서 연구비조로 약간의 '소마' 주식과, 연구실로 이 저택을 상속받겠다고 자청했다.

고코쿠지라는 시내 한복판인데도 작고 아담한 숲이 딸린 이 집은 내가 조류 연구에 눈을 뜨는 계기를 마련해 주었다. 오토와에 있는 본가에서 차로 오 분, 자전거로 십오 분이 걸리는 조부의 저택에 나는 어릴 때부터 뻔질나게 드나들었다. 부모와 마찬가지로 조부도 장남인 형에게는 엄했지만 차남인 나는 몹시 귀여워했다. 어릴 때부터 새 소리를 뛰어나게 구별하던 나에게 당신께서는 쌍안경과 조류사전을 사 주었다. 그러고 보니 내가 늘 곁에 두고 보는 책, 콘라트 로렌츠 박사의 『솔로몬의 반지』를 사준 것도 조부였다.

학교가 파하면 나는 바이올린 강습을 빼먹고, 또는 영어 가정교사가 집에서 기다리는 걸 뻔히 알면서도 조부 집으로 달려갔다. 은퇴한 조부의 저택에는 여전히 정재계 인사들이 많이 드나들었지만, 내가 찾아오면 조부는 손님 접대도 중단하고 오 분이

든 십 분이든 새 관찰을 함께해 주었다.

정원을 향한 2층 테라스에서 쌍안경을 들고 느티나무에 걸어 둔 새집을 관찰했다. 새집은 조부가 손수 만들어 나무에 사다리를 놓고 매달아 주었다. 처음으로 박새가 새집에 들어간 것을 알고 나서는 학교 파하는 시간을 애타게 기다리다가 쏜살같이 조부의 저택으로 뛰어갔다.

조부는 현역 시절에 가족에게나 직원에게나 엄격한 경영자로 알려져 있었지만, 나와 새 관찰을 할 때는 대범하고 융통성 있는 어른이었다. 조부가 어린 나에게 했던 말을 지금도 또렷이 기억한다.

히요리. 네 앞에 엄청나게 풍요로운 미래가 기다리고 있다. 돈이나 출세를 말하는 게 아니다. 더 깊고 따듯한 것이 너를 둘러싸고 있구나. 내 눈엔 다 보여——.

조부가 남겨 준 이 저택은 나에게 포근한 깃털이 두툼하게 깔린 안락한 둥지였다. 그리고 어느 날 그 둥지에 나는 죽을 각오로 린코를 꾀여 들였다. 내가 마음에 둔 아름다운 새는 나의 둥지를 보고 딱 한 마디 말했다. 언제까지나 계속 있고 싶은 곳이네——라고.

그리하여 우리는 바닷가 고층맨션이나 시내의 호텔 뺨치는 콘도미니엄도 아닌, 백년이나 묵은 고풍스런 서양식 저택을 스위트홈으로 택했다. 굳이 왜 낡은 집을 신혼집으로 삼으려는 거냐며 불만이었던 어머니는, 피로연도 생략하고 번듯한 신혼집을 장만하려고도 하지 않는 우리를 향해 몇 번이나 "별나다"고 말했다. 시내 일류 호텔의 제일 큰 연회장에 1천 명 넘는 하객을 초대하여 피로연을 열고 시부야 구의 가장 값비싼 자리에 신혼집을 장만한 형 부부의 존재가 우리의 단출한 결혼을 더욱 두드러지게 했다. 사실 차남은 장남보다 검소하게 식을 올려야 한다고 생각하던 형이므로 조금은 안도했을 것이다.

여하튼 나는 그때까지도 새 관찰을 위해 드나들던 조부의 저택에 인생의 반려와 함께 이사했다. 린코는 총리가 되기 전에도 늘 바빴던 사람이라, 집안일에는 별 관심이 없었다. 나는 나대로 새벽 5시에 일어나 새를 여유롭게 관찰한 뒤에 먼저 아침밥을 먹고 출근했다. 우리는 자기 일은 스스로 하는 게 당연하다고 생각하며 생활했다. 상대방 일상에 관심은 갖되 간섭은 하지 않았다. 서로 도와야 할 때는 도왔다. 조부처럼 관대하고 널찍한 이 저택에는 그런 생활이 어울렸다.

린코는 내가 아침마다 거르지 않고 작성하던 '새 관찰일기'를 종종 내 양해도 없이 들춰 보는 듯했다. 박새가 둥지에 든 것을 기록한 대목에는 '스위트홈에 온 걸 환영해'라고 갈겨쓴 메모지를 붙여 놓기도 했다. 정말 사랑스럽지 않은가. 이후로 린코 눈에 잘 띄는 자리에 관찰일기를 펴 놓곤 했다.

나와 조부의 추억이 가득한 곳. 내가 배움터로 삼았던 연구소. 우리의 둥지. 우리의 스위트홈.

언젠가는 떠날 날이 올 거라고 각오는 하고 있었다. 하지만 그

얘기를 린코가 아닌 다른 사람에게 듣게 될 줄이야.

'이사 선언'이 있던 날 저녁. 린코는 평소처럼 SP와 함께 당 간부, 정부 관계자 여러 명과 함께 10시경에 귀가했다. 오자마자 직진당 간사장 오노데라 이사무 씨, 사무담당 관방부장관 이시다 겐이치 씨, 정무담당비서관 시마자키 군 등 세 사람과 거실에서 뭔가 긴밀한 이야기를 나누느라 바빠 보였다. 주방을 들여다보니 오노데라 씨와 이시다 씨의 개인비서인 여성 두 분과 후지노미야 씨가 차를 낼 준비를 하고 있었다.

"늦게까지 수고하십니다." 내가 인사하자 비서 두 사람은 목례를 했지만 후지노미야 씨는 "히요리 씨는 그만 주무시죠"라고 말했다. 린코가 간부나 관료들과 함께 귀가하는 날이면 후지노미야 씨는 내가 주방에 들어오는 것을 경계하는 눈치였다.

하지만 그날은 감히 주방에 들어갔다. 사무담당 관방부장관 이시다 씨가 와 있는 것을 보면 관저로 이사하는 문제도 협의하고 있겠구나 싶어서 '나도 인사를 해 두자. 그러려면 내가 차를 내가야겠다'라고 생각했기 때문이다.

린코가 총리로 취임하기 전에는 직진당 간부 등이 저녁에 방문할 때 차를 끓여 내는 것이 내 몫이었다. 이제 그 일을 비서들과 후지노미야 씨에게 빼앗겼다. 나는 차 종류며 끓이는 요령에 나름 취향이 있고, 맛있는 차를 손님에게 대접하는 일이 낙이기도 했다. 그 일을 박탈당해서 섭섭하던 차였다. 린코가 밤에 마시면

좋겠다 싶어서 카모마일과 진저로 브랜드한 허브티를 모아 두었
는데, 긴장을 풀어 주는 효과가 있다고 하므로 꼭 대접하고 싶었
다.

"이제 밤도 깊었으니 카페인이 많은 녹차는 좀 그렇겠죠? 맛있
는 허브티가 있으니까 내가 준비해서 내드리죠."

친절하게 선언하며 녹차 잔을 쟁반에 얹어 내가려고 하던 여성
비서를 내가 말렸다. 그러자 후지노미야 씨의 눈빛이 문득 날카
로워졌다.

"허브티요? 총리의 부군이라는 분이? 세상에, 볼썽사나우니까
그만두세요."

그 말에 반사적으로 발끈하고 말았다.

"뭐가 볼썽사납다는 거죠? 아내의 손님에게 남편이 차를 대접
하는 게 뭐가 어때서."

"뭐가 어떠냐니…… 잘 생각해 보세요." 후지노미야 씨는 양손
을 허리춤에 대고 도전적인 자세를 취했다.

"린코 씨는 이제 총리입니다. 전 국민의 대표 나아가 전 일본
여성의 대표예요. 그런 분이 남편에게 차를, 더구나 허브티처럼
깜찍한 걸 내오게 하다니, 누가 보면 남편을 부려먹는 것처럼 보
이지 않겠어요? 손님으로 오신 남자 간부들도 좋게 보진 않을 거
고…… 아무튼 제가 내갈게요."

그렇게 말하고 비서의 손에서 차 쟁반을 받아들었다.

"잠깐만." 나는 후지노미야 씨를 막아섰다.

참으로 뜻밖이었다. 후지노미야 씨의 말도 뜻밖이고, 후지노미야 씨가 그런 생각을 하고 있다는 것도 뜻밖이었다. 도저히 그냥 넘어갈 수 없었다.

"남편이 아내 손님을 위해 차를 내는 일이 어떻게 아내가 남편을 부려먹는 게 됩니까. 그러면서 아내가 남편 손님에게 차를 대접하는 일은 당연하다고 여기는 겁니까? 당신 직장에서는 지금도 꼭 여성 스태프가 손님에게 차 대접을 합니까?"

"아니, 그건……." 후지노미야 씨는 말끝을 흐리다가 솔직하게 말했다.

"우리 사무실에서는 차와 커피가 담긴 포트를 놔두고 원하는 사람이 마음대로 따라 마시게 되어 있습니다."

"그렇겠죠" 하고 나는 말했다.

"당신 직장의 보스는 당수 린코죠. 그러니까 그런 방식으로 해두었을 겁니다. 차 대접은 아내의 일이라는 생각은 요만큼도 안 하는 사람이고 나도 역시 같은 생각입니다. 그러니까 내가 차를 준비해서 손님에게 내가는 것이 맞다는 겁니다."

"아니, 그건 그거고 사람들 시선은 다르죠. 아무튼 여기는 제가,"

"아니, 내가 하겠습니다. 나는 총리의 남편이니까 그 정도 일은,"

차 쟁반을 사이에 두고 승강이를 벌이는데, "저어……" 하고 시마자키 군이 불쑥 얼굴을 내밀었다.

"밤늦게 폐가 많았습니다. 오늘은 이만 물러가겠습니다."

"네?" 후지노미야 씨와 내가 동시에 놀라는 소리를 냈다.

"지금 막 차를 내가려고 했는데." 내가 말했다. "미안합니다, 아무것도 챙겨드리지 못해서."

"천만에요, 저희야말로 죄송하죠. 번번이 늦게까지 우르르 몰려와서 늘 죄송스럽게 생각하고 있습니다."

시마자키 군은 예의 바르게 인사했다. 그리고 "다행히 다음 주부터는 폐를 끼치지 않게 되었습니다"라며 미소를 지었다.

"후지노미야 씨에게 들으셨을 줄 압니다만, 관저로 이사하기로 결정되었습니다. 다음 주 토요일입니다. 이사 준비는 전부 저희가 알아서 할 테니까 히요리 씨는 개인물품 같은 걸 모아 놓으시면 되겠습니다."

"아, 예." 나는 맥 빠진 얼굴로 대답했다. "그럼 갈아입을 옷이나 책 같은 걸 싸 두면 될까요?"

"그렇죠." 시마자키 군이 선선히 대답했다. "관저에서 언제까지 지내실지 알 수 없으니까요. 일단 그쪽으로 옮길 물건은 되도록 줄이는 게 좋지 않을까 생각합니다."

실제로 관저에서 불과 세 달밖에 지내지 못한 총리도 있었다. 그것은 내각이 대개 단명으로 끝난다는 사실을 말해 준다. 이번에도 그렇게 된다면 린코에게는 매우 안 좋은 일이다. 아무래도 마음 놓고 지낼 곳은 아닌 듯하다.

"히요리 씨는 직장에서 조금 더 멀어지게 됩니다만, 변함없이 후지노미야 씨가 당용차로 매일 모셔다 드릴 테니까 염려 마십시오. 게다가 앞으로는 관저 비서도 붙을 테고 관저 전속 가정부도 있으니까 히요리 씨가 손수 차를 준비하실 필요는 없을 겁니다."

"아, 예." 나는 또 건성으로 대답하고는 곧 진지하게 물었다.

"그럼, 나는 뭘 하면 되죠?"

"아이 참. 히요리 씨는 총리의 남편이니까 좀 더 당당하게 지내시면 되는 겁니다."

후지노미야 씨가 끼어들었다.

"히요리 씨는 학자이고 대갓집 도련님이라 교육을 잘 받으며 자라신 분은 맞지만 총리님 이야기만 나오면 늘 주뼛거린다고 할까 조금 불안해하시네요. 총리님도 그러시더라고요. '그이는 온실에서 자란 사람이니까'라고."

후지노미야 씨는 평소에도 나를 냉정하게 대하지만, 그날은 그녀의 말이 유난히 뼈에 사무쳤다. 쭈뼛거린다. 불안하다. 온실에서 자랐다. 아아, 하지만 그런 말을 듣고도 아니라고 말하지 못하는 내 모습이 선명하다. 맙소사.

손님들 걸음소리가 복도에서 들려왔다. 시마자키 군이 "그럼 이만, 자세한 말씀은 나중에" 하며 주방을 나간다. 후지노미야 씨와 두 비서도 그 뒤를 따랐다. 나는 현관까지 배웅할 기운도 없어 그 자리에 우두커니 서 있었다.

잠시 후 주방에 나타난 린코가 "왜 그래?" 하고 내 얼굴을 보며 물었다.

"무슨 일 있었어? 뭔가 생각에 잠긴 얼굴인데."

나는 얼른 웃음을 만들어 지었다.

"아니, 잠깐. 밤이 늦었지만 차를 타 보려고 하는데…… 녹차와 허브티 중에 뭐가 좋을까 하고."

"허브티가 좋겠는데." 린코가 생긋 웃었다. "나도 한 잔 마셔 볼까?"

허브티에 벌꿀을 타서 식당 테이블로 날랐다. 아내가 의자에 앉아 쉬려나 보다 했더니 식탁 위에 자료 몇 장을 펴 놓고 인터넷 단말기를 들여다보며 뭐라고 혼잣말을 하고 있다. 내일 국회에서 있을 답변을 연습하는 모양이다.

린코는 국회에서 야당 질의에 답변할 때 거의 자료를 들여다보지 않고 질문한 사람에게서 눈길을 떼지 않은 채 발언하는데, 질문한 사람에게서 시선을 떼지 않는 모습을 연출하기 위해 그녀는 이렇게 밤마다 잠을 줄여가며 답변을 연습하는 것이다. 국회에서 대표 질문자의 이름과 프로필, 질문 개요가 하루 전에 관저에 전달된다. 질문하는 의원의 전술을 시마자키 군을 비롯한 비서관이 분석하고 담당 공무원이 모범 답변서를 작성한다. 총리는 그 답변서를 암기하고 직접 답변해야 한다. 지금까지 총리는 공무원이 작성한 자료를 그대로 읽는 경우가 많았지만 린코는 그렇게 하지 않았다. 어디까지나 자기 언어를 중시하며 자기 생각을 전하려고 착실하게 노력했다.

서류 옆에 조심스레 찻잔을 놓아 주니 고맙다며 얼른 입으로 옮기려던 린코는 근시 렌즈가 김으로 금세 흐릿해지자 "애고, 안 보이네"라고 중얼거리며 안경을 벗었다. 그걸 신호로 나는 그날 종일 마음에 담아 두었던 이야기를 꺼냈다.

"후지노미야 씨와 시마자키 군한테 오늘 들었어. 이사한다는 거."

"그래?" 차를 한 모금 마시고 린코가 대답했다. 조금 무심해 보인다.

"이사 준비는, 내가 굳이 돕지 않아도 된다던데?"

"맞아." 다시 무심하게 대답한다. "스태프들이 알아서 해 줄 테니까."

그때 나는 생각을 솔직하게 말할지 말지 망설였다. 이렇게 우물쭈물하니까 후지노미야 씨에게 불안해 보인다는 말을 듣고 린코에게는 온실에서 자랐다는 말을 듣는 거겠지. 나도 종종 이런 내가 한심하다고 생각한다.

그래서 과감하게, 오늘 아침 이사 소식을 들었을 때부터 내내 생각했던 말을 꺼냈다.

"나, 이 집에 남으면 안 될까."

린코는 찻잔을 든 채 나를 지그시 쳐다보았다. 어지간해서는 동요하지 않는 선선한 눈빛이 말없이 나를 압박한다. 그게 무슨 소리지? 하며 설명을 요구하고 있다. 국회에서 대표질문에 나선 의원들도 이 맑디맑은 눈동자의 응시 앞에 쭈뼛거렸을 게 틀림없다.

"아니, 그게, 그러니까…… 이 집은, 그냥 집이 아니라, 나한테는 연구실 같은 곳이거든."

나는 흠칫거리며 이유를 말했다.

"당신도 알겠지만 나는 초등학생 시절부터 이 집에 드나들며 새 관찰을 계속해 왔잖아. 말하자면 나름 필생의 연구 같은 것인데 이제 와서 그만둘 수는 없고…… 어차피 요즘, 당신은 일이 바쁘니까, 그러니까, 같이 있어도, 우리는 별로 접촉도 없고…… 내가 관저에 같이 들어가 봐야, 별 도움도 안 되고……."

오히려 내가 없는 게 당신한테는 더 낫지 않을까, 라는 말을 계속하려고 했지만, 왠지 패배자가 꿍얼꿍얼 뒷말하는 것 같겠다는 생각이 들어서 역시 그만두었다. 린코는 여전히 나를 쳐다보고 있다가 문득 웃으며, "이상해?" 하고 속삭이는 목소리로 말했다.

"히요리 씨, 내가 총리가 된 게 마음에 안 들어?"

"천만에." 나는 냉큼 부정했다.

"당신이 총리로 일하는 데 전혀 부족한 게 없다는 건 이미 말했잖아."

"하지만, 오늘 당신은 내가 알던 당신과 달라." 린코는 내게서 시선을 거두지 않고 말했다.

"내가 아는 당신은, 내가 가고 싶은 곳이 있다고 하면 같이 가 주었잖아. 내가 하고 싶은 일이 있다면 아무 불만 없이 동의해 주고, 도와주고. 그렇지?"

틀림없는 말이다. 듣고 보면 엄청 자상한 남편 같지만, 가만히 생각해 보면 자아가 전혀 없는 사람이랄까 아내바라기랄까 '와이프 콤플렉스'처럼 들리지 않는 것도 아니다. 그래서 나는 더욱 맥이 풀리고 말았다.

"그래. 완전히 당신이 시키는 대로였지."

"시키는 대로?" 린코의 목소리 톤이 한 옥타브 올라갔다. 그것은 결혼 이후 지금까지 한 번도 들어 본 적 없는 공격적인 톤이었다.

"그럼 뭐야. 당신은, 나 때문에, 하기 싫어도 꾹 참고 따라와 주었다는 거야? 내가 시키는 대로 움직이고, 그러면 불행하지 않아?"

"아니, 아니아니아니, 아니. 그게 아냐." 나는 황급히 고개를 저으며 부정했다.

"당신 의향은 언제나 내 의향이기도 했으니까, 그래, 시키는 대로 한 건 아니야. 그 말은 취소."

"그럼 됐어." 린코는 한 줌의 미련도 없이 인정하는 나의 철회를 받아 주었다.

"아무튼. 부부가 함께 관저로 이사하는 것은 총리의 남편이 된 사람의 의무로 알고 받아들여 주길 바래. 안 그럼 언론에서 뭐라고 써 댈지 알 수 없잖아. 그 정도는 상상이 되지?"

그렇다. '소마 총리, 벌거의 진상' 운운하며 즉시 우리 주변을 킁킁 냄새 맡고 다닐 게 틀림없다. 안 그래도 평소 후지노미야 씨에게 귀에 못이 박이도록 듣고 있지 않은가. 총리님은 언제나 표적입니다, 소마 린코를 끌어내리려면 스캔들밖에 없다고 난리예요, 히요리 씨도 조심에 또 조심을 해 주셔야 해요──라고.

맥이 빠졌다. 물론 각오는 되어 있었다. 하지만 역시 슬펐다. 이 집을 떠나 새를 관찰할 수 없게 된다는 사실도 그렇지만, 관저에서 내가 할 일이 전혀 없을 듯하다는 예상이 나를 그런 심정으로 만들었다. 그리고 린코가 점점 멀어지는 기분이 드는 것도 어쩔 수 없었다.

결혼하고 십 년. 나는 처음 만날 때와 조금도 변하지 않았다. 아니, 시간이 지날수록 린코가 더욱 눈부셔 보였다. 총리가 되고 나서는 그 광채가 더욱 찬란해져서 왠지 더는 가까이 갈 수 없을 것 같은 느낌마저 든다. 실제로 그녀와 내가 단둘이 가까이 있는 것은 한밤중의 두어 시간, 잠든 숨소리만 들리는 캄캄한 침실의 침대 위뿐이다. 그때 나는 이불 밑에서 박새 새끼라도 만져보듯 살짝 그녀의 손을 쥐어보곤 한다. 지금 내가 할 수 있는 것은 고작 그게 전부였다.

그래. 린코가 총리가 된 뒤 내가 변해 버렸는지도 모른다.

형이 아내를 속으로나마 무람없이 '린 짱'이라 부르고, 아내의 정치자금 관리단체에게 큰돈을 기부하고 있음을 알고 난 뒤로는 두 사람 사이에 내가 모르는 뭔가가 있는 것은 아닌가 신경이 쓰이기 시작했다. 정확히 말하면 의심하기 시작했다. 어쩌면 린코는 총리가 되어 이 나라를 개혁한다는 대의를 위해 소마 가의 힘을──그리고 나를 이용하고 있는 게 아닌가, 하고.

그런 식으로 생각한 적은 지난 십 년간 한 번도 없었는데.

이 집을 버리고 린코를 따라 관저로 이사한다. 그러면 우리 부부의 역학 관계가 본의 아니게 가시화될 것 같았다. 물론 새 관찰과 가정을 저울질할 수는 없다. 그래도 나는 뭔가에 '졌다'는 기분이 들었고 그 기분에 곧 괴로워졌다. 대체 무엇에 졌다는 건가. 세상의 이목에? 정치의 힘에? 형이란 존재에? 질투심에? 린코에게?——그 전부에 졌는지도 모른다.

관저 옆에도 숲이 있어. 린코가 그렇게라도 말해 주기를 나는 기다렸다.

그러니까 같이 가. 나는 당신이 필요해.

그런 말을 기대하고 있었다.

린코와 나는 식탁을 사이에 두고 마주 앉아 더는 아무 말도 하지 않았다.

견디기 힘들었던 내가 먼저 자리에서 일어섰다. 주방에서 다시 허브티를 정성스레 타서 따끈한 티포트를 한손에 들고 식탁으로 돌아왔지만 린코는 이미 그 자리에 없었다.

8

20××년 12월 5일 맑음

12월의 첫 주말, 린코와 나는 수상관저로 이사했다.

"히요리 씨를 번거롭게 하지는 않을 겁니다"라는 후지노미야 씨의 말대로 나는 무엇 하나 들거나 옮기지 않았다. 작업을 돕기는커녕 "본가에 가 계실래요?"라는 후지노미야 씨의 지시를 받고 맥없이 본가로 물러가지 않을 수 없었다. 린코는 공무로 외출 중이라 나 혼자 본가로 갔는데, 너 잘 만났다는 듯이 어머니가 쇼핑하러 나가자며 손을 끌었다.

"정월에 입을 기모노를 맞출까 해." 어머니가 들떠서 말했다.

"니혼바시 이쓰코시 백화점까지 같이 가 주지 않으련? 나가는 김에 네 슈트도 사 줄게. 이사 기념으로. 한 벌 장만하렴."

"됐어요, 그런 거." 나는 사양했다.

"늘 이쓰코시 점원이 집으로 와 주잖아요. 옷감 견본 이삼십 종 정도 가져와 보라고 하면 될 텐데요."

"너도 참. 여전히 뭘 모른다니까." 어머니가 발끈해서 말했다.

"내 기모노보다 네 슈트를 장만하려는 쇼핑이란 걸 모르겠니? 그리고, 그런 요새 같은 곳에 틀어박히면 앞으로 너를 불러내는 게 얼마나 힘들겠어. 아무 소리 말고 따라와."

이렇게 나는 이사하는 날 엉뚱하게 어머니와 백화점으로 쇼핑하러 가는 신세가 되고 말았다.

한데 어머니 차로 출발하자마자 재킷 속주머니에서 스마트폰이 부르르 떨기 시작했다. 후지노미야 씨의 전화였다.

"네, 여보세요……." 대답하기 무섭게 "지금 어디 가세요! 본가를 벗어나면 안 된다는 거 모르세요!" 하고 대뜸 호통을 친다.

아, 그랬지. 내 스마트폰은 GPS를 통해 후지노미야 씨에게 늘 추적당하고 있다. 조금이라도 이상한 동선이 포착되면 바로 전화가 온다.

"당에서 파악할 수 없는 행동은 삼가 주세요. 돌아가세요, 지금 당장."

"아니, 지금 당장은 좀……." 나는 어머니의 시선을 피하듯 한 손으로 전화를 가리며 대답했다.

"어머니가 같이 쇼핑하러 나가자고 하세요. 행선지는 니혼바시 이쓰코시 백화점입니다. 한 시간 안에 돌아갈게요."

"이쓰코시? 백화점에 간다고요? 지금 농담하세요? 돌아가 주세요."

후지노미야 씨가 고압적으로 말했다.

"말씀드렸잖아요. 총리 주변을 캐고 다니는 자들이 우글거립니다. 빈틈을 주면 곤란합니다. 자중해 주셔야죠."

빈틈이라니, 어머니와 백화점에 가는 게 무슨 빈틈이란 말일까. 생각은 이렇게 하지만 반론할 계제는 아니다.

"알겠습니다. 최대한 빨리 돌아가죠."

바로 전화를 끊었다. 어머니가 부릅뜬 눈으로 이쪽을 쳐다본다.

"꽤 야단스런 사람이네. 젊은 여자 같은데, 대체 누구냐?"

"아뇨, 그게." 나는 말끝을 흐렸다. "직진당 홍보부 사람입니다."

"그 사람이 뭐라고 하든? 어머니랑 쇼핑하지 말라든?"

나는 대답할 수 없었다. 정말이지 어머니도 그렇고 후지노미야 씨도 그렇고 왜 내 주위 여자들은 이렇게 모두 감이 빠른지.

"이사 작업이 금방 끝나니까 이 사람이 당용차로 고코쿠지 집으로 데리러 오겠답니다. 그러니까 어머니를 니혼바시까지 모셔다드리면 저는 바로 돌아가야……."

"아니, 그렇게는 못해." 어머니가 단호하게 말했다. "오늘은 네 치수 재는 게 끝날 때까지 내가 같이 있어야겠다."

결국 어머니의 정장 기모노의 옷감 선정과, 원하지도 않던 슈트를 위한 치수 재는 일이 끝날 때까지 어머니와 함께해야 했다. 그러는 동안에도 재킷 안주머니에서 스마트폰은 쉴 새 없이 진동했다.

수상관저는 안에 들어가 보니 생각보다 밋밋한 공간이었다.

당연하다면 당연한 일이다. 친구를 부르거나 지방에서 올라온 친척에게 숙소로 제공하는 곳이 아니므로 특별히 인테리어에 공을 들일 필요가 없으니까. 총리가 집무하고 정권을 운영하는 수상관저와 직결되어 있는 관저는 총리의 이동을 최대한 쉽게 하고 비상시에 즉각 진두지휘가 가능하도록 총리가 '대기'하는 장소이다.

내부 구조는…… 묘사하려고 했지만, 훗날 이 일기가 만에 하나 공개되면 보안상 문제가 생길지 모르므로 삼가기로 하겠다. 이 일기를 읽고 있는 당신에게는 석연치 못한 글처럼 보일지 모르지만, 훗날 정권을 잡을 총리를 위한 배려로 알고 양해해 주기 바란다.

관저 내부는 제법 넓지만 오토와 본가가 훨씬 넓다. 면적이 너무 넓으면 총리의 위치를 즉각 파악하기가 힘들 테고 이동에도 시간이 걸리므로 적절히 제한했으리라 짐작된다. 각각의 공간은 침실과 서재, 다다미를 깐 거실과 식당, 회의실, 비서실 등으로 나뉘어 있다. 린코의 비서나 관저 비서가 비상시를 대비하여 교대로 이 '비서실'을 지킨다. 가사를 맡을 가정부도 있다. 청소나 세탁은 전문 업자가 방문해서 처리한다. 이 저택에 출입하는 사람은 누구나 엄격한 보안검사를 받는다. 출입하는 업자는 당연히 사전에 내부조사를 거치며, 특별히 선발된 스태프가 파견되고 있다. 그리고 반드시 보안 요원이 동행하며 감시한다. 그러고 보니 린코는 관저로 옮기고 나서 종이서류를 한 장도 버리지 않았다. 기밀정보가 누출될 염려가 있기 때문이다. 나도 마찬가지여서, 예전처럼 '내일 아침엔 시저샐러드 어때?' 같은 소소한 메모를 린코의 책상에 남겨 둘 수 없게 되었다. 린코가 나의 사적인 메시지를 확인한 뒤 꼬깃꼬깃 뭉쳐서 버리기라도 하면…… 생각하니 오싹하다. 이거야 원, 쓰레기 하나도 방심할 수 없다.

내가 관저 내부 안내를 받으며 처음으로 한 일은 화장실과 욕실, 그리고 우리의 침실을 샅샅이 살펴보는 일이었다. 혹시라도 어디에 도청장치나 초소형 카메라가 숨겨져 있으면 곤란하기 때문이다.

"……뭐 해?"

침실에서 침대 밑으로 기어들어가 침대 밑판을 꼼꼼하게 살펴보고 있는데 방바닥에 쪼그리고 앉아 들여다보는 린코의 얼굴이 보였다. 나도 모르게 황급히 머리를 들다가 침대 밑판에 이마를 호되게 찧고 말았다.

"어, 당신 왔어? 일찍 왔네, 오늘은."

이마를 문지르며 기어 나오자 린코는, 뭐, 그렇지, 하며 옆에 있는 다른 침대에 앉았다. 침실에는 세미더블 침대 두 개가, 스탠드를 둔 사이드테이블을 가운데 두고 놓여 있다. 요네자와 전 수상 부부가 쓰던 게 아니라 우리를 위해 새로 구입한 침대라고 후지노미야 씨가 일러주었다. 아무리 그래도 전 총리 부부가 쓰던 침대를 물려받는 건 아니잖아요, 하면서. 하지만 방에 처음 들어와 두 개로 나뉜 부부 침대를 보았을 때는 뭐라 표현하기 힘든 기분을 느꼈다.

"이사하는 날이니까. ……그런데, 당신은 어머니랑 니혼바시에 갔었다고?"

후지노미야 씨가 벌써 고자질한 모양이다. 나는 "응, 뭐" 하고 모호하게 대답했다. 슈트를 맞춰 주었다고는 도저히 말할 수 없었다.

린코는 잠시 입을 다물고 새로 교체한 카펫 바닥으로 시선을 던지고 있다가,

"미안하지만 앞으로는 삼가 주지 않겠어? 그런 거."

고개를 들고 단호하게 말한다.

다른 침대에 앉아 있던 나는 "응?" 하고 물었다.

"그런 거라니…… 뭘?"

"그러니까, 당에 알리지도 않고 어머니랑 어디로 외출하는 거."

조금 짜증 섞인 목소리가 돌아왔다.

"아야카 쨩한테 들었겠지? 아무리 본가라고 해도 당신이 그렇게 소마 가 식구들과 외출하는 거, 당분간은 곤란해. 지금까지도 얼마나 조심해 왔는데…… 이제 와서 빌미를 줄 수는 없잖아."

"자, 잠깐만." 한바탕 쏟아지려고 하는 린코의 말을 내가 당황하며 가로막았다.

"대관절 뭐가 어떻게 되고 있는 건지 통 모르겠어. 내가 어머니와 외출한 게 그렇게 비난받을 일이야?"

"아아, 당신이란 사람은." 린코는 긴 한숨을 토했다. "정말이지 어수룩하다니까."

'어수룩하다'라는 말은 어머니가 나를 놀릴 때 하는 말이다. 어

머니가 말하면 뭔가 각별하다고 할까, 심술궂긴 해도 기품도 느껴져서 별로 귀에 거슬리지는 않았다. 그런데 린코가 말하니까 왠지 나뿐만 아니라 어머니까지 무시하는 소리처럼 들린다.

그런 소소한 것에 동요하는 내 마음을 아는지 모르는지 린코가 내쳐 말했다.

"당신과 결혼한 뒤 나는 지금까지 늘 추적을 당해 왔어. 국회의원에 당선되고 나서는 더욱. 총리가 되고 나서는 더 철저하게."

소마 가의 차남을 붙잡아 세상이 부러워하는 꽃가마를 탄 여자──당대 최고의 지성파로 알려진 국제정치학자 고 마토베 유의 딸 린코. 직장이던 정책 싱크탱크에서도 실력과 미모가 뛰어나 일찍부터 매스컴의 주목을 받았다. 두 사람이 결혼하자, 마토베 유의 딸은 나중에 소마 가의 재력을 뒷배로 국회의원에 출마할 것이다, 그렇게 되면 일대 파란이 닥치리라 예측하고 추적 조사를 시작한 정치 저널리스트가 여럿 있다. 린코가 중의원 의원에 출마했을 때도 그들은 소마 가와의 관계를 추적했다. 지난 총선거에서는 보수 언론까지 호의적으로 움직였지만, 그때도 조용히 추적을 계속하던 사람들이 있다──.

"야당으로 밀려난 민권당이 얼마나 필사적으로 언론을 끌어들이려고 하는지 상상해본 적 있어? 야당은 다소 지저분한 짓을 하더라도 세상의 주목을 받는 일이 없어. 하지만 여당이 되면 아무리 사소한 틈이라도 순식간에 커다란 구멍이 되고 말지."

틈. 후지노미야 씨도 오늘 그 말을 했었다. 내가 어머니와 함께 쇼핑하러 나간 것이 빈틈이 될 수 있다고. 여하튼 신중하지 못한 행동은 삼가 줬으면 좋겠다는 말이었다.

"알았어." 나는 풀이 죽어 말했다. "미안."

"사과할 일은 아니야." 린코는 차가운 목소리로 말했다.

"'미안'이란 말은 쉽게 하지 말아 줘."

린코는 일어나 침실을 나가 버렸다. 나는 그대로 침대에 앉아 새로 바른 벽지의 한 점을 하릴없이 건너다보고 있었다.

린코를 따라 수상관저로 이사해 버린 나의 일상은 완전히 무미 건조하게 변하고 말았다.

수상관저의 위치는 시내 중심에서도 중심이라고 할 수 있는 곳이다. 주위에는 총리 관저와 호텔, 오피스 빌딩이 있고, 걸어갈 수 있는 거리에 국회의사당, 중·참 양의원 회관, 가스미가세키의 관청들이 있다. 물론 아카사카나 롯폰기도 가까우므로 부담 없는 주점이나 라면집, 바 같은 것들이 모인 유흥가도 가깝다. 예전에 아카사카에 고급요정이 발달했던 까닭도 이처럼 정치의 중추와 가깝다는 것과 무관하지 않았겠지만, 검은 담장<small>과거 일본 유력 정치인들이 즐겨 찾던 '긴류'의 특징인 검은 담장. 정치자금 규제가 강화되면서 요정 정치가 쇠퇴함에 따라 2006년에 폐업하였다</small> 옆에 승용차를 세우고 요정 안으로 총총히 사라지는 정치가나 정재계 거물이 접대하고 접대 받으며 밀담을 나누는 모습은 전부 사라지고 말았다.

특히 총리쯤 되면 하루 행적이 거의 전부 대중에게 공개된다.

신문마다 '오늘의 관저', '수상의 일상', '총리의 하루' 등의 작은 칼럼을 두고 아침에 린코가 관저를 나서는 순간부터 돌아올 때까지 분 단위로 '어디에 갔는지', '누구를 만났는지'를 공개한다. 건조한 칼럼인데도 많은 사람들이 눈여겨보는 상황이므로 수상쩍은 모임 같은 것은 엄두도 못 낸다.

아무튼 시내 중심인데다 사방팔방에서 온갖 사람들이 지켜보는 장소인지라 도저히 '집'이라고 부를 수 없었다. 어머니가 엉뚱하게 '요새'라고 불렀지만, 이제 와서 보니 마침맞은 비유인 듯하다.

새들이 찾는 숲은 물론 없다. 오랜 습관대로 새벽 5시 전에 눈을 뜨고 마는 나는 어쩔 수 없이 일어나 감시 카메라가 작동 중인 복도를 걸어 주방으로 가서 커피를 타고 그대로 주방 식탁에 앉아 학회지 같은 것을 펴든다. 하지만 두 눈은 글자를 제대로 좇지 못하고, 지면에 떠오르는 장면은 내 집의 숲 풍경이다. 나는 그 환영을 좇는다. 언제까지나, 언제까지나…… 아아, 알름 산으로 돌아가고 싶어, 라던 향수병 걸린 하이디의 심정을 어쩐지 알 것 같았다.

"저런. 중병이네요, 그거."

어느 날 아침, 출근하는 승용차 안에서 나도 모르게 알름 산에서 프랑크푸르트로 끌려간 '알프스 소녀 하이디'가 된 심정이라고 후지노미야 씨에게 토로하자 어찌된 일인지 그녀가 순순히 이해해 주었다. 내 비유가 그녀의 급소를 건드렸는지, 혹은 총리의 남편이 위험한 상태에 있다고 판단했는지 마침내 그녀가 이런 제안을 해 주었다.

"제가 최대한 일찍 관저로 모시러 갈게요. 조금 일찍 출발해서 연구소에 출근하기 전에 자택에 들러 보는 게 어떨까요? 이동 시간을 생각하면 관찰 시간은 십오 분 정도밖에 안 되겠지만."

"정말요?" 나는 목소리가 들뜨는 것을 미처 억제하지 못했다.

"그래도 되겠어요, 정말?"

"네, 물론이죠." 후지노미야 씨는 씽긋 웃으며 대답했다.

"제가 총리님께 말씀드려서 허락을 받아 둘게요."

이 문제는 내가 직접 말하기보다 린코와 교섭하는 데 능한 후지노미야 씨에게 맡기는 편이 낫겠다고 판단했다. 안 그래도 우리 부부는 관저로 옮긴 뒤부터 의사소통이 날로 희박해지고 있다. 침대도 트윈으로 나넌 지금은 이불 속에서 아내 손을 잡아 보는 것조차 쉬운 일이 아니게 되었다.

린코는 관저로 이사하자 더욱 바빠졌다. 총리 취임 후에 열린 임시국회에서 논의가 시작된 소비세율 개정 문제는 그야말로 정점에 달해 있었다. 연내에 결말을 내기는 어렵다는 것이 대체적인 견해였고, 1월에 시작될 정기국회에서 개정법안을 가결하고 싶다는 것이 린코의 계획인 듯했다.

소마 내각의 높은 지지율 때문에 야당은 소비세율 인상 반대를 외치면서도 국회 해산 및 총선거로는 차마 압박하지 못한 채 점차 불리한 상황에 몰리고 있었다. 예전에는 국회 해산과 총선거를 실시하여 국민의 신임을 묻는 것이 지지율 낮은 내각과 싸우는 야당의 상투적인 구호 같은 것이었다. 하지만 소마 내각은 국회 해산과 총선거를 실시한다면 린코의 인기와 백전노장 하라 구로의 선거 전술로 압도적 승리를 거둘 것이고, 야당은 린코가 이끄는 직진당과 하라 구로가 이끄는 민심당 외에 연립여당에 참여한 정당에게 의석을 빼앗기기 십상이었다. 자기 목을 자기 손으로 조르는 꼴이다. 야당 민권당은 린코를 궁지로 모는 뚜렷한 전술이 없어 도리어 궁지에 몰리고 있었다.

이렇게 쓰면 마치 내가 린코의 정치적 상황을 훤히 파악하고 있는 것처럼 보이겠지만, 사실 나는 정국 운영에 대하여, 또는 국회 대책에 대하여 린코에게 직접 설명을 들어 본 적이 한 번도 없다. 지금 그녀가 무엇을 하고 있는지, 어떤 상황에 있는지는 신문이나 인터넷 뉴스, 국회 텔레비전 중계 같은 것을 통해 파악했다. 나는 주요 일간지의 정치면, 특히 '수상의 하루' 난을 살펴보고, 연구소에서 항상 틀어놓는 텔레비전의 국회 중계방송에 귀를 기울였다. 친절한 도쿠다 소장은 "뭐 국회 이야기야 집에서 총리에게 직접 듣겠지만, 우리도 조금 궁금해서 말이야" 하며 연구소의 최대 후원자인 소마 가에 경의를 표하는 뜻에서 국회 중계방송을 항상 틀어 놓고 있었다.

"그래, 관저에서 지내시는 건 어떠세요?"

어느 날 점심시간이었다. 연구소 회의실에 틀어박혀 있는 나에게 테이크아웃 짜장면을 사다 준 연구원 이토 루이 씨가 불쑥 물었다.

최근에 나는 동료들이 점심 먹으러 나가자고 해도 이런저런 핑계를 대며 사양하고 있다. 근처 정식집에 갔다가 누군가 우리의 대화를 엿들을까 경계하는 탓이다. 후지노미야 씨가 매일 아침 건네주는 오니기리와 반찬 팩이 요즘 나의 정해진 점심이었다. 그것을 회의실에 혼자 앉아서 먹는다. 당연히 맛없는 런치타임이다.

한데 점심을 사 먹으러 나가는 동료를 바라보며 내가, 간만에 짜장면이 먹고 싶네, 하고 투덜거리는 소리를 이토 씨가 듣고 그럼 제가 사다 드릴게요, 하고 친절을 베푼 것이다.

"글쎄, 관저는, 진짜 맛대가리 없어요."

내가 좋아하는 짜장 소스를 입으로 바삐 퍼 나르며 대답했다.

"집이라기보다 요새라고나 할까. 늘 옆에 누군가 있어서 편하질 않아요. 매일 아침마다 하던 새 관찰도 못하게 됐고."

"요즘은 고코쿠지 자택에 들러 관찰하고 나서 출근한다고 하지 않으셨나요?"

"뭐, 그건 그렇지만…… 이토 씨도 전문가니까 알겠지만, 5시와 8시는 새들의 움직임이 전혀 다르잖아요. 역시 정해진 자리, 정해진 시간에 관찰해야 의미가 있죠."

"그럼 왜 군이 매일 아침 자택에 들르세요? 히비야공원 같은 데라도 가면 될 텐데."

"그건 그렇지만." 나는 또 말했다. 가만히 생각해 보면 매일 아침 굳이 자택에 들르는 것은 나의 하이디 같은 심정을 달래기 위해서가 아닐까 싶었다.

"뭐, 새들에게 인사하는 거라고나 할까."

"새들에게 인사라……." 이토 씨가 따라 말하더니 후후, 하고 웃었다.

"소마 씨도 은근 귀여우세요."

흠칫했다. 이토 씨가 나를 쳐다보는데 묘한 예감이 훅 스쳤다. 뭔가 곧 좋지 않은 일이 일어날 것 같은…….

9

20××년 12월 12일 맑음 때때로 흐림

수상관저로 이주하고 일주일 동안 내 주위에서 이변이 눈에 띄기 시작했다.

처음 느낀 것은 이변이라고까지 할 만큼 두드러진 건 아니었다. 문밖에서 내가 나오기만 기다리는 사람들 중에 남성의 비율이 미묘하게 높아진 정도랄까.

많은 사람들이 문밖에서 기다린다고 하면 마치 내가 무슨 다카라즈카일본의 여성 뮤지컬 극단. 모든 배역을 여성들이 맡는 것으로 유명하며, 열광적인 팬덤을 거느린 스타의 산실이다 스타 배우인 양 으스대는 것 같아서 조금 민망스럽지만 정말 내가 나오기만 기다린다고밖에 설명할 수 없는 상황이었다. 그러니까 내가 외출하기를 기다리는 '히요러'들이 관저 문밖에 무리지어 있는 것이다. 참고로, '히요러'란 내 얼굴을 보려고 애써 관저 앞까지 찾아오는 여성들에게 후지노미야 씨가 농담처럼 붙인 별명인데, 어디서 어떻게 퍼져 나갔는지 주간지 같은 데서도 어느새 '총리의 남편 소마 히요리 씨를 쫓아다니는 히요러'라고 보도하면서 지금에 이르렀다. 내친 김에 말하자면 린코를 쫓아다니는 사람들은 '린코지엔느'다카라즈카 관계자를 흔히 '다카라지엔느'라고 부르는데, 이는 '파리지엔느(=파리 여인)'에서 따온 말. 린코의 미모가 다카라즈카 배우 뺨친다고 해서 붙인 별명인 듯하다로 불린다고 한다. 린코 역시 여성 팬이 압도적으로 많은데, 남성 팬들은 린코를 맹렬하게 응원하고 숭배하는 '린코지엔느'에게 기세가 눌려 감히 끼어들지 못하는 모양이다. 어딘지 『베르사이유의 장미』의 오스칼 같은 늠름한 기운을 풍기는 린코인 만큼 다카라즈카 골수팬들이 보여 주는 팬덤이 그녀를 지지하는 여성들 사이에 생겨나는 것도 납득할 만했다.

매일 아침 나는 후지노미야 씨와 함께 직진당 당용차를 타고 출근한다. 관저는 담으로 보호되어 있지만 대문 양쪽에는 믿음직한 경비들이 인왕상처럼 버티고 서 있다. 그들은 담 안에서 출발해서 천천히 대문을 나서는 차량에 경례를 붙인다. 그러면 보도주위에서 20명 전후의 히요러가 모여 있다가 내가 탄 차량을 향해 열심히 카메라 셔터를 누르거나 손을 흔든다. '히요리 씨 안녕하세요', '다녀오세요', '린린을 잘 부탁해요♡'라고 손으로 쓴 글자판을 쳐든 사람도 있다. 히요러가 처음 나타났을 때는 나도 어떻게 대응해야 좋을지 알 수 없었고 눈길을 맞추면 안 될 것 같아서 흠칫거리며 고개를 숙였다. 그러나 총리의 남편이 된 지 어느새 세 달이 지난 지금은 가볍게 목례하는 정도의 여유를 갖게 되었다. 손을 흔들어 주려고 할 때도 있었지만 "그건 좀 지나치네요!"라고 후지노미야 씨가 가차없이 막았다. 총리의 남편 된 자가 무뚝뚝한 것도 좋지 않지만 지나치게 호의적으로 반응하여 우쭐대는 것처럼 보여서도 안 된다. 팬들에게는 어디까지나 예의를 지키고 적당한 거리를 두어야 한다. 그게 후지노미야류의 '히요러

대응 요령'이었다.

대문 밖에서 기다리는 히요러의 면면이 매일 달라지는 것 같다고 느꼈지만, 얼마 지나지 않아 무슨 요일에 어떤 특징을 가진 사람이 나타나는지 파악할 수 있었다. 괜히 새를 오랜 세월 관찰해 온 것이 아니다. 작은 새들의 특징을 순간적으로 파악하는 것은 나에게 어려운 일이 아니다. 인간은 새보다 수십 배나 큰 동물이므로 개체의 특성은 어렵지 않게 파악할 수 있다. 월요일에는 가슴에 커다란 꽃 코사주를 단 부인이 '다녀오세요' 글자판을 들고 있고, 화요일에는 완만한 웨이브가 있는 헤어스타일에 커다란 프릴이 달린 판초 코트를 걸친 부인, 수요일에는 새빨간 니트 모자와 새빨간 머플러를 두른 부인…… 거의 다 아주머니들뿐 아닌가.

"남성 히요러도 있나요?"

어느 날 아침 출근하면서 후지노미야 씨에게 물어보았다. 후지노미야 씨는 의아한 표정이 되었다.

"히요리 씨, 눈이 안 좋아졌어요? 보시는 대로 히요러의 99퍼센트는 아주머니잖아요."

"그건 분명한 사실이지만……."

나는 마지못해 긍정했다. 왜 그렇게 아주머니들뿐인지는 나로서도 규명하고 싶은 문제이긴 한데.

"요즘 매일 삼십 대쯤 되는 남자가 기다리고 있거든요. 아주 감각적인 재킷을 입은……."

"삼십 대 남자……." 후지노미야 씨가 중얼거렸다. "린코지엔느에 질려서 어쩔 수 없이 히요러로 전향한 사람인가……."

그런 이유로 전향한 사람이라면 싫은데, 하고 생각했지만 입밖에는 내지 않고 생각을 다듬은 뒤에 말했다.

"그분만이 아닙니다. 아저씨도 있어요."

"아저씨?" 후지노미야 씨는 전혀 뜻밖이라는 듯한 목소리를 냈다. "어떤 아저씨요?"

"곱슬머리에 턱수염을 면도한 흔적이 우툴두툴 진하고 눈초리가 험악하고 후줄근한 코트를 입고 있어요."

상당히 정확하게 아저씨의 모습을 묘사하고 나서 "어딘지 '형사 콜롬보' 같은 인상입니다"라고 덧붙였다. 흠, 하고 후지노미야 씨는 맥 빠진 대답을 했다. 옛 텔레비전 드라마의 주인공 따위는 전혀 모르는 눈치였다.

"뭐, 남성 히요러가 있어도 상관없잖아요. 개인 취향 같은 거니까."

후지노미야 씨가 미묘한 의견을 내놓았다. 그러더니 "어쨌든 조심하는 게 좋습니다"라고 덧붙였다.

"히요러를 가장하고 히요리 씨의 동향을 추적하는 자들일지도 모르니까. 물론 아주머니들 중에도 스파이가 없다고는 할 수 없죠. 여하튼 히요리 씨에게 접근하려고 하는 사람이면 누구든 조심해야 합니다. 아시겠죠?"

그렇게 재차 다짐을 놓았고 나는 작은 소리로 네, 하고 대답하는 수밖에 없었다.

'요새' 관저와 직장, 간간이 고코쿠지 자택이라는 세 장소 외에 내가 어딜 간다는 것이 전혀 쉽지 않게 되었다.

대관절 언제까지 이래야 하는지.

아니, 나약한 소리를 하고 있을 때가 아니다. 린코가 총리로 일하는 한 이 상황을 벗어날 수 없는 것이다.

그렇게 각오해야 한다. 나는 총리의 남편 아닌가.

또 다른 이변이라면 최근 동료 이토 루이 씨가 유난히 이것저것 신경을 써 주며 말을 걸어 오게 되었다는 것일까.

주변 사람에게 자주 말을 걸어 준다고 해서 무턱대고 세심한 사람으로 평가할 수는 없으리라. 상대방의 상황이나 처지를 배려한다면 도리어 말을 건네지 않거나 친절하게 무시해 줄 수도 있어야 한다. 그런 의미에서 이토 씨는 매우 세심한 사람이었다. 내가 총리의 남편이 되고 나서는 회식이나 점심 식사 자리에 같이 가자고 무리하게 권하지 않았고, 내 아내가 누구라도 상관없다는 듯 평범하게 대해 주었다. 언젠가 한 번은 휴식 시간에 국회 중계를 열심히 보고 린코의 저서를 읽으며 "역시 소린은 대단해" 하고 혼자 감탄하기도 했다. 딱 그 말이 희미하게 내 귀에 들어올 만한 거리에서.

그랬던 이토 씨가 점심시간에 짜장면을 테이크아웃해 준 날을 전후하여 왠지 가까이 다가왔다.

"테이크아웃 음식만 드시면 질리잖아요" 하며 손수 도시락을 싸다 주거나 "잠깐 카페에서 차 한잔 하실 시간 되세요?" 하고 제안하기도 했다. 손수 도시락을 싸다 준 데는 놀랐지만 솔직히 기쁘기도 했다. 나의 점심 식사는 늘 무미건조한 오니기리와 반찬팩뿐이었고, 저녁은 관저로 돌아가 관저 전속 가정부가 만들어 준 음식을 식당에서 홀로 묵묵히 먹는 것이 요즈음의 일과였으니까.

이토 씨가 건네준 도시락 뚜껑을 열고 도톰한 계란말이와 귀여운 새끼 문어 모양 비엔나소시지, 계란형 주먹밥을 봤을 때는 감동에 겨워 눈물을 흘릴 뻔했다.

"이렇게 맛난 도시락은 정말 오래간만이네요."

새끼 문어 모양 소시지를 먹으며 나는 말했다. 오래간만이라는 말은 거짓이었다. 실은 처음이다. 결혼하고 지금까지 나는 아내가 만든 도시락을 먹어 본 적이 없다. 아내의 도시락은커녕 어릴 때도 어머니가 만들어 준 도시락을 들고 간 적이 없다. 운동회 때도 관록 있는 요정의 포장 도시락을 학교 운동장으로 배달시킬 만큼 주도면밀했다, 우리 어머니는.

"그래요? 다행이네요."

이토 씨가 상냥하게 말했다. 천사가 미소 지으면 아마 이런 인상이 아닐까, 하는 생각이 들었다. 밥알 하나 남기지 않고 다 먹은 뒤 나는 "아아, 맛있다" 하며 젓가락을 내려놓았다.

"고마워요. 이 은혜는 언젠가 반드시 갚겠습니다."

나는 진지하게 말했다. 그러나 누군가 손수 만들어 준 도시락에 무엇으로 보답해야 할지 통 떠오르는 게 없었다.

"아뇨, 무슨." 이토 씨는 고개를 살짝 저었다. "보답이라뇨……."

그렇게 말하고 나서 치켜뜬 눈길로 나를 보았다.

"저어, 혹시, 혹시 괜찮으시면…… 오늘 오후에라도, 소마 씨의 고코쿠지 댁을 구경할 수 있을까요?"

"내 집을?" 하고 되물었다. "그것도, 근무 시간에?"

"네. 소마 씨, 전에 1921년 간행된 지브리 아르키메데스의 세계 조류전집을 소장하고 계시다고 하셨잖아요. 이번에 소장님이 학회에서 발표하실 논문에, 그 책에 실려 있는 디오메데아 알바트루스에 대한 설명을 인용하고 싶다고 하세요. 그래서 해당 부분을 핸디스캐너로 스캔할 수 없을까 해서……."

"아, 그렇습니까? 그랬군요."

나는 얼른 마음속에서 조류전집을 들춰 보았다. 아르키메데스 도감이라면 어릴 때부터 수백 번을 봐서 이젠 다 암기할 정도였다. 나의 열 살 생일날 조부가 선물로 준 매우 귀한 책으로, 국회도서관에도 없는 진품이다. 아마 제3권 572페이지 정도에 디오메데아 알바트루스가 나올 텐데. 참고로 디오메데아 알바트루스는 신천옹의 다른 이름이다.

"소장님께 외출 허가는 받아 두었나요?" 하고 묻자 이토 씨가 고개를 끄덕였다.

"급하니까 가급적 빨리 다녀왔으면 좋겠다고 소장님도 말씀하셨어요."

"그럼 바로 갑시다." 나는 빈 도시락 뚜껑을 덮고 일어섰다.

"그런 일이라면 서둘러야죠. 그럼 택시를……,"

"아, 벌써 불러 두었어요. 밖에서 기다리고 있을 거예요."

준비성이 지나칠 만큼 좋다 싶었지만, 여하튼 우리는 택시를 타고 고코쿠지 집으로 향했다.

"오오, 굉장하네요. 역시 소마 가의 저택답군요. 고풍스럽고 멋져요."

집 안에 들어서자 이토 씨는 실내를 두리번거리며 탄성을 질렀다.

집주인인 나와 린코가 떠났어도 평일 오전 중에는 가정부 시모무라 씨가 출근해서 환기와 청소를 게을리하지 않고 있다. 집이라는 것은 사람이 살지 않으면 망가진다고 한다. 그래서 시모무라 씨에게 부탁해서 '당신은 버림받은 게 아닙니다. 주인은 곧 돌아옵니다'라고 저택에 사인을 보내는 것이다.

나는 매일 아침 후지노미야 씨와 이 집에 들러 불과 십오 분간이긴 해도 새 관찰을 계속해 온 2층 베란다로 나가 새들에게, 나의 숲에게 말을 건네고 있다. 오늘도 이렇게 왔단다, 나 여기 있어, 그러니 나를 잊지 말아 줘, 라고.

나는 이토 씨를 서재로 안내했다. 꼭 필요한 연구서나 자료는 관저로 옮겨 두었지만, 무겁고 덩치가 있는 전집이나 사전류는 대부분 서재에 남겨 두었다. 서재에 들어서자마자 이토 씨는 눈을 반짝였다.

"대단해요, 이렇게 자료가…… 와아, 아르키메데스 전집이 정말 한 권도 빠짐없이 다 있네요! 옥스퍼드 전집도, 대영박물관 전집도!"

벽 한쪽을 가득 메운 서가로 달려간 이토 씨는 한쪽 구석에서부터 책을 뽑아 펼쳐 보기 시작했다. 그리고 그곳이 내 서재라는 사실을 까맣게 망각한 것처럼 몰두해서 페이지를 넘겼다.

그녀가 연구소에 새로 들어왔을 때 소장에게 들은 이야기가 있다. 이토 씨는 홋카이도 출신이며 홋카이도대학에서 조류생태학을 전공했다. 대단한 수재이며 학술지에도 매우 독창적인 논문을 발표하여 '북쪽에 이토 루이라는 재원이 있다'고 학회에서도 소문이 났다고 한다. 그러나 가정 사정으로 연구를 계속할 수 없어 한때 도쿄에 있는 제약회사에 취직했다. 하지만 그 재능이 묻히는 걸 안타까워한 소장이 우리 연구소에 결원이 생기자 어떻게든 그녀를 영입하려 뛰어다녔고, 마침내 우리 연구소의 연구원이 되었다. 그런 사정도 있어서 이토 씨는 소장에게 특별한 은혜를 느끼는 듯했고, 소장도 딸처럼 총애하고 있다.

각종 자료에 열중하느라 이토 씨는 원래 목적인 신천옹 페이지 스캔도 망각한 듯했다. 자기 연구와 관련 있는 진기한 책을 발견하면 모든 걸 잊고 열중해 버리는 연구자의 심정은 너무나 잘 안다. 잠시 그대로 놔두는 편이 좋겠다 생각하고 나는 서재를 나왔다. 주방으로 가서 허브티라도 타려고 식기 선반에서 포트를 꺼내는데 상의 안주머니에서 스마트폰이 진동했다.

이런, 후지노미야 씨다. 암담한 기분으로 통화 버튼을 누르며 나는 "아, 예, 미안합니다"라고 사과부터 했다.

"GPS로 보시는 대로 지금 집에 와 있어요. 연구소 업무에 필요한 자료가 있어서."

"업무 시간에 댁에 들리시다니, 처음 듣는군요." 감시원 나리의 가시 돋친 목소리가 돌아왔다.

"그런 일이 있었으면 왜 아침에 일정을 상의할 때 말씀하시지 않으셨죠?"

"아뇨, 그게, 저어⋯⋯." 나는 말을 더듬었다. "소장이 찾는 자료가 내 서재에 있다는 걸 조금 전에 알았기 때문에⋯⋯ 그걸 가지러 온 겁니다."

"혼자세요?" 더욱 가시 돋친 목소리가 되어 후지노미야 씨가 물었다.

"아, 그럼요. 호, 혼자 왔죠. 근무 시간이니까." 냉큼 그렇게 대답하고 말았다. 이건 마치 외도 현장을 들켜서 변명하는 사람 같다.

"그렇다면 됐어요."

후지노미야 씨는 그렇게 말하면서도 영 납득하지 못한 듯했다.

"볼일이 있어 댁에 들르는 것까지 못하게 할 수는 없으니까요. 볼일 끝나면 다른 데로 새지 말고 곧장 연구소로 돌아가 주세요.

아시겠죠?"

"예." 나는 풀이 죽은 목소리로 말했다. "미안합니다."

"사과하실 일은 아닙니다." 후지노미야 씨는 부드러워진 투로 말했다. 이 말이라면 얼마 전 린코도 했었는데, 라는 생각이 문득 스쳤다. '미안'이란 말은 쉽게 하지 말아 줘. 그녀는 그렇게 말했다. 전에 들어 본 적이 없는 냉랭한 목소리로.

"그런데 히요리 씨가 말씀하신 남성 히요러 말인데요…… 뭐라고 하셨더라, 형사 콜럼버스를 닮았다고 하셨던가요?"

"형사 콜롬보입니다." 나는 재빨리 정정해 주었다. "그게 왜요?"

"그 말씀이 마음에 걸려서 알아보았는데…… 아무래도 총리 주변을 캐고 다니는 프리랜서 정치 저널리스트 같아요. 아베라는 자인데, 요네자와 내각이 해산한 직후부터 총리님이 하라 씨와 연립을 구성할 거라 예측하고 일찌감치 독자적으로 움직이며 주간지에 정보를 팔고 있는 것 같습니다."

프리랜서 정치 저널리스트. 듣고 보니 형사가 아니라면 프리랜서 정치 저널리스트 말고는 생각할 수 없는 풍모였던 듯하다. 그런데도 남성 히요러 같다고 한가로운 생각이나 하고 있던(게다가 솔직히 조금 기분도 좋았다) 내가 몹시 부끄러웠다.

더 많이 알려 주면 내가 겁을 먹어 역효과가 날지도 모른다고 생각했는지 "그럼 그렇게 아시고. 퇴근 시간에 평소처럼 모시러 가겠습니다" 하며 후지노미야 씨는 선선히 마무리 짓고 전화를 끊었다.

이제 허브티 생각이 싹 가신 나는 무거운 걸음으로 서재로 향했다. 노크를 하고 문을 열자 이토 씨는 핸디스캐너로 그 도감을 펴놓고 스캔을 하는 중이었다.

"아, 죄송해요. 저도 모르게 엉뚱한 책에 정신이 팔려서. 멋대로 어지럽혀 놓았네요."

미안한 표정으로 이토 씨가 말했다.

나는 괜찮다고 말하면서도 "너무 길어지면 오후 업무에도 지장이 있을 테니 슬슬 돌아갈까요" 하고 재촉했다.

"네." 이토 씨는 스캐너를 토트백에 넣고, "이거, 멋진 사진이네요" 하며 책상 위에 둔 액자를 가리켰다.

액자에는 나와 린코가 나란히 찍은 사진이 들어 있었다. 린코는 의자에 앉고 나는 옆에 서 있다. 긴장한 자세로 어색한 웃음을 짓는 슈트 차림의 나와 봄바람처럼 따뜻하고 상쾌한 미소를 짓고 있는 세련된 원피스 차림의 린코. 린코가 앉은 의자 등받이에 내 왼손이 어색하게 놓여 있고, 린코는 등을 곧게 편 채로 날씬한 두 다리를 보기 좋게 모으고 있다. 내 모습은 그저 그래도 린코는 흰 백합처럼 고상하다. 내가 가장 아끼는 사진이다.

"아, 이거." 나는 쓴웃음을 지었다. "결혼할 때 기념사진으로 찍은 겁니다."

"아, 정말요?" 이토 씨는 놀라서 저도 모르게 액자에 얼굴을 가까이 기울였다.

"세상에! 소린이 평범한 원피스를 입었네요. 웨딩드레스가 아니라."

"우리는 결혼식도 피로연도 생략했으니까요. 그 사람이 화려한 걸 별로 좋아하지 않아서."

세상에, 하며 이토 씨는 또 감탄했다. 방금 전까지 보여 준 연구자다운 모습은 어디로 사라지고 전형적인 일반인으로 돌아와 있었다.

"소마 가의 자제와 결혼하면서 화려한 걸 싫어하다니…… 그럴 수도 있나요? 웨딩드레스는 여자에게 일생일대의 꿈이에요. 소마 씨와 결혼하면 아무리 화려한 드레스라도 입을 수 있었을 텐데……."

다소 흥분한 얼굴로 말하던 이토 씨가 갑자기 입을 다물더니 어깨를 떨어뜨리고 긴 한숨을 지었다.

"그래요…… 나 지금, 어쩐지 소린의 심정을 알 것 같아요."

그녀는 그렇게 중얼거리고 히쭉 웃었다. 그렇다, 히쭉. 그렇게밖에 표현할 수 없는 웃음이었다.

응? 나는 고개를 갸웃거렸다. "그거, 무슨 말이죠?"

"아뇨, 그냥." 이토 씨는 후후후, 웃었다. "됐어요, 소마 씨는 모르는 게 나아요. 그게 더 행복하죠."

의미심장한 말을 남기고 느린 말투로,

"아아. 소린이 부럽네요."

그렇게 말했다. 뭐가요? 하고 내가 물어 주기를 바라는 듯한 기색이었다. 그녀의 마음은 알 수 없지만 일단 지금은 물어봐 주는 편이 좋을 것 같았다.

"뭐가요? 뭐가 부럽다는 거죠?"

"그야……," 이토 씨는 가만히 한숨을 지었다.

"미인이고, 머리도 좋고, 소마 씨 같은 멋진 신랑도 만나고…… 더구나 총리잖아요. 일본의 톱, 초일류 셀럽이죠. 황실 분들도 만나고 각국 정상과 연예인도 마음대로 만날 텐데. 그렇죠?"

"아니, 그건……," 이토 씨의 일방적인 생각에 나는 동의할 수 없었다. "그건, 아니죠. 황실 분들이나 각국 정상이나 연예인을, 총리라고는 하지만 마음대로 만난다는 건……,"

"하지만 미인 맞잖아요. 머리도 좋잖아요. 게다가 소마 씨 같은 멋진 신랑이 있잖아요. 엄청난 부자."

나는 말문이 막히고 말았다. 소마 씨 같은…… 신랑. 그런데 '멋진'이란 형용이 아니라 '엄청난 부자'라는 형용에 더 무게가 실렸음을 느낄 수 있었다.

소마 내각 출범 직후에 법 규정에 따라 각료들의 재산이 공개되었는데, 린코가 역대 총리 가운데서도 두드러지게 '가진 총리'라는 사실이 밝혀졌다. 남편인 나의 재산이 포함되어 버린 탓이다. 고코쿠지 자택, 가루이자와 별장, 소마글로벌 주식, 언젠가 본의 아니게 갖게 된 명문 골프장 회원권…… '실은 다 남편 재산입니다'라고 관저에서 굳이 발표했을 정도였다. 법 규정에 따른 거라고 하지만 재산 공개가 린코의 인기에 찬물을 끼얹지 않을까 직진당 간부들도 안절부절못했다.

'가진 사람'을 시샘하는 것은 인지상정이다. 총리는 '가진 사람' 정도가 아니라 '지나치게 가진 사람'이다. 재능, 미모, 그리고 재산(을 가진 남편). 부럽다고 하는 것은 그나마 나은 편이다. 그것이 어느새 시샘이라는 감정으로 변했을 때 소마 내각의 지지율이 뚝 떨어지지 않을까.

"저 같은 건 가난한 집에서 자라서…… 솔직히 소린의 행복이 너무나 눈부셔요. 요즘은 텔레비전 중계도 더 이상 보고 있기 힘들 정도예요."

기분 탓인지 이토 씨는 어깨를 떨어뜨리며 말했다. 그리고 어쩌다 그렇게 되었는지 모르지만 자기 이야기를 들려주기 시작했다.

이토 씨는 홋카이도 구시로 시에서 태어났다. 다섯 살 때 어부였던 아버지가 불귀의 객이 되었다. 사나운 파도에 배가 뒤집혀 행방불명되었다고 한다. 그 뒤 어머니가 혼자서 이토 씨와 두 살 아래 여동생을 키웠다.

집이 가난해서 게임기도 없고 친구도 별로 없었다. 어린 이토 씨에게 버팀목이 되어 준 것이 새 관찰이었다. 집 뒤쪽 숲에 찾아오는 들새와 마음으로 대화하다 보니 어느새 새와 이야기를 할 수 있을 것 같은 기분이 들어 본격적으로 관찰하게 되었다. 성적은 늘 전교 1등이었지만, 그게 질투를 불러 왕따도 당했다.

어려운 상황에서도 공부를 게을리하지 않아 홋카이도대학에 입학할 수 있었다. 대학에서는 장학금을 받으며 연구를 계속했다. 그러나 고교를 졸업하고 취직한 동생이 자기도 대학에 가고 싶다고 해서, 동생의 학비를 벌기 위해 도쿄로 올라가 회사에 취직했다고 한다. 그 뒤 도쿠다 소장의 눈에 들어 우리 연구소 연구원이 될 수 있었지만, 급료를 거의 다 본가에 부쳐주고 있는 듯하다.

여동생은 대학을 졸업하고 고향에서 결혼했지만, 남편이 사업에 실패하여 막대한 빚을 갚아야 했다. 동생 부부가 진 빚의 상환을 이토 씨가 내내 지원해 왔는데, 이번에는 어머니가 중병에 걸려 삿포로의 병원에 입원했다고 한다.

그렇게 부쳐 주는 급료도 임시방편일 뿐이었다고 이토 씨는 힘없이 말했다. 그 대목까지 이야기했을 때는 거의 울음 섞인 목소리가 되어 있었다.

"여기까지 말했으니 그냥 다 말씀드릴게요."

코끝이 빨개진 이토 씨는 꺼져가는 목소리로 말했다.

"저는, 더 이상 연구를 계속할 수 없을지도 모르겠어요."

"네? 왜, 왜요?" 내가 초조해져서 물었다.

"왜냐하면, 연구소 급료로는, 도저히 가족을 부양할 수 없고…… 돈을 더 많이 벌려면…….."

이토 씨는 젖은 눈으로 나를 쳐다보았다.

내 가슴이 다시 벌렁거렸다. 이번에는 굉장한 박동소리가 온몸에 울려 퍼졌다.

이 판국에 가슴이 이렇게 요란하게 뛰다니. 안 돼. 하지만 이토 씨의 눈물 젖은 눈동자는 도저히 외면하기 힘들었다.

"소마 씨. 저…… 저는……,"

샘물 같은 눈동자를 나에게 향한 채 이토 씨가 나에게 한 걸음, 또 한 걸음 다가섰다.

당황한 나는 굳어서…….

그때 상의 안주머니에서 스마트폰이 부르르 떨었다.

깜짝 놀라 스마트폰을 꺼내 통화 버튼을 누르는 동시에 "예예, 예! 지금 막 출발하는 참입니다!"라고 외치고 바로 끊었다. 이토 씨가 놀라서 눈을 동그랗게 뜨더니 "……누구죠?" 하고 물었다.

"직진당 홍보 담당자입니다. 나를 통근시켜 주는…….."

"아아." 이토 씨는 갑자기 목소리 톤을 떨어뜨리며 말했다. "그 여자분 말이군요."

"아무튼, 그만 갑시다. 지금 택시를 부를 테니까." 나는 이마에 밴 땀을 손등으로 훔치고 얼른 택시 회사에 전화를 걸었다.

꼼짝없이 사고를 칠 뻔했다. 하지만 나와 이토 씨가 하는 양을 감시 카메라로 다 지켜보기라도 한 것처럼 절묘한 순간에 후지노 미야 씨가 전화를 걸어주었다.

나와 이토 씨는 저택 앞에 도착한 택시에 올라탔다. 도어가 쿵 닫히는 순간 이토 씨가 불쑥 내 어깨에 머리를 기대며 속삭였다.

"……죄송해요."

"아, 아뇨……." 나는 작은 소리로 헛기침을 하며 말했다.

"······사과할 일 아닙니다."

그녀는 내 어깨에 머리를 기댄 채 눈물을 뚝뚝 흘렸다. 그동안 참고 있던 것이 갑자기 터졌다는 느낌이다. 나는 어떻게 해야 할지 몰라 흠칫거리고만 있었다.

"저어, 손님······." 택시기사가 조심스러운 목소리로 백미러를 들여다보며 물었다. "경황 중에 죄송합니다만······ 어디로 모실까요?"

나는 황망히 목적지를 고했다. 그제야 택시가 달리기 시작했다. 그 순간 어디서 본 듯한 얼굴이 차창 밖을 획 스쳤다. 꾸깃꾸깃한 코트가 옛 드라마에 등장하는 형사 같았다.

10

20××년 12월 15일 맑음

린코가 총리에 취임하고 처음 맞은 임시국회가 12월 중순에 끝났다.

다가오는 1월의 정기국회에서 내년도 예산안을 통과시키고, 그리고 마침내 소비세율 인상 법안을 통과시키는 것이 린코가 당면한 가장 중요한 과제였다.

국가 부도라는 최악의 시나리오도 이제는 현실성 있게 보일 만큼 일본의 재정은 궁지에 몰려 있었다. 21세기가 되고 나서 유럽발 세계공황이 일어난 것도 G니 P니 S니 하는 국가들이 파산 위기에 몰린 것이 계기였다. 일본도 그 영향을 받은 데다 하필 그때 대지진과 원전 사고까지 일어나, 복구예산 확보를 위한 증세 등 국민에게 무거운 부담이 부과되는 시기가 한동안 계속되었다. 그 뒤 소득격차가 점점 벌어져, 일하고 싶어도 일자리가 없는 사람들, 수입이 적어 결혼을 포기한 젊은이, 일하기 위해 출산을 포기하는 부부 등은 이제 단골로 제기되는 사회문제였다. 악순환이라는 것이 이렇게 생겨나는구나, 라고 초등학생이라도 알 수 있을 만큼 분명하게 보이는 소용돌이가 이 나라를 완전히 피폐하게 만들고 말았다.

그런 상황에서 국민의 기대를 한 몸에 받으며 탄생한 소마 내각. 린코와 하라 구로는 서로 대립하는 정당에 속해 있었지만, 가장 시급한 일은 세제의 근본적 개혁이라는 점에서 의견이 일치했다. 하지만 얇고 넓게(그래서 빠져나가는 사람이 없도록) 과세하자는 소비세 세율 추가 인상안에 야당은 강력한 반대로 돌아섰다. 국민도 반길 리 없었다. 그래서 하라 씨는 린코를 전면에 내세웠던 것이다.

여당이던 민권당 내에서 반기를 든 하라 씨는 연립정권이 출범하면 총리가 되리라 짐작되던 인물이다. 린코에게는 있지만 그에게는 없는 것이라면 여러 가지가 있겠으나, 그에게는 있지만 린코에게는 없는 것도 있었다. 정치적 수완, 정재계의 인맥, 정치와 언론의 뒷사정에 밝은 정보력 등등. 오랜 기간 계속된 민권당 정권 아래 '린코에게는 없는' 것을 가진 하라 씨와 같은 부류의 정치가들은 당연하다는 듯 권세나 세력을 제멋대로 부렸다. 린코는 그것이 싫었다. 물론 하라 구로에 대해서도 특별히 좋게 보았을 리 없다. 정확히 말하면 싫어했을 것이다. 하지만 린코는 자신이 꿈꾸는 정치를 위해 과감하게 하라 씨를 이용했다. 즉 흔히 볼 수 있는 일이지만, 정치 수완이 있는 하라 구로를 '뒷배'로 삼는 것이 득책이라고 생각했으리라.

소마 린코와 하라 구로. 얼핏 대립하는 듯 보이는 두 사람이 손을 잡았기 때문에 연립정권이 출범할 수 있었다. 그리고 정국은 가장 어려운 국면을 앞두고 있었다.

사흘 전, 나는 연구소 동료 이토 루이 씨와 함께 고코쿠지의 자택에 갔다. 소장의 학회 발표를 위한 자료를 준비하던 이토 씨가 우리 집에 있는 희귀본을 스캔하게 해 달라고 부탁해서였다. 물론 거절할 이유가 없었다. 귀여운 새끼 문어 모양 소시지가 든 도시락까지 만들어 준…… 아니, 그게 아니라 소장의 학회 발표에 필요하다면 스캔쯤은 아무것도 아니었다. 그런 연유로 우리는 잠시 집에서 시간을 보냈다. 물론 뒤가 켕기는 일은 없었다. 전혀 없었지만, 아무한테도 그 일을 말하지 않았다.

후지노미야 씨에게 말하면 꼬치꼬치 캐물을 게 뻔하고, 한창 바쁜 린코에게 굳이 말해야 할 만큼 중요한 일도 아니었다. 꼭 누구에게 '보고'할 일도 아니잖아, 라고 생각했던 것이다. 그러면서도 어딘지 '켕기는' 구석이 있다는 점도 부정할 수 없었다.

집을 나서기 직전에 이토 씨의 개인적인 사정을 듣고 만 것, 그녀가 불쑥 드러낸 평소에는 보지 못한 얼굴, 돌아가는 택시에서 내 어깨에 머리를 기대고 눈물을 펑펑 쏟은 일——그런 일련의 전개들이 정체 모를 마물처럼 나를 번민으로 몰아넣었다.

아무 일도 없었는데. 그런데 이 찝찝한 기분은 뭘까. 돌이킬 수 없는 짓을 저지른 것처럼 뒤가 켕기는…….

그런데 나를 그렇게 번민하게 만든 장본인 이토 씨는 그날 택시를 타고 연구소에 돌아오자 더없이 말짱해져서 원래대로 명랑한 사람으로 돌아갔다. "죄송해요, 제가 자료를 구하러 소마 씨와 외출하는 바람에 업무가 많아지셨죠" 하고 방긋방긋 웃으며 선배들에게 인사했다.

"어디 갔었어? 외출 보드에도 행선지가 안 적혀 있던데……."

동료 하타가야 씨가 묻자 "네, 어딜 좀" 하며 그녀는 말끝을 흐렸다. 그러고는 나에게 힐끗 눈짓을 보냈다. 말하지 말아 주세요, 하고 다짐을 놓는 듯한 눈초리였다.

이후로 사흘 동안 이토 씨는 전혀 아무 일도 없었던 것처럼 행동했다. 정작 이쪽은 "직장을 그만둬야 할지도 몰라요"라는 한 마디와 함께 그녀가 흘린 눈물의 이유가 마음에 걸려 번민하고 있는데.

때문에 복도에서 마주치면 묘하게 바짝 긴장하고 회의시간에 우연히 눈길이 마주치면 황급히 눈길을 피하기에 급급했다. 이래서야 내가 같은 반의 퀸카 여학생을 짝사랑하는 중학생 같지 않은가, 하며 한심하게 생각하고 있는데, 점심시간에 이토 씨가 먼저 말을 걸었다.

"저어…… 소마 씨, 이번 토요일에 무슨 계획 있으세요?"

다시 기습을 당한 나는 또 필요 이상으로 당황했다.

"네? 아, 그게, 저어…… 아마, 뭔가 있을지도."

"뭔가 있다면…… 어떤 거죠? 소린과 외출하시나요?"

"예, 뭐. 아마도……."

이토 씨는 의미심장하게 작은 한숨을 흘렸다.

"그러세요? 하긴 연말이니까요. 역시 부부 동반으로 외출하시는군요."

외출한다고 해도 연말연시에 쓸 물건을 주문하러 백화점에 가는 정도가 아닐까.

"저어…… 아직 계획이 없다면, 왜요?"

그렇게 물어봐 주었으면 하는 모습이기에——아니, 실제로 궁금해서 물어보았다. 이토 씨는 어깨를 으쓱하며 대답했다.

"요전에 얼핏 말씀드리다 만 이야기. 혹시 괜찮으시면, 상담을 청할 수 있을까 해서요."

가정 사정으로 연구소를 그만두어야 할지 모른다는 이야기. 자기 앞날에 대하여 "소마 씨 말고는 상담할 만한 사람이 없어서……"라고 한다.

그 말에 내 마음이 휘청였다.

역시 이토 씨의 고민은 진짜인 듯했다. 눈물을 쏟을 정도라면 필시 힘겨운 궁지에 몰린 게 틀림없다.

"아, 그러면 어떻게든 시간을 내 볼게요."

나는 휘청 기울어버린 기분에 그만 고개를 끄덕이고 말았다.

"스케줄을 확인해 보기 전에는 확실히 말씀드릴 수 없지만……."

"정말이세요?" 이토 씨는 나에게 와락 뛰어들 것처럼 흥분하며 말했다.

"다행이네요. 소마 씨와 상담할 수 있었으면, 하고 내내 생각했거든요. 감사합니다."

"아니, 저어…… 아직, 확실한 건 아닌데……."

"저, 기다릴게요. 만나 뵐 수 있을 때까지 계속 기다릴게요. 시간은 몇 시 정도가 좋을까요? 1시? 장소는 어디가 좋을까요? 그 저택이 좋으시면 제가 그리로 갈게요. 대문 앞에서 기다리면 되나요?"

"아니, 저어, 그건 좀, 곤란……."

"알겠어요. 그렇게 하죠. 그럼 댁에 도착하는 대로 문자 보낼게요. 1시예요. 됐다, 됐어. 그럼 점심 먹고 오겠습니다~."

이토 씨는 손을 흔들고 씩씩하게 점심을 먹으러 나가 버렸다.

평소처럼 후지노미야 씨와 함께 차를 타고 연구소에서 관저로 퇴근했다.

승용차로 퇴근하는 동안에는 내일 이후의 스케줄을 확인하는 시간을 가진다. 그날도 나는 후지노미야 씨에게 일정을 상세하게 통보받았다.

나의 평소 일상은 참으로 덤덤해서, 연구소와 관저를 출퇴근하는 것이 전부이다. 나머지는 대개 공무라고 부르는 일이다. 총리 린코와 함께 국빈 환영 모임에 참석하고, 우호국을 공식 방문하고, 주요한 국제회의가 열리는 국가를 방문한다. 원래 후지노미야 씨는 내가 최대한 린코와 동반하기를 바랐지만, 나도 나름대로 직장인이므로 모든 행사에 참석할 수는 없었다. 그래서 린코와 내각부가, 혹은 후지노미야 씨와 총무성 및 외무성이 잘 협의해서 내가 동반할지 말지를 결정하기로 했다. 가고 싶다거나 갈 수 없다거나 하는 나의 의견은 거의 반영되지 않고 모든 것이 일방적으로 결정된다.

주말은 기본적으로 쉬는 날이지만 린코는 사정이 그렇지 못하다. 토요일을 이용하여 국제회의에 참석할 때도 있고 정재계 요인과 회식을 하거나 정부나 당 관계자가 관저를 찾아와 논의를 해야 할 때도 있다. 그녀의 일상을 보고 있으면 총리란 자리는 매우 건강하고 일을 좋아하는 사람이 아니면 감당할 수 없겠다는 생각이 든다. 잠깐이라도 나태해지는 사람에게는 결코 어울리지 않는다. 아아, 쉬고 싶네, 라고 한가롭게 생각할 틈도 아마 없을 것이다. 린코는 원래 워커홀릭 성향이 있었고, 뭔가를 결정하면 주도면밀하게 해내는 타입이다. 요즘은 자기 시간의 거의 전부를 업무에 쓰고 있다. 그러면서도 전혀 지친 기색을 보이지 않는다. 오히려 '궤도에 올랐다'는 인상이다.

그런 형편이라 주말에 공무를 젖혀 두고 부부가 나란히 외출하는 일은 전혀 없다. 이번 주말에는 내가 동행하는 공무가 예정되어 있다고 들은 바가 없었으므로 어쩌면 이토 씨의 상담 요청에 응할 수 있을지도 모른다. 일단 나는 그렇게 생각했는데.

"이번 토요일 말인데요" 하며 스마트폰을 만지작거리며 후지노미야 씨가 말했다.

"갑자기 일정이 생겼습니다. 총리께서 연말에 시내를 시찰하게 되었는데 히요리 씨도 동행하셔야겠습니다. 장소는 가메아리 역전 상가, 가와사키 역전 슈퍼마켓 '니치조', 요코하마의 주점 '욧테케'입니다. 동행할 분들은 오가와 경산대신, 오야마 비서관, 시마자키 비서관⋯⋯."

"자, 잠깐만요." 나는 당황해서 후지노미야 씨의 말을 막았다.

"토요일입니까? 이번 주?"

"네, 그렇습니다. 이번 주 토요일." 후지노미야 씨는 다른 때보다 더 냉랭하게 물었다. "무슨 볼일이라도?"

"볼일이랄까, 저어⋯⋯ 직장 동료들과 소소한 모임이 있어서." 거짓은 아니지 않냐고 마음을 다잡으며 나는 말했다. "그 시찰, 꼭 나도 참석해야 하나요?"

"당연하죠." 쓸데없는 소리 말라는 듯이 후지노미야 씨가 단언했다.

"린코 씨가 총리가 되고 처음으로 시내 거리로 나가시는 겁니다. 당연히 히요러들도 오겠죠. 소마 총리 부부, 연말을 맞아 나란히 시내에 외출. 월요일 아침 텔레비전 와이드쇼는 이 소재로 도배가 될 겁니다."

최근 항간에 만연한 불경기 뉴스를 불식하려는 의도도 있다. 연말을 맞아 북적거리는 시내에 총리가 나타나 쇼핑도 하고 젊은 이들과 술잔도 기울이며 활기찬 분위기를 연출한다. 내년 정기국회를 앞두고 총리가 얼마나 인기 있는지를 국민에게 확실히 각인시켜 두는 것이 목적이라고 후지노미야 씨는 열띠게 말했다.

"그런데 만약 총리가 혼자라면, 어? 주말에 외출하는데 남편이 안 보이네? 그럼 부부 사이가 틀어졌다느니 온갖 억측이 난무하겠죠. 직장 모임도 중요하지만 지금은 '비상사태'니까 양해해 주세요."

일방적으로 말하고 후지노미야 씨는 이야기를 끝내 버렸다.

아내가 총리라는 현실이야말로 내 인생의 비상사태다. 더욱 비정한 점은 이 사태가 한동안 계속되리라는 건데.

그럼 이토 씨에게는 어떻게 이 비보를 전하나? 몹시 실망하겠지. 어쩌면 또 울음을 터뜨릴지 몰라…….

관저에 도착하고 나서도 나는 안절부절못했다. 그러나 공무라고 하니 어쩌겠나, 아마 이토 씨도 이해해 주겠지, 생각하며 관저 가정부가 조리해 둔 저녁 식사를 식당에서 혼자 앉아 우물우물 먹었다.

도무지 입맛이 날 리 없는 이런 저녁 식사는 린코가 총리로 있는 한 계속될 것이다. 대체 그 기간은 얼마나 될까.

어쩌면 내년 정기국회에서 소비세율 추가 인상 법안이 가결되기 전에 야당의 반발이 거세어지거나 소마 내각 지지율이 폭락한다면 국민에게 신임을 묻기 위해 국회 해산·총선거로 국면이 바뀌지 않을까? 그래, 그것도 충분히 가능한 시나리오다.

국민이 소비세율 인상과 미인 총리를 저울질하다가 제아무리 미인 총리라도 소비세 인상은 싫다고 결정한다면 소마 내각은 그것으로 끝이다.

그럼 린코는 훌훌 털고 원래대로 직진당 당수, 일개 국회의원으로 돌아가, 나와 함께 매주 한 번쯤은 식사도 하고 개인적인 일로 외출도 할 수 있게 되리라.

그러나, 나는 그것으로 만족을 얻는다고 해도——이 나라는, 어떻게 될까.

총선거에 패하여 린코가 총리 자리에서 물러나면 소비세율 유지를 주장하는 민권당이 다시 정권을 잡겠지. 감히 큰소리로 주장하지는 않아도 그들은 원전 유지를 은밀히 추진해 왔으므로 현 정권이 탈 원전 노선으로 가닥을 잡았던 에너지 정책도 다시 '원전 마피아' 의원들이 주도하여 도로아미타불로 만들겠지. 타임머신을 탄 것처럼 올여름 이전 상황으로 돌아가겠지. 이 나라는 더는 손쓸 방법도 없이 재정난에 빠진 난파선이 되어 조만간 침몰하겠지.

"아냐. 그건 절대로 안 돼."

젓가락을 쥔 채 나도 모르게 소리쳤다. 아무리 평화로운 식탁을 아내와 함께하고 싶더라도 나라가 침몰한다면 모든 게 끝장 아닌가.

그때 식탁에 놓아 둔 스마트폰이 진동했다. 낯선 번호가 뜬다. 의아해하며 받았다. "예, 여보세요."

"소마 히요리 씨죠?"

묵직한 목소리. 들어 본 적이 있다. "그렇습니다만?"

"불쑥 전화해서 미안합니다. 하라입니다. 하라 구로."

너무 놀라 스마트폰을 떨어뜨릴 뻔했다. 나의 반응을 지켜보는 것처럼 스마트폰 저쪽에서 하라 씨가 낮은 목소리로 웃었다.

"놀라게 해서 미안합니다. 잠깐 상의할 일이 있어서요. 지금 근처 호텔 바에서 만날 수 있을까요? ……흐음, 관저 옆에 있는 그 호텔 말입니다. 아니, 오래 걸리진 않을 겁니다. 다만 워낙 급한 일이라서. ……아무튼 기다리고 있겠습니다. 자세한 말씀은 만나서 드리는 걸로."

예상치 못한 호출이다.

말하기가 조금 쑥스럽지만 나는 유치원부터 대학까지 교사 말을 잘 듣는 학생이어서 한 번도 호출을 당한 적이 없다. 그런데 이 나이에 호출을 당하다니. 더구나 정계의 실력자에게.

린코가 돌아오려면 아직 한두 시간 남았다. 관저로 퇴근하면 그 이후에는 GPS 추적을 하지 않기로 약속되어 있으므로 후지노미야 씨가 연락해 올 일도 없다. 아무도 간섭하지 않는 빈 시간대를 노린 것처럼 나를 불러낸 하라 구로.

관저에 근무하는 보안 요원에게 "요 옆 호텔에서 친구를 만나고 오겠습니다"라고 말해 두고 거리로 나섰다. 모자와 안경을 쓰고 머플러로 얼굴을 가리고 구부정한 자세로 들어서는 나를 보며 하라 씨는 웃었다.

"아이구, 이런. 소마 가 분답지 않게 꽤 숙달된 변장 솜씨군요. 감탄했습니다."

"늘 주위를 조심하라고 후지노미야 씨가——직진당 홍보 담당입니다만, 귀에 못이 박이게 말해서요."

김으로 흐릿해진 안경을 벗으며 나도 쓴웃음을 지었다. 하라 씨는 비서도 없이 호텔 바의 구석진 개인실에서 혼자 나를 기다리고 있었다.

"당연히 그래야죠. 이제 국민적 인기를 누리는 총리의 부군이시니까. 그리고 소마글로벌의 이사이기도 하고 주요 주주 가운데 한 분이시니……."

의미심장한 말을 하며 호박색 글라스를 쨍강 울린다. "위스키입니까?" 하고 묻자 "우롱차예요"라는 대답이 돌아왔다. 그래, 이 사람은 의외로 술을 못하지……하며, 전에 함께 식사할 때 보았던 우유병 밑바닥 같은 안경을 쓴 얼굴이 문득 떠올라 하마터면 웃을 뻔했지만,

"상의할 일이라니, 뭔가요?"

애써 진지한 표정을 꾸미며 대뜸 물었다. 린코가 돌아오기 전에 관저에 돌아가 있어야 한다. 한가롭게 웃고 있을 시간이 없다.

하라 씨는 우롱차 잔을 천천히 흔들다가 다른 손으로 사진이 출력된 종이 한 장을 꺼내 말없이 테이블 위에 놓았다. 그 사진을 보자 숨이 턱 막혔다.

택시 안에서 얼굴을 맞댄 남녀의 모습. 남자는 가볍게 헛기침을 하는지 한손을 입에 대고 있다. 여자는 남자 어깨에 머리를 기댄 채 눈물을 줄줄 흘리고…….

"……이건?!"

나도 모르게 소리치며 사진을 양손으로 잡았다. 위에서 보나

밑에서 보나 앞에서 보나 뒤에서 보나, 어느 쪽에서 봐도 그건 '그 날'의 나와 이토 루이였다.

"너, 너무 또렷하잖아요, 이거!? 이야, 이거, CG 아닙니까!?"

"뭐 요즘 디지털카메라 성능이 워낙 좋으니까요."

안달하는 나와는 대조적으로 하라 씨는 침착하기 짝이 없다.

"주변을 조심하라는 게 이런 걸 두고 하는 말 아니겠습니까?"

나는 어깨를 툭 떨어뜨렸다. 과연 그대로였다.

"이 여자는 누굽니까?" 경찰이 심문하듯 사무적인 목소리로 하라 씨가 물었다. "선생 댁을 나와서 택시에 탄 직후인 듯한 데…….."

"직장 동료입니다." 나는 체념하고 솔직하게 대답했다.

"내 집에 있는 조류도감의 한 페이지를 스캔하게 해 달라고 부탁해서…… 소장이 학회에 발표할 논문에 필요한 자료여서 조금 급했습니다. 한 시간 정도 내 서재에서 작업을 하고 연구소로 돌아갔습니다. 그뿐입니다."

"그뿐?" 하라 씨의 눈 아래 피부가 움찔거렸다. "자료 페이지를 스캔하고 나왔는데, 왜 울고 있는 거죠?"

대답할 말이 궁했다. 듣고 보니 그랬다. 이상하지 않은가, 아무리 생각해도. 신천옹 페이지를 스캔하고 나왔는데 왜 울어야 한단 말인가.

"뭐 좋습니다. 남자인데 외도도 한 번쯤 할 수 있는 거죠. 문제는 선생이 일반 시민이 아니라 '총리의 남편'이라는 겁니다."

총리의 남편이라는 것.

'외도'라는 단언보다 그 한 마디가 더 무겁게 나를 엄습했다. 나는 당장 반론하고 싶은 것을 간신히 참고 조심스레 물었다.

"그러니까, 이 사진을 공개해서 린코를 음해하려는 자가 있다, 이런 건가요?"

"그렇습니다." 하라 씨가 간결하게 대답했다.

그놈이다, 하며 나의 뇌리에 떠오른 인물이 있었다. 곱슬머리, 면도 자국 선명한 턱, 구겨진 코트…….

"……콜롬보로군요?" 하고 말하자,

"아뇨, 아베라는 일본 사람입니다." 하라 씨가 차분하게 대답했다.

아베 히사시. 예전에 수상의 정치자금 비리를 폭로하여 퇴진의 계기를 만들었다는 실력 있는 프리랜서 저널리스트라고 한다. 팔릴 만한 소재는 끈질기게 추적한다. 후지노미야 씨가 말한 대로 린코와 하라 구로의 연립정권이 들어서리라는 것을 누구보다 일찍 예측한 사람이기도 하다.

"내가 전부터 잘 아는 자입니다. 정치가와 저널리스트는 서로 노려보지 않고서는 일이 되지 않는 사이니까요. 자기에게 유리하게 상대방을 이용하죠. 나 역시 쓰러뜨리고 싶은 정적이 있으면 그자에게 부탁할 때도 있고……."

나는 목울대를 꿀꺽 움직였다. 아무래도 이야기가 위태로운 쪽으로 흐르고 있다.

"이번 건은 누구 의뢰를 받은 게 아니라 독자적으로 총리와 당신 주변을 뒤지다가 우연히 사진을 찍었다더군요. 그러니 어디에 팔아넘길까 생각했겠죠. 주간지라면 당연히 좋아하겠지만, 총리 본인의 외도 현장도 아니므로 큰돈이 되지 못할 거다, 팔 거라면 거래 상대를 잘 골라야겠다, 뭐 이렇게 된 겁니다."

나는 다시 한 번 침을 꿀꺽 삼켰다.

"그럼, 하라 선생이, 그자에게 돈을……?"

"그럴 리가요." 하라 씨는 한숨과 함께 쓴웃음을 지었다.

"아무리 나라도 그렇게까지 후하지는 않습니다. 돈은 선생이 지불해야죠, 소마 씨."

아베 히사시가 하라 구로를 통해 나에게 요구한 금액은 1천만 엔이었다. 그 말을 듣고 나는 경악한 표정으로 하라 씨 얼굴을 응시했다.

"이런 걸 자업자득이라고 하는 거겠죠." 쓴웃음을 지으며 하라 씨가 말했다.

"말끔하게 정리해 둬야 합니다. 안 그러면 부인이 앞으로 궁지에 몰립니다. 그건 나로서도 곤란한 일이죠. 최소한 소비세율 인상 법안이 가결될 때까지는 어떻게든 버텨줘야 하니까."

슬쩍 본심을 내비친 흑막이 우롱차 잔을 힘차게 들이켰다.

11

20××년 12월 16일 아침부터 비

관저의 견고한 창문 밖에서는 동이 트면서부터 비가 쏟아지고 있었다.

나는 침대에 누워 1미터쯤 떨어진 옆 침대에서 숨소리를 내며 잠든 아내를 한동안 바라보았다. 린코는 깨어 있을 때는 전투에 임하는 장군처럼 용감하지만 무방비하게 잠든 얼굴은 딱딱한 껍질 틈새로 과육이 엿보이는 리치나무 열매 같다. 살짝 손을 뻗어 쓰다듬고 싶었지만 그녀의 귀중한 휴식을 방해하고 싶지는 않아 그만두었다.

나폴레옹의 수면 시간은 세 시간이고 에디슨은 네 시간을 잤다고, 위인들은 잠을 조금만 잤다고 어릴 때 조부가 가르쳐 주었지만, 린코도 아마 하루 평균 서너 시간밖에 자지 않을 것이다. 나는 오랜 습관대로 밤 11시에는 잠들어서 아침 5시에 일어나는데, 최소한 여섯 시간을 자지 않으면 몸이 버티지 못한다. 린코는 관저에 돌아와서도 업무가 이어지므로 나는 방해가 되지 않으려고 내 방에서 연구서 같은 것을 보다가 11시에 침실에 든다. 린코가 옆 침대에 눕는 시간이면 나는 비 렘수면의 한복판에 있으므로 그게 대체 몇 시인지 알지 못하지만, 아침 5시에 눈을 뜨면 옆 침대에서 쌔근쌔근 잠자는 아내를 발견한다. 아내의 베개 옆에는 스마트폰 두 대, 노트북, 모친인 국제정치학자 고 마토베 유의 저작 한 권이 반드시 놓여 있다. 내 눈에 그것들은 마치 린코라는 성을 지키는 기사들처럼 보인다.

간밤에 나는 좀처럼 잠을 이루지 못하여 린코가 침대에 누울 때도 깨어 있었다. 아마 새벽 3시경이 아니었을까. 잠든 척하며 실눈을 뜨고 그녀를 보니 스마트폰을 들고 손가락을 바삐 놀리는 중이었다. 마침내 그걸 베개 옆에 툭 던져 놓고 이번에는 마토베 유의 『정치는 인간을 행복하게 만들 수 있나——리더 없는 글로벌 사회의 변혁』을 집어 들더니 잠시 가슴에 품었다. 그러고는 그대로 눈을 감았다. 이내 고른 숨소리가 들려왔다.

침대 옆 사이드테이블에 켜 둔 스탠드 조명 속에서 나는 아내의 잠든 얼굴을 들여다보았다.

청초한 잠든 얼굴. 장군의 용맹함은 조금도 없다. 그야말로 잠자는 공주다.

그녀의 얼굴을 만져 본 지도 오래됐다. 얼굴은커녕 관저로 이사하고 나서는 손 한 번 잡아 보지 못했다. 침대가 둘로 나뉜 탓에 동침할 기회도 박탈당한데다 관저 내부는 여기저기 감시 카메라투성이다. 보안 요원이나 비서도 밤새 근무 중이다. 이 저택에 있는 한 린코는 나의 아내이기 전에 일국의 총리다. 가까이 가기도 조심스러운 상황이다.

대관절 역대 총리 부부는 이 답답한 저택에서 어떻게 신체 접촉을 시도했을까, 하며 곰곰이 생각해 보았다. 지금까지는 총리라고 하면 늘 남자였으므로 부인이 당연한 일처럼 자잘한 시중을 들어 주었는지 모른다. 어깨를 주무르고 양말을 벗겨 주고…… 아니지, 그런 부인은 오래전에 멸종했던가. 아무튼 총리가 부인과 함께 침실에 드는 걸 지극히 당연하게 여기지 않았을까.

그런데 우리는 어떤가. 물론 함께(정확히는 내가 먼저) 침실에 드는 건 사실이지만, 뭐랄까, 어쩐지 온 저택 안에, 네? 역시 한 침실에 드시나요? 역시 같이 주무시나요? 라는 듯한 호기심 어린 시선이 감시 카메라 너머에, 혹은 요원들이 있는 방 안에 감돌고 있다는 느낌이다.

그래도 가끔은 부부가 단둘이 정담을 나누고 싶을 때도 있다.

간밤에 나는 마음을 굳게 먹고, 귀가한 린코와 단둘이 대화할 기회를 노렸다. 긴히 할 이야기가 있어서다. 지금 나에게 튀는 불똥에 대하여. 나는 이걸 혼자 떨어낼 용기가 없었던 것이다.

갑자기 나를 호출한 하라 구로가 전해 준 '콜롬보' 아베 아무개라는 자의 요구——.

사진 파일을 주간지 같은 곳에 넘기지 않는 조건으로 1천만 엔만 받을게요. 물론 총리의 스캔들 사진도 아니니까 이것으로 정권이 무너지거나 하지는 않을 겁니다. 하지만 뭐 총리의 청렴결백 이미지에 금이 갈 게 틀림없죠. 업무에 몰두하느라 가정을 등한시한 결과가 남편의 외도라니. 남편 하나 단속하지 못하면서 무슨 정권을 운영한다는 거냐. 역시 여자에게 총리 자리를 맡기는 게 아닌데, 하며 국민들이 한탄하겠지요.

어떻습니까? 아무 일도 없었던 것으로 묻어 두기로 하고 1천만 엔. 당신한테는 푼돈이잖아요?

아니, 아베 씨를 직접 만나 이야기를 나눈 것은 아니다. 하지만 용의주도하게 하라 씨를 통해 들이민 요구에는 정계 뒤 무대라면 훤하다는 자신감과, 빈손으로 물러나지는 않겠다는 집요함이 엿보였다.

지정한 계좌에 입금하세요. 내일부터 정확히 7일 안에 입금이 확인되지 않으면 8일째 되는 날 유력 주간지에 파일을 넘길 겁니다. 입금이 확인되면 파일을 삭제하고 어떤 매체나 인터넷에도 유출하지 않을 겁니다. 저널리스트의 명예를 걸고, 라고 아베 씨는 말했다고 한다. 협박을 하면서 명예를 들먹이다니. 하지만 굳이 하라 구로를 통해 요구를 전했다는 점에 진심이 엿보인다. 제삼자(더구나 정계 거물)를 통함으로써 '사무라이는 두 말 하지 않는다'고 강조하고 싶었을 것이다.

"어쨌든 아베가 시키는 대로 하세요"라고 하라 씨는 내 의견은 묻지도 않고 일방적으로 명령했다.

온몸이 납으로 채워진 것처럼 한없이 무거운 걸음으로 나는 관저로 돌아왔다. 머릿속에서는 짝짓기 철을 맞이한 괭이갈매기들이 어지러이 날아다니는 것처럼, 시키는 대로 하세요, 라는 하라 씨의 마지막 한 마디가 커다란 볼륨으로 반복되고 있었다.

아아, 어쩌나. 어쩌나 어쩌나. 어쩌란 말이냐.

이렇게 궁지에 빠졌을 때는 어떻게 해야 하지? 궁지에 빠졌을 때 나는 지금까지 어떻게 했었지?

내가 궁지에 빠졌을 때. 어릴 때는 든든한 조부에게. 결혼 전에는 일단 어머니와 상의했다. 그리고 결혼하고 나서는 아무리 사소한 일이라도 아내와 상의했다.

원래 나는 뭘 숨기지도 못하는 성격이다. 친구와 카드놀이를 해도, 히요리는 조커를 뽑기 전에 콧방울이 찔끔거리거든, 하는 놀림을 받았다.

린코와 결혼하기로 했을 때도, 히요리 씨가 외도하는 일도 있을까? 라는 농담 같은 질문에 턱없이 진지하게 대답했던 것이다. 아니, 절대로 없어. 나는 뭘 숨기지 못하는 성격이니까. 외도든 뭐든 거짓으로 당신을 슬프게 하는 일은 나로서는 절대로 불가능해. 그 말을 듣자 린코는 웃었다. 웃으며 살짝 내 손을 쥐었다. 그리고 말했다. 당신의 그런 점이 좋아.

그렇다. 역시 이 일은 일단 아내와 상의해야 하지 않겠나. 당연히 그렇게 해야겠지.

여보, 린코 씨, 잠깐 내 얘기 좀 들어 볼래? 실은 말이지, 어느 저널리스트에게 부탁을 받았어. 그 사람 구좌에 7일 안에 1천만 엔을 입금해 줘야 해.

무엇 때문이냐고? 그건 말이지, 그러니까, 그 사람이 우연히 결정적인 사진을 찍었는데, 그걸 공개하지 않는 대신에 1천만 엔을 달라고 해서야.

결정적인 사진이라니, 그게 뭔데? 어, 그게 말이지, 그게, 나랑, 내 동료 이토 루이 씨가 택시 안에서, 이렇게, 얼굴을 맞대고…….

"……어떻게 그런 말을 해!"

나도 모르게 허공에 대고 소리를 질러 버렸다. 동시에 황망히 주위를 둘러보았다. 몇 미터 앞에 관저 대문이 있었다. 주변에 아무도 없지만, 콜롬보 아베가 어딘가 숨어 있지 말란 보장도 없다. 얼른 잰걸음으로 관저로 들어갔다. 린코가 스태프와 함께 귀가한 것은 그로부터 불과 오 분 뒤였다.

린코는 비서관 시마자키 군과 야마우치 씨, 고이시카와 관방부장관, 직진당 스태프 몇 명과 오늘도 역시 소비세 증세 법안을 검토할 것이다. 비서들이 저녁 식사를 회의실로 바삐 옮긴다. 여기가 내 집이었다면 나도 차 한 잔을 대접하고 싶었겠지만, 이곳에서는 손가락 하나 참견할 수 없다. 주방에라도 들어가면 방해되니 저리 비키라는 기운이 비서들에게서 풍긴다. 이 저택에 내가 있을 자리는 없는 것이다.

하는 수 없이 내 방에 들어가 책상에 앉아 힘겹게 자문자답을 반복했다.

린코에게 말을 해야 하나 말아야 하나. 무엇 하나 숨기지 않는다는 것이 나의 원칙이므로 역시 말해야겠지. 이토 씨에 대해서도 하나도 감추지 말고 말하면 된다. 특별히 수상쩍은 일도 없었지 않은가. 그러나 이토 씨와 저택에 갔던 날부터 어느새 사흘이

나 지났다. 그녀와 아무 일도 없었다면 왜 그날 바로 말하지 않았지? 라고 추궁한다면 뭐라고 대답한다? 숨기지 않고 다 말해? 하늘에 맹세코 나쁜 짓은 전혀 하지 않았지만 뒤가 켕기는 기분은 있었기 때문이었다고 하나?

무엇보다 1천만 엔이란 돈이 없다. 당연히 없다. 아니, 있나? 나의 개인 계좌에 있기는 하겠지만, 그런 목돈을 내가 직접 누군가에게 입금해 본 적이 전혀 없다. 그도 그럴 것이 ATM에 회당 입금할 수 있는 금액에 한도가 있지 않은가? 만약 창구에서 입금하면? 나는 얼굴이 알려져 있을 텐데. 어? 저 사람, 총리의 남편 소마 히요리 씨 아냐? 하고 창구 담당자가 알아보지 않을까? 신고하지 않을까? 근데 왜 신고한다는 거지?

한참을 끙끙거렸지만 결국 답을 내지 못했다.

그러는 사이에 11시가 되었다. 린코는 여전히 시마자키 군과 회의실에 있는 듯했다. 나는 하는 수 없이 평소처럼 먼저 침실에 들었다. 하지만 당연히 잠이 오지 않는다.

새벽 3시경 린코가 침대에 누웠다. 그 잠든 얼굴을 쳐다보다 보니 어느새 동틀 녘이 가까워졌다. 나는 일어나 가운을 걸치고 주방으로 가서 핫 밀크를 만들었다.

결국 한숨도 자지 못했다. 하룻밤 사이에 몹시 초췌해졌다.

"오늘은 일찍 일어났네."

등 뒤에서 들려온 목소리에 깜짝 놀랐다. 돌아다보니 가운을 걸친 린코가 문가에 서 있었다. "아, 미안. 나 때문에 깼어?" 하며 나는 희미한 미소를 보냈다.

"뭐 마셔?"

"핫 밀크인데. 벌꿀 탄."

"오, 좋네. 나도 한 잔 마실까." 그렇게 말하고 린코는 식탁 의자에 앉았다.

머그컵에 우유를 따라 전자레인지에 넣었다. 린코와 눈을 맞추지 못하겠다. 린코는 턱을 괴고 내 행동을 쳐다보다가 불쑥 말했다.

" 깨어 있었지, 간밤에? 내가 침대에 들어갈 때."

이럴 때도 나의 등은 거짓말을 하지 못한다.

"무슨 일 있었어?" 린코가 서슴없이 물었다. "평소와 좀 다른데."

"그……그래?" 나는 어색한 목소리로 말했다.

"뭐 별일은 없는데. 이것저것 신경이 쓰여서."

"이것저것이라니, 뭐가?"

"아니, 그러니까, 음…… 역시 소비세는 인상되는 건가 하는."

분위기를 풀어 보려고 농담을 해 보았다. 그러자 한 박자 쯤을 두고,

"뭐야 그거? 비꼬는 거야?"

린코의 날카로운 목소리가 날아왔다. 나는 깜짝 놀라 뒤를 돌아보았다.

"설마…… 아냐. 비꼬는 거 전혀 아닌데……."

탕, 하고 린코가 손바닥으로 식탁을 가볍게 쳤다. 나는 입을 꾹 다물어 버렸다. 이 방 역시 보안을 위해 감시 카메라에 고스란히 찍히고 있을 것이다. 수상한 행동 하지 마. 린코가 말없이 식탁을 친 데는 그런 의미가 있었다.

"내가 매일 얼마나 심혈을 기울여 소비세율 인상 법안을 검토하고 있는데…… 잘 알잖아?"

체온을 빼앗기겠다 싶을 만큼 차가운 목소리로 린코가 말했다.

"이 나라의 미래를 조금이라도 낫게 만들고 싶어. 나에게는 그 생각밖에 없어. 그러려면 무슨 일이 있어도 재원을 확보해야 해. 이대로 가다가는 부채 초과로 머지않은 장래에 이 나라가 무너질 거야."

감시 카메라를 의식하기 때문인지 표정을 바꾸지 않은 채 계속 어두운 이야기를 했다.

"하지만 소비세율 인상에 반대하는 야당 의원들은 당장 눈앞에 있는 것밖에 생각하지 않아. 이 나라의 앞날 따위는 아무래도 좋다는 거지."

다시 여당으로 돌아가고 싶다. 그러려면 뭐든 좋으니 소마 린코를 반대하는 것이 상책이다. 어떻게든 소마의 발목을 잡자. 아무리 작은 흠이라도 좋으니 샅샅이 찾아내서 까발려 주마. 재원 확보라고? 탈원전이라고? 장난하나? 기고만장해 가지고. 그래 봐야 여자 주제에.

총리입네 하고 있을 수 있는 시간도 얼마 남지 않았다 이거야.

"살얼음을 걷는 기분이야." 무서울 만큼 조용한 목소리로 린코가 말했다.

"언제 발밑이 깨질지 몰라……."

린코라는 사람을 알고 지낸 뒤 처음으로 들어 본 나약한 소리였다. 아니, 속마음이었다.

아슬아슬 위태로운 곳에서 그녀는 홀로 싸우고 있다.

그런데, 나는──나는.

나는 그녀를 위해 뭘 해 주었을까. 없다, 아무것도 없다.

아무것도 하지 않고 있다. 아무것도 못하고 있다.

나는 들떠 있던 게 아닐까? 린코가 국민적 인기를 얻고 있다는 사실에. 국제 무대에서 각국 수뇌와 당당하게 교류하고 있다는 사실에. 마침내는 나에게도 추종자들이 생겨나고 주목을 받고 있다는 사실에.

총리의 남편이라는 사실에.

린코는 고개를 숙이고 머그컵을 양손으로 감싸 쥐었다. 작은 컵 속의 온기를 확인하려는 듯이.

나는 아내의 어깨를 응시했다. 저 가는 어깨에 이 나라의 운명이 걸려 있다. 그 무게, 그 가혹함을 한순간 내 어깨에 느끼자 나는 그대로 꺼져 버릴 것 같았다.

당장이라도 그녀에게 다가가 가녀린 어깨를 꼭 안고 싶었다. 하지만 그럴 수 없었다.

감시 카메라를 의식해서가 아니다. 지금 그렇게 했다가는 나에게 일어나고 있는 재앙을 하나도 숨기지 않고 다 털어놓을 것 같아서다.

그것은 작은 흠에 불과할지 모른다. 하지만 살얼음을 딛는 심정으로 지내는 린코에게는 얼음장을 깨 버리는 돌멩이가 될지도 모른다.

그렇게 되어서는 결단코 안 된다.

"미안……." 나는 작은 소리로 사과했다.

"늘 사과하지." 고개를 숙인 채 린코가 혼잣말처럼 말했다.

"미안이라는 말은 쉽게 하지 말았으면 좋겠다고 언젠가 말했을 텐데."

알고 있다. 하지만…….

그래도, 미안, 이라는 한 마디 말고는 달리 어울리는 말을 찾을 수 없었다.

당신은 어느 시대 어느 날 어떤 상황에서 이 일기를 읽고 있을까.

지금 나는 이 일기를 쓰면서, 기원하고 있다. 당신이 이걸 읽는 시대가 모쪼록 지금보다 나은 시대이기를.

그리고 가능하다면 내 아내 소마 린코의 정책이 효력을 발휘해서 살기 좋은, 사람들이 행복을 느끼는 세상이기를. 모든 것은 후세를 위해, 나라의 미래를 위해서라며 저돌적으로 전진한 그녀의 노력이 결실을 맺었기를.

그렇게 기도하는 것 말고는 내가 할 수 있는 일이 없다. 이 일기를 쓰고 있는 지금의 나는 울고 싶을 만큼 대책이 없고 힘도 없다. 총리의 남편이 되어 버린 내 처지가 억울하고 안타깝다고 생각할 뿐이다.

현실 도피라는 것은 잘 알지만 당신에게 들려주고 싶은 이야기가 하나 있다. 린코와 나의 첫 만남에 관한.

이 일기를 쓰기 시작할 때는, 린코와 내가 천국에 있을 후세에 어느 정치사 연구가나 대학교수, 혹은 정치가를 지망하거나 근대정치사를 공부하는 학생, 아니면 엉뚱하지만 조류학자, 아무튼 누구든지 일기를 발견해서, 소마 린코와 소마 히요리에게 이런 일이 있었구나, 소마 내각에 이런 비화가 있었구나, 하고 연구에 이용해 주면 좋겠다고 생각했다. 때문에 린코가 총리가 된 이후 일어난 사실을 숨기지 말고 기록해 두자고 결심했었다.

그러나 총리 아내를 지켜보는 일은 상상 이상의 가혹함을 동반했다. 예의 콜롬보 사건도 정리되지 않은 탓인지 온갖 것들이 내 머릿속에 쌓여 폭발하기 직전이었다.

내가 이런 상태인데 린코의 스트레스는 오죽할까. 그녀에게 힘이 되어 주고 싶은 마음은 간절하지만 어떻게 해야 할지 모르겠다.

그래서 나는 생각했다. 지금 내가 할 수 있는 일을 하는 수밖에 없다고.

지금 내가 할 수 있는 일은, 일단 세 가지다.

첫 번째. 콜롬보 사건을 린코에게 알리지 않는다. 절대로 그녀가 모르는 상태에서 어떻게든 내가 처리한다. 흑막 하라 구로도 그걸 바란다. 걱정거리가 될 만한 일이 린코의 귀에 들어가게 해서는 절대로 안 된다.

두 번째. 함께하는 시간이 아무리 짧아도 어떻게든 대화할 기회를 만든다. 그녀의 울분을 받아 줄 상대가 된다. 아마 다른 누구에게도 울분을 털어놓지 못하고 있을 것이다. 아내의 고민과 아픔을 받아 주는 것이 남편인 나의 의무이다.

세 번째. 내 스트레스를 이 일기에 모두 풀어 놓는다. 팩트만을 기록한다는 원칙에는 변함이 없지만, 린코와의 첫 만남이나 결혼하기까지의 과정 같은 과거에 대해서도 기록한다. 내가 어떻게 그녀에게 매혹되었는지. 아내를 얼마나 사랑했고, 마침내 부부가 되기에 이르렀는지…… 이렇게 쓰는 것만으로도 얼굴이 빨개지고 말지만, 린코와의 지난 일을 이 일기에 시시콜콜 기록해 둠으로써 그녀에 대한 나의 변함없는 마음을 재확인하고 싶다. 그러면 아마 나는 크나큰 구원을 받을 것이다.

물론 타인의 연애담 따위는, 그걸 읽게 될 당신에게는 한낱 우습기만 할 게 틀림없지만.

그래도 읽어 주길 바란다. 알아 주길 바란다. 나의 린코와의 첫 만남 이야기를.

12

20××년 4월 10일 아침부터 쾌청(←린코를 처음 만날 당시의 날짜)

그날 아침의 일은 하나부터 열까지 또렷이 기억하고 있다.

당시라면 나의 생활습관도 거의 완성되어서 아침에 일어나 집을 나설 때까지 하는 행동은 매일 똑같았다.

자명종 없이 5시에 기상. 옷 입고 세수하고 직접 커피를 타서 한 손에 커피 잔을 들고 내 방 베란다로 나간다. 본가를 아담하게 에워싼 숲을 찾는 새들을 쌍안경으로 살펴보며 종을 확인하고 오른손에 쥔 카운터로 재빨리 개체수를 찍는다. 책상 한쪽에 있는 '새 관찰노트'에 관찰 결과를 기록한다. 그리고 남은 식은 커피를 천천히 마신다. 하루 중 가장 충실한 시간이다.

그날 아침은 유난히 화창해서 춘삼월이란 세 글자를 그대로 도화지에 그려 놓은 듯했다. 여전히 동틀 녘이면 두터운 카디건을 걸쳐도 쌀쌀할 정도지만, 조금씩 광채를 키워 가는 햇살에는 봄다운 힘이 있었다. 바람은 없고 본가 정원 여기저기에서 꽃을 만개한 벚나무가 꽃잎을 소리 없이 하늘하늘 흩뿌려 연못 위에 하얀 띠를 만들어 놓았다. 돌아가신 아버지가 아끼던 이 정원은 이 계절에 가장 아름다웠다.

6시가 채 되지도 않았지만 본가에 기숙하는 요리사 다케무라 씨가 주방에서 아침 식사를 준비하는 소리가 들린다. 6시가 조금 지나면 어머니가 방에서 나오는 소리. 마침내 구수한 된장국 냄새가 감돌기 시작한다. 내 위장은 최상의 컨디션이고, 일어난 지 한 시간이나 지나기도 해서 당장 식당으로 뛰어 내려가 어머니와 식탁에 마주 앉아 따끈한 밥공기를 집어 들고 싶었다.

하지만 그럴 수 없었다. 왜냐하면 소마글로벌이 주관하는 조찬 모임 '22세기 아침 연찬회' 참석자 명단에 내 이름도 올라 있었기 때문이다.

이 모임의 대단한 점은 두 가지다. 하나는 정재계, 학계 등 폭넓은 분야의 지식인을 초청연사로 불러서 토론을 한다는 것이다. 또 하나는 모임 이름에 '22세기'를 집어넣었다는 점. 즉 벌써 오래전에 다음 세기를 시야에 두었다. 참고로 모임을 주관하는 사람은 형 소마 다요리. 그리고 고문은 도쿄대 명예교수이며 국제경제학의 손꼽히는 권위자 고쇼가와라 도요히코 선생. 초미래지향적인 모임 이름도 고쇼가와라 선생의 작품이었다.

소마글로벌 이사로 이름을 올린 뒤에는, 너도 공부 모임 가운데 하나 정도에는 참가하려무나, 라는 어머니의 엄명도 있어서 통칭 '22세기회'에 나도 참석하고 있었다. 경제동우회 회원 기업의 사장과 임원들이 나란히 앉아 있어 흡사 경제계의 축소판을 보는 듯했다. 나야 이런 경제계 '공부 모임' 같은 것의 내력을 잘 모르니 일종의 업종간 교류회 같은 모임이겠거니 생각하고 있다. 참가자들이 누구나 편하게 말을 건넬 만한 지위에 있는 사람들은 아니었지만.

모임은 두 달에 한 번 열리며, 연회비는 한 회사당 30만 엔, 참가비는 한 회에 일인당 1만 엔이라고 했다. 초청연사에게 강연비로 얼마를 지급했는지는 알 수 없지만, 언제나 매우 재미있는 연사들이 선정되었다. 그 인선은 고문 고쇼가와라 선생에게 일임했다고 하며, 고쇼가와라 선생의 식견과 인맥이 힘을 발휘했다. 좀처럼 만나 보기 힘든 학자나 전설적인 경제인, 전 수상 등 모두 선생이 직접 아는 사람들이었고, 소마글로벌이나 참가 기업이 꼭 연줄을 만들어 두고 싶어 하는 굉장한 사람들뿐이었다.

소마글로벌뿐 아니라 대기업이 주관하는 이런 종류의 모임은 많이 있었고, 지지하는 정당의 정치가를 초청하는 정례 모임 같은 것까지 포함하면 형이 가입한 공부 모임은 매달 수십 번은 열린다고 한다. 물론 형이 매번 참가하는 것은 아니고 대리로 나를 보내기도 했다. 나는 이런 모임이 딱 질색이라 형 대리로 참석하라고 하면 늘 마지못해 따랐다.

그날 아침은 봄날다운 화창한 햇살과 흩날리기 시작한 벚꽃이 연못에 떠 있는 풍경이 아름다워 나는 평소보다 훨씬 더 기분이 좋았다. 그러나 식당에 내려가는 순간 22세기회가 열리는 날이라는 사실이 생각나, 그렇게 좋아하는 유채무침이 어머니 쟁반에 올라 있음을 발견하고도 조금 낙담했다. 식사 준비는 가정부 관리장 오쿠바야시 씨 몫인데, 내가 조찬모임에 참석하는 것을 알고 있으므로 당연히 내 밥상은 차려져 있지 않았다. 나는 막 식탁에 앉은 어머니에게, "안녕히 주무셨어요, 오늘은 일찍 나갑니다"라고 말했다.

"안다." 어머니는 녹차를 조금 마시고 말했다. "잠깐 여기 앉아 봐."

잠자코 시키는 대로 앉자 어머니는 나를 똑바로 보며 대뜸 물었다.

"이제는 저쪽에 대답해 줘야 한다. 그래, 어떠니? '도요쓰' 아가씨가 마음에 드니?"

당시 어머니는 나에게 쉴 새 없이 혼담을 가져오고 있었다. 마치 둥지(결혼)를 지으려고 잔가지, 이끼, 버섯 따위를 열심히 물어 나르는 바우어새 같았다. 고르고 고른 양질의 잔가지와 같은 초일류 기업 사장의 딸이나 유서 깊은 명문가의 딸만 선별해서 가져온다. 어느 따님이나 일단 '의욕적'인 상태로 만들어 놓고 나에게 소개하는지, 늘 '네 맘에 달렸다'는 것이었다.

나는 연구가 못 견디게 재미있는 시기이기도 했고, 젠다 조류 연구소에 근무하기 시작한 지 막 1년이 지난 참이라 결혼 따위에는 전혀 흥미가 없었다. 그래서 만나 본 뒤 거절하기도 미안하므로 어머니의 강권을 받아들이지 않으려 애쓰고 있었다. 어머니 말씀은 늘 얌전히 듣는 나였지만, 이 문제에서만큼은 상대편이 마음을 다치면 곤란하다는 생각에 쉽게 수락하지 않고 버티고 있었다.

그날 아침도 어머니는 세계 최대의 자동차 제조사 '도요쓰자동차'의 창업주 일가라는 아가씨와 맞선 이야기를 추진하려고 아침 식사도 거른 나를 붙들어 앉힌 것이다.

"마음에 드나마나." 나는 또 그 이야기구나, 하는 심정으로 대답했다. "만나 보지 못했으니 알 수가 없죠."

"그럼 만나 보면 되잖니." 어머니가 불쾌한 듯이 냉큼 말했다.

"아무튼 일단 만나 보고 마음에 안 들면 거절하면 되잖아. 그런데 왜 만나 보려고 하지도 않고 싫다고만 해……. 내 처지도 조금은 생각해 다오. 거절을 전할 때마다 내가 얼마나 미안하겠니."

말이 그렇지 혼담을 거절하는 연락은 어머니 비서의 몫이었다. 어머니는 소마글로벌의 최대 주주이므로 회사에 자기 임원실도 갖고 있고 비서도 두고 있다. 모든 혼담은 비서를 통해 드나들었다. 사실 어머니는 내 혼담을 어떻게든 진전시키려 애쓰면서도 내가 번번이 거절하는 것을 속으로는 흡족하게 여기는 듯도 했다. 나이도 먹을 만큼 먹은 아들과 단둘이 지내는 생활이 남들 보기에는 뭣해도, 네가 결혼해서 집을 떠나면 쓸쓸하겠지, 역시 여기서 함께 살아 줄 며느리가 좋겠어, 라는 식으로 말한다. 그러다가도, 역시 동거는 싫구나, 왠지 분하잖아, 라는 말도 한다. 그리고, 뭐 좋은 배필 만날 때까지는 이대로 지내는 수밖에, 얼른 찾아야지, 하고 결론짓는다. 내 눈에는 아들의 결혼을 위해 애쓰는 어머니 모습을 연기하는 것처럼 비쳤다. 그래서 나도 늘 단호하게 거절할 수 있었는데.

그날 아침은 양상이 달랐다. 어머니는 진심으로 불쾌해했다.

"알겠니, 히요리. 이번만큼은 꼭 만나 봐야 한다. 상대는 도요쓰 창업주 일가의 따님이야. 아가씨 아버지가 도요쓰 부사장인데, 차기 사장으로 유력시되고 우리 소마도 그쪽 회사에 이것저것 신세를 지고 있으니까…… 저쪽 부모가 꼭 성사시키자고 하는데, 아뇨, 됐습니다, 그럼 바이바이, 라고 할 수는 없잖니."

도요쓰 가의 따님이라는 도요쓰 미치루 양의 사진을 식탁에 놓으며 어머니는 말했다. 일주일 전에도 같은 사진을 보여 주었는데, 내가 여느 때처럼 힐끗 보기만 하고, 알았어요, 뭐 나중에 천천히 보죠, 라고 대답했던 것이다.

나는 상대가 어떤 명문가의 따님이든 무조건 흥미가 없었지만, 아무래도 도요쓰 가의 따님이라고 하니 어머니도 이참에 결판을 지어야겠다고 마음먹은 듯했다.

"도요쓰 가의 제안을 받았을 때 나는 아아, 이 인연을 위해 히요리가 지금껏 혼담을 마다해 왔구나, 얼마나 똑똑한 아이냐…… 하고 그제야 납득했단다. 안 그러니, 히요리? 너, 계속 기다려 왔던 거지? '운명의 여자'가 나타나기를."

아마도 어머니 마음에는 미치루 양과 내가 틀림없이 맺어질 운명처럼 느껴진 모양이다. 그러나 어머니도 미치루 양을 직접 만나 본 것은 아니었다. 어디까지나 저 도요쓰 창업주 일가이며 차기 사장님의 딸이라는 배경 때문에 어머니가 지레 '운명'을 느꼈을 뿐이다.

이 혼담은 섣불리 거절하자니 뒤탈이 걱정스러웠다. 천적을 발견한 직박구리처럼 나는 일단 어머니 앞에서 달아나기로 했다.

"이만 나가 봐야 해요. 22세기회에 지각하면 형님이 화내거든요. 오늘은 날씨도 좋으니까 어머니는 다도 모임이나 꽃놀이라도 가시죠. 그럼 저는 다녀올게요."

뭐라고 하며 쫓아오려는 어머니를 못 본 척하며 식당을 뛰어나왔다. 출발 시간은 십오 분이나 남았지만, 우리 집의 우수한 운전기사 오카자키 씨는 이미 검은 메르세데스를 포치에 대 놓고 기다리고 있었다.

"안녕하십니까. 출발 시간까지 십오 분 남았습니다만."

"됐어요. 당장 출발해 주세요."

천적의 습격을 간신히 피하자 그제야 안도의 한숨이 나왔다.

그로부터 한 시간 뒤, 신기하게도 나는 만나고 말았다. 어머니가 예언한 내 '운명의 여자'를.

소마글로벌 본사 빌딩 맨 꼭대기 48층에 있는 '소마글로벌 라운지'가 22세기회 모임 장소였다. 이곳은 소마 관계자가 손님을 접대하는 곳으로 이용하는 회원제 클럽이다. 파리의 쓰리스타 레스토랑의 인테리어를 담당한 낭트카 드 낭트카낭트카는 일본어 '난토카'를 불어처럼 재치를 부린 것이다. '난토카'는 '아무개' '거시기' 정도로 해석될 수 있다라나 뭐라나 하는 프랑스인 디자이너가 인테리어를 맡은 세련된 라운지와 라이브러리, VIP전용 개인실도 여러 개 있다. 소마글로벌의 CEO인 형의 전용실은 시내가 한눈에 내려다보이는 특별한 코너에 마련되어 있다. 주방에는 일류 요리사가 일하며 프렌치든 스시든 철판구이든 맛볼 수 있게 해 준다. 와인셀러도 있고 치즈 전용 냉장고도 있다. 식사 요금은 모른다. 이 플로어에서 내 지갑을 연 적이 한 번도 없으니까.

나는 개회 삼십 분 전에 도착해서 회장에 들어갔다. 당연히 제일 먼저일 줄 알았는데, 회장 안에 배치된 하얀 식탁보를 깐 둥근 테이블 하나에 형이 앉아 있었다. 나를 보자, 적당히 좀 하라며 투덜거렸다.

"어머니가 전화하셨다. 네가 맞선 얘기만 나오면 도망친다고. 더구나 이번 상대는 도요쓰 가의 따님이라며? 설마 너, 이런 굉장한 인연을 거절할 생각은 아니겠지?"

형의 눈초리는 평소와 달랐다. 어린 시절 카드 게임에서 졌을 때 나를 쳐다보던 눈초리였다. 그러나 주눅 들면 안 된다고 생각했다.

"특별히 결혼하지 않겠다고 선언한 것도 아닌데. 내 아내 정도는 내가 찾고 싶은 거예요. 그래도 어머니가 계속 혼담을 가져오시니…… 이거야 원 피구 게임을 하는 것도 아니고. 이러면 내가 신붓감을 물색할 틈이 없잖아요."

"여러 소리 마라. 너는 입만 열면 억지를 쓰니."

형이 정말 짜증난다는 듯이 말했다.

"스스로 신붓감 찾아 볼 생각도 없으면서. 엉뚱하게 새한테만 정신이 팔린 놈이. 그렇게 새가 좋으면 아예 야키도리집'야키도리'는 직역하면 '새구이'지만 닭꼬치를 뜻한다 딸하고 결혼하든지."

"아니, 그건 아니죠." 나는 단호하게 대꾸했다.

"나는 새를 좋아하지만 닭고기는 싫어해요. 따라서 야키도리집에 가질 않아요. 따라서 야키도리집 딸을 만날 기회도 없고……."

"야, 시끄러!" 형의 고함소리가 내 말을 가로막았다.

"진짜 너 뭐하는 놈이야. 도요쓰 가의 따님이든 야키도리집 따님이든 네 신부 될 여자가 불쌍하다. 툭하면 쓸데없는 말만 늘어놓으니 어떤 여자가 버티겠냐."

나는 씽긋 웃었다.

"맞아요. 그러니까 지금은 맞선을 보지 않는 게 서로를 위해서 좋아요."

이러저러하는 사이에 고쇼가와라 선생이 나타났다. 선생은 자못 미안하다는 표정으로 형에게 말했다.

"허어, 미안해서 어쩝니까, 소마 씨. 아침에 전화 드린 대로 오늘의 초청연사가 갑자기 병원에 실려 가 버렸으니…… 하지만 그분이 다행히도 대타를 준비해 주셨습니다. 학회에서도 최근 두각을 나타내고 저도 주목하던 연구자입니다. 나이는 어려도 이 모임에 딱 어울리지 않을까 생각합니다만. 오늘은 한 번만 눈감아 주십시오."

대타라고? 이런 얘기는 듣지 못했는데……. 오늘의 초청연사는 도쿄대 대학원 교수 아키 후미마사 선생이었다. 전공은 국제정치학이며 강의 주제는 '국제사회에서 일본의 역할——향후 10년을 승리할 수 있는 이론'. 아키 선생은 민권당 정권을 이끄는 현 수상의 가장 중요한 브레인이라고 한다. 그가 병원에 실려 갔다면 예삿일이 아니지 않은가.

"아키 선생의 용태가 심각합니까?" 나는 소곤거리는 목소리로 물었다.

"탈장이란다. 목숨엔 별 지장이 없는데 그게 엄청 아프거든. 나도 겪어 봤지만."

형은 자기가 병원에 실려 갔을 때의 통증이 되살아나는지 얼굴을 찡그렸다.

개회 시간이 가까워지자 참석자들이 잇달아 도착했다. 평소처럼 서로 인사를 나누고 잡담에 열을 올리는 사이에 테이블마다 대타 연사의 약력이 적힌 종이가 배포되는 것을 보고 나도 테이블에 앉았다. 그러자 형이 신사 한 사람을 데리고 나에게 왔다.

"히요리. 잠깐 괜찮을까? 소개할 분이 계셔서."

나는 자리에서 일어나 고개 숙여 인사하다가 알아차렸다.

——어…… 도요쓰의 도요쓰 부사장이다.

"아, 처, 처음 뵙습니다. 소마 히요리입니다. 요전번에는, 저어……."

억지로 웃음을 만들었지만 말을 잇지 못했다. 도요쓰 부사장은 여유롭게 웃는 얼굴이다.

"도요쓰입니다. 이야, 이런 자리에서 뵐 줄이야. 지금까지 이 모임에 우리 전무를 대리로 보냈거든요. 매번 훌륭한 게스트의 귀한 말씀을 들을 수 있었다는 보고가 올라오기에 나도 한번 참석해 보고 싶어서 이번에는 어떻게든 스케줄을 비우고 참석했습니다만……."

그 대목에서 한 박자 쉬고 나서 말을 이었다.

"요전에 딸아이 건으로 폐를 끼쳤습니다. 뭐, 아직 철이 없고 부족한 아이라서 부끄럽습니다만, 말 그대로 온실에서 자란 아이라서요. 그런 아이지만 소마 가의 자제분이라면 안심하고 맡길 수 있겠다 싶어서 우리 와이프도 기대가 크고……."

"아, 아뇨, 아뇨아뇨, 저어, 그게 말이죠. 저는, 그게, 아직……."

내가 당장이라도 거품을 물 것처럼 보였는지 형이 얼른 끼어들었다.

"동생이 다소 버릇이 없어 놔서 제때 답변을 드리지 못해 결례를 범했습니다. 금명간에 정식으로 연락을 드리겠습니다……. 그래, 어떠냐?"

나는 고개를 끄덕이지 않았다. 대신 부사장 쪽에서 고개를 끄덕였다.

"그렇습니까. 그럼 기다리겠습니다. 잘 부탁드립니다, 히요리 씨."

먹잇감을 향해 급강하하기 직전의 매처럼 눈을 번쩍거리던 도요쓰 부사장은 몸을 돌려 가 버렸다. 형은 내 어깨를 쿡 찌르고 회장 앞쪽에 있는 자기 테이블로 걸어갔다.

곧 고쇼가와라 선생이 모두 착석했음을 확인하고 마이크를 잡았다.

"안녕하십니까, 여러분. 먼저 사죄 말씀부터 드려야겠습니다. 오늘 등단할 예정이던 아키 후미마사 선생이 갑자기 입원을 하시는 바람에 어쩔 수 없이 강연을 취소하게 되었습니다. 다만 책임감이 강한 분이어서 즉시 대타를 소개해 주셨습니다. 그분의 애제자이며 현재 국제정치학 분야에서 빠르게 두각을 드러내고 있는……,"

소개가 끝나기도 전에 나는 손 밑에 있는 종이로 시선을 떨어뜨렸다.

마토베 린코. 어? 하고 나는 살짝 놀랐다.

……여자분이네.

이 모임이 시작되고 지금까지 20회 이상 참석했지만 여성 연사는 처음이었다. 각계 중진을 초청하므로 자연히 남성밖에 없었던 것이다. 역으로 말하면 일본은 여성의 사회 진출이 활발하다느니 여성이 더 우수하다느니 말은 하지만 정계든 재계든 '중진' 자리는 여전히 남성이 독점하고 있다는 뜻이다.

20××년 도쿄 태생이라. 나보다 네 살 연상이네. 그렇다면 현재 서른 살이란 말이군.

국제정치학 연구자. 정치경제사회구조연구소 상석연구원. 도쿄대 법학부 졸업, 재학 중에 하버드대학 유학, 노벨경제학상 수상자 해롤드 버밀리언 박사에게 사사. 도쿄대학 대학원 법학정치학연구과에서 박사과정 수료. 또한 부친(고인)은 사상 최연소로 아쿠타카와 상을 수상한 작가 마토베 아쓰시. 모친(고인)은 국제 정치학자 마토베 유.

우와아. 굉장하네. 믿기 힘들 정도로 찬란한 학력이다. 더구나 저 마토베 아쓰시와 마토베 유의 따님이라고?

마토베 아쓰시의 작품은 몇 개 읽어 보았다. 절필작 『수술대 위의 밀감과 자동우산의 우연한 만남』은 정말 대단했다. 대학 시절에 그 작품만은 여러 번 거듭 읽었다. 어? 그 제목이 아니었나? 『해부대 위의 밀감과 박쥐우산의 우연한 만남』이었나? 어느 쪽이 맞지?

마토베 유라면 전설적인 국제정치학자이다. 이 분야에서 세계적으로 통하는 몇 안 되는 일본인 학자이며, 여성이라는 점도 있어서 그녀의 명성은 일반에도 널리 알려졌다. 도쿄대에 다니던 나도 대학 구내를 걸어가다가 마토베 선생의 훤칠한 모습을 몇 번 본 적 있다. 큰 키에 앞을 똑바로 보며 걷는 모습은 비유하자면 다카라즈카의 남역 배우 같은 인상이었다. 문단의 천재이지만 별종으로도 유명했던 마토베 아쓰시를 다스릴 수 있는 유일한 사람으로도 알려져 있었다. 내 전공과 거리가 멀어 선생의 강의를 직접 수강해 본 적은 끝내 없었지만…… 아마 내가 대학 연구실에 들어간 해에 병으로 타계했을 것이다.

그렇다면 곧……마토베 린코 씨는 도쿄대 박사과정을 밟고 있을 때 모친을 여의었다는 건가.

이런 식으로 쓰자면 길어지지만, 전부 마토베 린코의 약력을 훑어본 순간 떠오른 생각들이다.

"오, 마토베 유의 딸인가……" 하고 같은 테이블의 누군가가 중얼거렸다. '부모 찬스'였구만, 하는 울림이 그 말에 희미하게 묻어났다.

갑작스런 강연 의뢰이어서지 마토베 린코의 도착이 늦어지고 있었다. 각 테이블에 샌드위치와 오렌지주스, 커피가 제공되었다. 참석자들은 샌드위치를 들고 커피를 마시며 누구랄 것도 없이 서로서로 이야기를 나누었다. 하지만 개회 이십 분이 지나도록 연사는 나타나지 않았다. 마침내 자리에서 일어나 고쇼가와라 선생과 형에게 인사하고 자리를 뜨는 사람도 나타나기 시작했다. 다들 일류 대기업의 사장이나 임원들이다. 바쁘지 않은 사람이 없다. 정부에 발언권이 있는 아키 선생을 기다리는 거라면 몰라도 무명의 대타가 도착하기를 기다리고 있을 수는 없다는 것이 본심인지 모른다.

열 명 정도가 퇴장하자 도요쓰 부사장도 자리에서 일어나 나에게 다가왔다.

"다음 스케줄이 있어서…… 그만 실례할까 합니다. 혹시 괜찮다면 이번 주말에라도 딸과 함께 자리를 마련하고 싶은데, 어떠십니까."

나도 자리에서 일어나, "처음부터 중간에 퇴장할 예정이셨습니까?" 하고 물었다. "이 모임은 원래 7시 반부터 8시 반까지 예정되어 있고 참석자들에게 그렇게 전달되었을 겁니다. 현재 7시 55분입니다. 초청연사의 말씀을 들을 시간은 아직 충분합니다. 초청연사가 도착하기 전에 돌아가신다면 굳이 스케줄을 비우면서까지 참석하신 의미가 없지 않을까 생각합니다만……."

도요쓰 부사장이 묘한 표정을 지었다. 뭐야, 이 애송이, 나한테 훈계하는 건가, 라는 얼굴이었다.

"하지만 나는 원래 아키 선생 강연을 들으려고 참석한 겁니다. 유감이지만 마토베 씨라는 분은 알지도 못하고 솔직히 젊은 사람 강연에는 별 흥미가 없습니다. 국제정치학을 전공한 융통성 없는 여성분의 강연은……."

순간적으로 발끈했다. 도요쓰 부사장의 말은 내가 형이나 친족들에게 늘 듣던 소리와 비슷했기 때문이다. 조류 연구라니, 낭만적이네. 세상 물정 모르는군. 새만 쫓아다니느라 가업에도 전혀 관심이 없겠어. 사내 녀석 주제에.

"융통성이니 여성이니 하는 건 관계없지 않습니까. 본인이 얼마나 진지하게 자기 일에 열중하느냐. 이게 더 중요하지 않을까요?"

도요쓰 부사장의 눈이 노기를 뿜었다.

바로 그때.

"오래 기다리셨습니다. 초청연사께서 도착하셨습니다. 여러분, 박수로 환영해 주십시오."

사회를 맡은 소마글로벌 비서실 부실장 와카모토 씨의 목소리가 마이크 너머로 울렸다. 도요쓰 부사장과 나는 흠칫 놀라 동시에 문 쪽을 바라보았다.

담당자가 얼른 문을 열었다.

순간, 나는 빛을 본 기분이었다.

따각따각 구두 소리를 울리며 들어와서 연단에 반듯하게 선 연사가 가볍게 인사하고 회장을 채운 쥐색 양복들을 조용히 둘러보았다. 그러고는 상쾌한 바람처럼 낭랑한 목소리로 말했다.

"늦어서 죄송합니다. 마토베 린코입니다. 바쁜 시간을 쪼개서 지금까지 기다려 주신 여러분께 진심으로 사과 말씀을 올립니다. 하지만 앞으로 삼십 분간은 지나간 삼십 분의 기다림을 결코 후회하지 않게 해 드리겠습니다."

그녀는 미소 지었다. 뭔가에 승리한 사람처럼.

도요쓰 부사장은 홀린 듯 입을 멍하니 벌렸다. 형도 마찬가지였다. 이만 돌아갈까 하며 엉덩이를 들썩거리던 쥐색 양복 아저씨들도 다들 반듯하게 앉았다. 그렇다면 나는 어땠을까.

쿠쿠쿠쿠쿵. 지축을 흔들며 하늘의 바위 문이 열리고 그 너머에서 온몸을 광채로 감싼 여신 아마테라스 오미카미일본 창세 신화의 최고신. 일본의 8백만 신을 지배하는 여신이자 황족의 선조신으로 알려졌다가 나타나자 그를 멍하니 바라보는 어중이떠중이 가운데 한 사람. 그게 나였다.

이렇게 나는 찾고야 말았다. 나의 그녀를.

13

20××년 5월 10일 아침부터 쾌청(←린코를 처음 만날 당시의 날짜)

조류의 구애 행동은 참으로 다양하다.

우리에게 잘 알려진 종으로는 공작이 화려한 꼬리털을 부채처럼 펼쳐 바르르 진동시켜서 암컷의 관심을 끄는 행위가 있다. 그리고 때까치. 마음에 드는 암컷의 호감을 사려고 휘파람새나 종다리, 멧새, 동박새 등을 흉내 내며 아름다운 소리로 지저귄다. 극락조는 날개나 꼬리나 머리의 장식깃털을 열심히 흔들며 격렬한 춤을 선보인다. 참새조차 짝짓기 철이면 평소와는 딴판으로 달콤하게 지저귀며 암컷을 유혹하려 애쓴다.

그렇다. 그들은 본능이 시키는 대로 암컷의 눈길을 끌려고 필사적이다. 아무리 못생긴 개체라도 마찬가지다. 그들은 암컷을 유혹하지 않고는 살아갈 수 없다.

"……새였으면."

오토와 본가의 식당에서 여느 때처럼 어머니와 마주 앉아 아침을 먹던 나는 거의 무의식 상태에서 그렇게 중얼거리고 말았다. 이내 지그시 노려보는 어머니의 시선이 느껴졌다. "잘 먹었습니다." 젓가락을 내려놓고 약간 당황한 얼굴로 일어선 내가 어색한 목소리로 어머니에게 말했다.

"다녀오겠습니다. 오늘은 연구소 사람들과 회식이 있으니까 조금 늦을지 몰라요. 저녁밥 준비는 필요 없으니까……."

"잠깐만." 어머니가 내 말을 사정없이 잘랐다.

"오늘은 토요일이다. 휴일에도 출근하니?"

나는 아차, 하며 목을 웅크렸다. 어머니를 속이려는 주제에 달력에서 요일을 확인하는 여유조차 그 시절에는 없었던 것이다.

"그러네요. 토요일이었네. 금요일인 줄 알았는데."

실없이 둘러대며 다시 식탁에 앉았다.

"히요리. 너 요즘 조금 이상해."

어머니는 마음먹고 나에게 한마디 할 때면 늘 그렇듯이 양손을 식탁에 가지런히 모으고 나를 똑바로 쳐다보았다.

"요일을 혼동하거나 나가는 시간을 헷갈리거나, 번번이 그렇잖니? 밥은 거른 채 차만 마시는 것 같고. 얼마 전에는 슬리퍼를 신고 출근하려고 하지 않았나? 대체 어떻게 된 거니."

슬리퍼 차림으로 출근하려고 한 기억은 없지만, 그런 짓을 했다면 상당한 중증이다. 어머니가 의아하게 여기는 것도 무리는 아니다.

"아뇨, 아무렇지도 않아요. 다만 일이 바빠서…… 요즘 오가사와라 제도 무코지마 섬에서 시도하고 있는 신천옹 번식 프로젝트가 계획대로 개체수가 나올지 어떨지……. 지금이 고비인데 많이 초조해서 그런가 봐요……."

"거짓말하지 말고." 다시 냉정하게 말허리를 잘랐다.

"너, 누구 마음에 둔 사람이라도 생겼니?"

정확히 맞추는 통에 적잖이 동요했지만 간신히 수습하고 종잡을 수 없는 말로 둘러댔다.

"나 참, 갑자기 무슨 말씀이세요. 마음에 두긴 누굴……."

"아니, 틀림없어. 그렇지 않다면 도요쓰 씨 따님을 고집스레 거부하는 이유가 달리 뭐가 있겠니. 대체 어디 사는 누구야? 응, 히요리, 엄마한테만 말해 볼래?"

어머니의 감과 여자의 감을 모두 가동해서 나에게 여자가 있는 모양이라고 예리하게 짚어 낸 어머니의 추궁에 나는 대답이 궁해져 버렸다.

"아뇨, 그게, 역시 출근해야겠어요. 신천옹 프로젝트가 영 마음에 걸려서. 아무튼 다녀올게요. 자세한 얘기는 나중에 또."

나는 더 버티지 못하고 밖으로 뛰어나갔다. 슬리퍼가 아니라 다행히 구두를 신고서.

정처 없이 간다가와 산책로를 걸었다. 산책로의 벚나무 가로수들의 새싹이 눈부시게 비친다.

계절은 봄. 햇볕 넘치는 주말 아침. 이렇게 상쾌한 날인데 내 마음은 정체 모를 뭔가로 가득 차 있었다.

아아, 젠장. 이런 기분은 처음이네.

그날 그 순간부터 시작되었다. 소마글로벌이 주관하는 조찬회에 씩씩하게 나타난 그 사람——마토베 린코를 보았을 때부터.

소마글로벌 조찬회에 대타 연사로 나타난 마토베 린코는 겨우 삼십 분 강연으로 내 마음을 빼앗아 버렸다. 정확히는 겨우 십 초간이었는지도 모른다. 그날 보자마자 첫 마디만 듣고도 완전히 빠져 버렸으니까.

조류 암컷은 수컷이 유혹해 오면 자기 자손을 만들 상대로 이 수컷을 택할지 말지를 순간적으로 판단하여 교미한다. 그야말로 본능이다. 나는 수컷이긴 하지만, 그 순간만큼은 본능으로 '바로 이 사람'이라고 느꼈다. 누가 뭐래도 그 순간 내 몸을 관통해 버린 전류 같은 느낌은 신이 내려 준 본능이라는 이름의 벼락이 분명했다.

아마 마토베 린코의 강연은 훌륭했을 것이다. '아마'라고 추측하는 까닭은 신이 내린 벼락을 맞은 내 머리에 강연 내용이 전혀 들어오지 않았기 때문이다. 아마 삼십 분간 나는 홀린 듯이 그녀의 얼굴을 바라보고 목소리를 듣고 있었을 게 틀림없다. 그리고 아마 그녀의 시야에 나는 쥐색 양복을 입은 수많은 넋 나간 아저씨들 가운데 한 명으로밖에 보이지 않았으리라.

강연이 끝나고 질의응답 시간이 되자, 대기업의 쟁쟁한 아저씨들은 주뼛거리기만 할 뿐 아무도 손을 들지 않았다. 드문 일이었다. 다른 때라면 강사와 연줄을 만들고 싶은 아저씨들이 거의 자기소개를 겸한 질문을 하려고 손을 번쩍 들게 마련인데, 아마 린코를 만만치 않은 상대로 보았는지, 아니면 지나치게 매력적인 여성이어서인지 다들 주뼛거리고 있었다.

물론 나도 마찬가지였다. 아니, 강연 내용이 머리에 전혀 남아 있지 않아서 질문할 수도 없었다. 그런데 '아무도 손을 들지 않을 때는 반드시 네가 나서야 한다'는 것이 모임을 주관하는 형의 엄명이었다. 질문자가 한 사람도 없으면 초청연사에게 미안하거니와 모임의 분위기를 살리기 위해서라도 한 가지 정도는 꼭 질문하라고 신신당부했었다.

하지만 그날은 내 팔이 옆구리에 딱 붙어 미동도 하지 않았다. 초조하게 형의 테이블을 훔쳐보니 웬걸 형이 손을 번쩍 드는 게 아닌가.

"아무래도 저희 회원 여러분이 너무나 아름답고 총명하신 강사 분에게 완전히 주눅이 든 모양입니다. ……외람되지만 이 모임의 대표자로서 제가 질문을 하겠습니다."

회의장에서 웃음소리가 터지고 박수 소리가 짝짝 터졌다. 나는 흠칫 놀랐다. 린코가 조금도 웃지 않고 형에게 싸늘한 시선을 던지고 있었기 때문이다.

"솔직하게 묻겠습니다. 명함은 몇 장이나 가져오셨습니까. 저를 비롯해서 여기 모인 여러분이 한 명도 빠짐없이 마토베 씨 명함을 노리고 있을 텐데……."

와락 웃음소리가 일어나고 박수갈채가 터졌다. 나는 더욱 오싹했다. 린코의 눈동자에서 활활 타오르는 싸늘한 혐의가 보였기 때문이다. 순간 손을 든 내가 형을 젖혀 두고 일어섰다.

"소마 히요리라고 합니다…… 저어, 질문, 이라고나 할까요,

그……."

　린코의 눈길이 이쪽을 향했다. 그녀와 나의 시선이 마주쳤다. 살짝 갈색 기운이 감도는 깊은 눈동자. 직선적인 눈초리. 금방이라도 빨려들 것 같은 정신을 간신히 붙들어 맨 나는 거의 술에 취한 사람처럼 제대로 돌아가지 않는 혀로 말했다.

　"서, 선, 선생이 말씀하신 혀, 현, 현실적 글로벌리즘은 즈, 즉, 미, 미국, 미국지상주의가 아니며, 또 세상에서 말하는 세, 세, 세계시민 사상과도 다른 것으로서, 카, 칸트적 국제주의에 뿌리를 둔, 어어, 그러니까, 그, 진정한 민주주의와, 그리고 개인주의적 펴, 펴, 평, 평화주의에 기초한……."

　마이크 너머로 푹, 하며 웃음을 터뜨리는 소리가 들렸다. 연설대에 선 린코가 저도 모르게 웃음을 터뜨린 것이다. 그녀는, "……죄송합니다"라며 가만히 헛기침을 하고 내 질문이 끝나지 않았는데도 대답을 시작했다.

　"그렇습니다. 우리 한 사람 한 사람이 자신과 타자를 비교하지 않고 각각의 차원에서 행복해지는 것을 깊이 의식하는 겁니다. 그리 되면 참된 의미에서 민주주의적 글로벌리즘이 확립될 거라고 저는 믿습니다."

　그때——아아, 놀랍게도 그녀가——나를 보며 쌩긋 웃음을 지었던 것이다.

　그 순간 가슴속에 있던 무언가가 환하게 각성됨을 느꼈다.

　모임이 끝나자 린코는 즉시 쥐색 군단에 포위되었다. 나는 그

무리에서 완전히 밀려나고 말았다. 형과 도요쓰자동차 부사장까지 들뜬 표정으로 그녀를 에워싸고 있었다. 이래서야 나에게 돌아올 명함은 한 장도 남아나지 않을 분위기였다.

그러나 어떻게든 연락처를 알아내고 싶었다. 어떻게 하면 좋을까.

아저씨들에 에워싸인 린코를 멀찌감치 바라보며 나는 궁리했다. 모임의 사회자인 소마글로벌 비서실 부실장 와카모토 씨에게 슬쩍 연락처를 물어보면 되지 않을까.

하지만 와카모토 씨가 형에게 "히요리 씨가 마토베 씨 연락처를 알려달라고 하십니다"라고 고자질이라도 하면 귀찮아진다. 형이 다시 어머니에게 고자질할 수도 있고, 그 전에 형이 먼저 마토베 씨에게 연락할지도 모른다. 왜냐하면 그녀가 딱 형의 취향이기 때문이다. 안 그래도 여자를 밝히는 형 아닌가. 슬쩍 연락해서 식사나 하자고 꾀어내기라도 하면…….

우와, 젠장. 무아몽중의 상태로 궁리에 빠져 있던 나는 그만 바지에 커피를 쏟고 말았다. 이런 칠칠치 못한 꼴을 보일 수는 없는데. 얼른 일어나 화장실로 조르르 달려가며 그녀 쪽을 힐끔 돌아다보았다. 아저씨들의 명함 교환 공격에 시달리던 린코가 "아쉽지만 오늘은 준비해 온 명함이 떨어져서……"라고 말하는 소리가 들렸다. 다른 때였다면 린코로서도 어떻게든 연줄을 만들어 두고 싶은 대기업 중역들이겠지만, 한두 명이라면 몰라도 떼 지어 달려들자 역시 도망치고 싶어졌겠지.

화장실 세면대 앞에 서서 상상해 보았다. 궁지에 빠진 그녀를 구출하는 히어로처럼 행동하면 어떨까.

자, 여러분, 잠깐만요. 그만 물러들 가시죠. 아무리 잘나가는 대기업의 경영자 분들이라지만 마토베 씨도 이렇게 시달린다면 놀라시지 않겠습니까.

오늘은 일단 제게 맡겨 주시죠. 제가 대표로 강사분 명함을 받아 둘 테니까요.

"……그렇지. 그런 방법이 있었어!"

거울 속의 나를 보며 중얼거리고 나서 바지를 살펴보았다. 사타구니에 갈색 얼룩이 생겨 있었다. 이대로 그녀 앞에 짠 등장하면…… 그랬다간 광속으로 거절당하겠지.

흐아아. 나는 특대형 한숨을 지으며 화장실을 나섰다. 순간 심장이 딱 멈추는 줄 알았다.

복도 저쪽에 마토베 린코가 서 있었다. 마치 나를 기다리는 것처럼 이쪽을 보고 있다.

나는 그 자리에 굳어 버렸다. 그러자 이쪽을 빤히 쳐다보며 걸어온 린코가 바로 눈앞에 멈추며 말했다.

"아까는 질문해 주셔서 고마웠습니다. 인사를 드리고 싶었는데 여러 사람에게 붙들리는 바람에……."

환희와 긴장으로 말문이 막힌 나에게 린코가 가만히 명함을 내밀었다.

"오늘 명함 지갑을 깜빡하고 와서. 마침 상의 주머니에 딱 한

장 들어 있더군요. 조금 구겨지긴 했지만."

헐렁하게 꾸겨진 명함을 떨리는 손으로 받아들었다. 그리고 황급히 내 명함 지갑을 찾았지만 아무래도 깜빡하고 나온 것 같았다. 상의 주머니에 딱 한 장 있던 명함을 꺼내 보니 역시 심하게 구겨져 있었다.

"죄송합니다. 저도, 이거 한 장뿐이라⋯⋯."

얼굴을 붉히며 내밀자 린코가 잠시 명함을 들여다보았다. 그러다가,

"우리, 조금 닮았네요."

하며 웃었다.

내 마음에 움튼 싹이 그 웃음 앞에 더욱 강렬한 빛을 받는 것처럼 쑥쑥 커지는 것을 느꼈다.

"그럼 이만 실례합니다. 오늘 초청해 주셔서 감사합니다."

그녀는 씩씩하게 인사하고 엘리베이터를 향해 잰걸음을 옮겼다.

나는 머리 주위에 천사들이 훨훨 날아다니는 환영을 보면서 사타구니에 갈색 얼룩이 묻은 바지 차림으로 우두커니 서서 그녀의 뒷모습을 바라보고 있었다.

그렇다. 나는 아마도——아니, 아마도가 아니라 완벽하게—— 마토베 린코에게 빠져버린 것이다.

5월 초순의 토요일 아침, 정처 없이 간다가와의 벚나무 가로수

가 늘어선 산책로를 걸으며 린코를 떠올렸다.

그날 받은 명함은 갖고 다니며 종종 주머니 속에서 꼭 쥐어 보는 바람에 더욱 꼬깃꼬깃해졌다.

그 뒤로 딱 한번 마음먹고 문자를 보냈다. 지난번에는 고마웠습니다. 멋진 강연이었습니다. 다시 모실 수 있으면 좋겠습니다. 앞으로도 잘 부탁드립니다──라는 지극히 상투적인 내용이었다. 따로 한번 만나고 싶다는 내용을 덧붙일까 심각하게 고민했지만, 아무리 생각해도 이상한 놈으로 보일 것 같아 그만두었다.

린코는 매너가 좋은 사람이었다. 즉시 답신이 왔다. 저야말로 고마웠습니다. 좋은 기회를 주셔서 감사합니다. 앞으로도 잘 부탁드립니다──라는 뭐 하나 흠잡을 데 없는 내용이었다. 보기에 따라서는, '이제 답신은 필요 없습니다'라고도 읽힐 수 있다. 모처럼 연결되기는 했지만 나의 연약한 마음은 다음 한 발자국을 내딛지 못하고 유착 상태에 빠져들었다.

스토커나 다름없는 짓은 하지 말자고 다짐했지만, 자꾸 궁금해져서 '마토베 린코'라는 키워드로 검색을 해 보니 1만 건이 넘는 결과가 나왔다. 이미지와 동영상도 무척 많았다. 나만 몰랐을 뿐 마토베 린코라는 이름은 이미 널리 알려져 있는 듯했다.

한데 인터넷에 있는 이미지나 동영상은 다른 사람들이 올린 것뿐이고 본인이 직접 미디어에 등장한 자료는 없었다. 그쯤 되는 외모라면 매스컴에서 가만 놔두지 않았을 텐데……. 왠지 그녀의 마음가짐을 알 것 같았다.

실은 나도 이런저런 미디어로부터 다양한 주제로 출연 제안을 받는다. 대개는 《마드모아젤》이니 《레이디공론》이니 하는 이른바 고급 여성잡지나 라이프스타일 매거진이었다. 소마 일가의 둘째 도련님이며 도쿄대 학력에 조류 연구를 하는 미혼 남성──이라는 타이틀은 세상 여성의 호기심을 끄는 대상일 것이다(라고 쓰자니 얼굴이 빨개진다). 그러나 나는 미디어에 얼굴을 팔고 싶지도 않고 나의 연구 내용이 아니면 세상 사람들에게 피력하고 싶은 욕심도 없으므로 미디어의 출연 제안을 모두 거절해 왔다. 매체가 무엇이든 최대한 얼굴을 팔고 싶어 하는 형은 열심히 미디어에 출연하고 있었지만.

우리, 조금 닮았네요.

그날 린코가 던진 한 마디는 아마도 우연이고 깊은 의미 따위는 전혀 없으리라. 그래도 나에게는 마법 같은, 희미한 희망이 담긴 말이었다.

그런 생각을 하며 산책로 벤치에 앉아 새잎이 돋은 가지를 창공으로 뻗은 벚나무를 올려다보니 바로 옆 잔가지에 동박새가 앉아 있었다. 눈을 가늘게 뜨고 그 귀여운 모습을 바라보았다.

동박새는 경계심이 강해서 좀처럼 사람 가까이 오지 않는다. 그러나 드물게도 저 한 마리는 내 바로 앞에 있는 가지에 앉아 움직이지 않았다. 나는 조심스레 주머니에서 스마트폰을 꺼내 카메라를 살짝 그쪽으로 향했다.

찰칵.

셔터 소리에 동박새가 역시 파드득 날아올랐다. 사진을 확인해 보니 푸른 잎을 내민 가지에서 평화롭게 쉬고 있는 아름다운 초록빛 작은 새가 멋지게 찍혀 있었다.

들새를 가까이서 사진에 담는 것은 매우 어려운 일이다. 덤불 속에 망원 카메라를 설치해 두고 들새가 가까이 오기를 끈질기게 기다려서 힘들게 찍는다. 벌써 20년 이상 넘게 매일 새를 관찰하고 있는 나도 동박새를 이토록 선명하게 찍은 적은 처음이었다. 그래서 한껏 행복해졌다.

이 사진을 보내자.

문득 그런 생각이 들었다. 연구소 소장도 아니고 선배도 동료도 아니었다. 나는 이 가련한 새의 베스트샷을 린코가 보아 주길 원했다.

휴일 아침 8시에 '간다가와 천변에서 찍었습니다. 당신 곁으로 날려보냅니다'라는 엉뚱한 글에 동박새 사진을 첨부한, 매우 이상한 메일이었다. 그걸 앞뒤 재지 않고 들뜬 기분에 그냥 보내 버리다니. 이상한 놈이라고 생각한다면 그걸로 끝이다.

전송 버튼을 누르고 나서야 엇, 하며 정신을 차렸다. 식은땀이 확 솟았다.

잠깐…… 이게 뭐야. 이런 창피한 메일을, 지금, 보내 버린 거야?

당신 곁으로 날려보냅니다, 라니……. 아, 어떡하나. 이거.

그런데 그때.

스마트폰이 진동했다. 화면을 보니 메일이 하나 와 있었다.

──설마.

마토베 린코의 답장.

작은 새가 날아왔네요. 무슨 새죠? 가르쳐주시겠어요?

다음에 만나 뵐 때라도.

14

20××년 5월 17일 아침부터 쾌청(←린코를 처음 만날 당시의 날짜)

린코의 휴대폰에 동박새 사진을 전송하고 일주일 동안 나는 한 껏 들떠 있었다. 거의 팔짝팔짝 뛸 것만 같은 가뿐한 발걸음으로 통근하고 직장에서의 업무는 신속하게 해치우다 못해 내 담당이 아닌 업무까지 기꺼이 떠맡아서 해냈다. 동료와 점심 먹으러 나 가서 거하게 한턱을 쏘고, 회식에서는 술도 못 마시는 주제에 생 맥주를 피처로 주문해 마셨다가 주점 바닥에 널브러져 선배가 택 시에 태워 집까지 데려다 주는 지경이었다.

소장과 선배와 동료들은 고개를 갸우뚱거렸다.

"소마 녀석 어떻게 된 거야?"

"역 오월병5월 황금연휴를 즐기고 나면 월요병처럼 업무 의욕이 떨어지는 현상 같은 건가?"

"복권에라도 당첨됐나?"

수군거리는 소리가 들려왔지만 아랑곳하지 않았다.

나는 곧 마토베 린코와 만날 테니까. 단둘이. 말하자면 데이 트? 그렇다, 데이트다.

그러니 들뜨지 말라고 해도 소용없다. 두 발이 허공에 뜬 기분 이다.

동박새 사진 메일에 대한 린코의 답신, '무슨 새죠? 가르쳐 주시겠어요? 다음에 만나 뵐 때라도', 그 글귀에 용기를 얻어 큰맘 먹고 문자를 보내 보았다.

괜찮으시면 함께 새 관찰 하러 가시겠어요?

두근거리며 보낸 문자를 나중에 읽어 보니 영 마땅치 않았다. 마음에 둔 사람에게 첫 데이트를 제안하면서 새 관찰이라니. 더구나 상대는 지성의 농축 패키지와 같은 뛰어난 여성이다. 새가 궁금하다고 따라 나오진 않을 텐데.

하지만 한껏 들떠 있던 나에게는 그녀를 유혹할 만한 글귀가 달리 떠오르지 않았다. 과연 별로 뜸도 두지 않고 린코의 답신이 왔다. 기꺼이, 라고.

그리하여 맞이한 토요일.

일이 잘 되려고 그랬는지 어머니도 마침 전날 저녁 형님 가족과 야마나카 호숫가에 있는 별장에 가 있었다. 날씨가 좋은 5월과 10월이면 주말마다 온가족이 별장으로 쉬러 가곤 한다. 생전의 아버지와 형은 오로지 골프만 쳤고 어머니도 종종 라운딩에 어울렸다. 나는 물론 새를 관찰한다. 하지만 연구소에 근무하게 된 뒤로는 집에서 잔무를 처리해야 한다는 핑계를 대고 혼자 집에 남는 경우가 많았다. 나의 필드워크에 어머니가 따라다니면 쉴 새 없이 혼담을 들이미는 바람에 집중할 수 없다는 게 이유였다.

린코와 첫 데이트가 예정된 날 아침, 어머니의 괜한 억측을 사지 않아도 된다는 점은 고마웠다. 지난 한 주일 동안 내 발이 땅에 닿지 않고 붕 떠 있음을 어머니는 벌써부터 알아챈 눈치였으나, 잠시 상태를 볼까, 하는 마음인 듯했다. 아마 평소와 달리 유난히 안절부절못하는 아들의 모습에 심상치 않음을 느끼고 있었는지 모른다.

"어머, 히요리 씨, 휴일에도 출근하세요?"

다녀오겠습니다, 라고 인사하자 가정부 관리장 오쿠바야시 씨가 현관까지 배웅하며 물었다. 깔끔하게 슈트를 차려입고 반짝반짝 닦은 구두를 신고 대구경 망원경이 담긴 캐리어와 삼각대 상자를 양손에 든 내 모습을 보고 역시 심상치 않은 기미를 느낀 듯했다.

"예, 뭐, 그렇죠." 나는 모호하게 대답했다.

"날도 화창하고 새 관찰에 딱 좋은 날씨라서…… 그럼 다녀올게요."

후닥닥 도망치듯 집을 나섰다.

그림처럼 아름다운 화창한 5월, 상쾌한 날이었다. 그야말로 새 관찰에 딱 좋은 날이자 데이트하기에도 딱 좋은 날이다. 휘파람이라도 불며 팔짝 뛰고 싶은 기분이지만, 그러기에는 양손에 매달린 짐이 너무 무겁다.

린코와 약속한 장소는 메이지신궁 입구. 그러니까 오모테산도와 연결되는 남쪽 초소의 도리이 밑이었다──나중에 린코에게 두고두고 핀잔을 들었다. "첫 데이트 약속장소가 메이지신궁 도리이 밑이라는 말을 들었을 때는 정말 깜짝 놀랐어."

과연 첫 데이트에는 어울리지 않는 약속장소였는지 모른다. 하지만 그때는 이것저것 따질 여유가 없었다. 내가 잘 아는 새 관찰장소이고 시내이고 교통편도 좋은 곳. 그 세 가지 조건을 충족시키는 곳이 메이지신궁이었다. 스타벅스나 혼잡한 전차역 개찰구 같은 데서 만나는 것보다 이곳이라면 헷갈릴 염려도 없으리라는 생각이었다.

가슴을 펴고 메이지신궁역에서 도리이를 향해 걸었다. 울창하게 우거진 초록빛 나무들 사이로 색 바랜 도리이가 유유히 서 있고 그 밑으로 그녀의 모습이 보였다. 약속 시간 오 분 전이지만 여유를 두고 와 준 것이다.

"안녕하세요." 내 모습을 보자 린코가 먼저 인사를 건넸다.

"안녕하세요. 이렇게 어려운 걸음을 해 주셔서……."

숨을 헐떡이며 인사하자 린코가 '저도 모르게' 라는 모습으로 쿡쿡 웃었다.

"짐이 많네요. 등산이라도 하실 것 같아요."

얼굴이 빨개지는 것을 의식하며 나도 덩달아 웃었다.

"짐이 너무 커서 부끄럽습니다만…… 이거, 망원경입니다. 이걸로 새를 보면 그 박력이 남다르거든요. 마토베 씨, 새 관찰은 처음이세요?"

"네, 처음이에요."

"그럼 더욱 이 망원경으로 보셔야죠. 뭐든 첫 체험이 감동적이면 그 활동을 계속 좋아할 게 틀림없거든요."

극도로 긴장한 나는 평소보다 훨씬 말수가 많아졌다. 그래서 만나자마자 이상한 말을 자주 내뱉었다. 하지만 린코는 내 말을 순순히 들어 주고 미소 지어 주었다.

우리는 자갈 깔린 참도를 나란히 걸어갔다. 딸그락딸그락 자갈소리가 언제까지나 우리를 따라온다. 마음에 둔 사람과 나란히 걷는다는 흡족함 속에서 나는 린코에게 이런저런 말을 건넸다. 메이지신궁 경내 숲에 대하여, 거기 모이는 들새가 얼마나 다양한지에 대하여, 이런 시내 중심지라도 숲이 우거진 곳이 어디인지 새들은 잘 알고 있다는 것. 시내에도 들새가 모이는 장소가 의외로 도처에 있다는 것 등등.

십 분쯤 걸었을까. 린코가 문득 걸음을 멈추었다.

"질문이 하나 있어요. 해도 좋을까요?"

수업 중에 손을 드는 학생처럼 낭랑한 목소리로 그렇게 물었다. 나는 반가워서 "네, 그럼요" 하고 대답했다.

"왜 그렇게 새에 해박하세요?"

그제야 나는 내 이력에 대하여 린코에게 하나도 이야기하지 않았음을 깨달았다.

조금 늦었지만 이번에는 나에 대하여 허둥지둥 말하게 되었다. 린코와는 도쿄대 동문이고, 대학원에서 조류생태학을 연구했으며, 현재 박사논문을 쓰는 동시에 조류 연구소에 근무한다는 것 ──마지막으로 우리 집 정원에 오는 새를 초등학생 때부터 관찰해 오고 있다는 사실도.

"그랬군요." 린코는 그제야 납득한 표정으로 말했다.

"메일로 작은 새를 날려 보냈다고 하시고, 새 관찰 하러 가자고 하시고…… 왜 새일까 하고 생각했어요. 조금 이상했거든요."

아무래도 나와 다르게 그녀는 나의 배경에 대하여 인터넷 검색을 해 보지 않은 듯했다. 나에 대해 흥미가 별로 없었나……. 잠깐 낙담할 뻔했지만, 아니지, 바빠서 그럴 틈이 없었을 거야, 혹은 고상한 사람이라 그런 속물 같은 짓은 안 하는 거겠지, 하고 스스로를 달랬다.

"제가 결례했군요. 새에 열중한 나머지 제가 아는 것을 누구한테든 무턱대고 알려 주고 싶어서……."

말하면서도 부끄러운 기분이 들었다. 그럼에도 린코는 이유를 묻지 않고 여기까지 나와 주었다.

"수상하게 생각하면서도 나와 주셨군요."

그렇게 말하자 린코의 얼굴에 미소가 번졌다.

"수상하진 않았어요. 그냥 이상했어요. 이상하다 싶으면 직접 확인해 보고 싶잖아요?"

산들바람 같은 미소에 나도 덩달아 기분이 좋아졌다.

우리는 일본 최대의 목제 도리이인 오오토리이를 지나 신궁 정원 북문 길로 들어섰다. 거기에서 조금 더 가면 다실 가쿠운테이 隔雲亭가 보인다. 그 근방은 나무가 보기 좋게 우거져 새 관찰에 알맞은 포인트로 알려져 있다.

"이곳에서 관찰할까요?"

나뭇잎 사이로 햇살이 떨어지는 평평한 자리를 골라 망원경을 설치했다. 양손에 들고 온 케이스에서 대구경 망원경과 삼각대가 나오자 린코는 와아, 하며 솔직하게 놀랐다.

나는 우선 작은 새들이 머물 법한 나뭇가지를 골라 그곳을 향해 렌즈를 조정했다. 초점을 맞추고 기다리는 몇 분 동안 나는 평소처럼 말이 없어졌다. 린코도 말이 없었다. 뭔가 신성한 의식에 입회한 듯한 표정으로 조용히 나를 지켜보았다.

"잠깐 여길 들여다보실래요?"

잠시 후 나는 린코에게 권했다. 린코는 눈을 살짝 파인더에 댔다. 이내 "오오, 예뻐라" 하고 한숨 섞인 소리로 속삭였다.

렌즈 너머에는 유리딱새가 있었다. 변덕스런 들새다. 평소 한 자리에 오래 머물지 않는다. 하지만 그 유리딱새가 어찌된 일인지 한 자리에 가만히 머물고 있다. 마치 내 심정을 린코에게 전해 주려고 찾아온 파랑새처럼.

아름다운 파랑새에 린코는 몰두했다. 마침내, "아, 다른 새가 왔다!" 하고 소리쳤다. 이번에는 아까보다 조금 큰 목소리로 물었다. "뭐죠, 저 새는?"

"잠깐 제가 볼까요?" 나는 그녀 옆에서 파인더를 들여다보았다.

"방울새 암컷이군요. 아, 수컷도 왔다. 보세요."

"어, 정말요? 어디어디."

"아, 가 버렸네. ……하지만 이번엔 노랑딱새가 왔어요. 짝짓기

하러."

우리는 어느새 뺨을 맞대다시피 하고 번갈아가며 파인더를 들여다보고 있었다. 그러는 내내 가슴이 두근거렸다. 그 시끄러운 고동소리는 마침내 따뜻하고 신비한 감정으로 변해 갔다.

나는, 이 사람과, 같이 있고 싶어.

계속 같이 있고 싶어.

달콤하고 부드러운 감정이 내 가슴을 가득 채우고 있었다.

한참을 관찰한 뒤 나는 린코를 비장의 장소로 이끌었다.

서쪽 참도에서 보물전으로 향하는 중간에 갑자기 시야가 탁 트이는 장소가 있다. 숲이 에워싼 널찍한 잔디 광장으로, 건너편에 신주쿠 고층 빌딩이 나란히 서 있는 게 보인다. 와아, 하며 린코가 다시 탄성을 질렀다.

"시내에 이런 장소가 있었군요!"

나는 재킷을 벗어 잔디에 깔며 "괜찮다면 여기 앉으세요" 하고 권했다. 린코는 한순간 놀란 얼굴로 나를 쳐다보았지만 곧 웃으며 말했다.

"아뇨. 이렇게까지는 필요 없어요."

"아뇨 아뇨. 개의치 말고 앉으세요. 이 재킷도 마토베 씨가 앉아 주길 바랄 테니까요."

그런데 린코는 "잔디가 좋아 보이네요" 하며 불쑥 잔디밭에 누워 버렸다. "아아, 기분 좋다. 얼마 만이냐, 이렇게 뒹굴어 보는 게."

끄응, 하며 크게 기지개를 켜고 눈을 감았다. 그렇다면, 하고 나도 옆에 벌렁 누워 눈을 감았다.

산들거리는 바람이 우리 볼을, 몸을 쓰다듬으며 지나간다. 멀리서 노랑딱새와 박새가 지저귀고 우리 위로는 창공뿐이다.

"도쿄에도 이런 하늘이 있었군요. 아무것도 없는 하늘을 참 오랜만에 보네……."

혼잣말처럼, 하지만 내 귀에도 들리는 목소리로 린코가 중얼거렸다. 그동안 얼마나 치열한 하루하루를 살아 왔는지 느낄 수 있는 울림이 담겨 있었다.

"히요리 씨는 새 관찰을 하며 매일 하늘을 올려다보시나요?"

히요리 씨, 라고 자연스럽게 불러 준 것이 좋아서 들뜬 목소리로, "네, 하루도 거르지 않고요" 하고 대답했다.

"새 관찰을 위해 내 눈길은 어느새 언제나 위를 향하고 있는 것 같습니다. 늘 위를 보며 걷고 있다는…… 느낌이죠."

후후, 하고 웃는 소리가 들렸다.

"그거, 좋군요. 늘 위를 보며 걷는 거. 멋져요."

그녀의 말이 내 가슴을 부드럽게 간질였다. 나는 눈앞에 크게 열린 하늘을 보며 린코와 내가 한없이 걸어가는 모습을 떠올렸다.

"뭐가 그리 바쁜지. 종종 내가 뭘 하고 있는지 모르겠다는 기분이 들어요. 이렇게 살아도 되는 건가 싶고."

약간 낮은 목소리로 그녀가 말했다. 나는 가만히 얼굴을 돌렸다. 바로 위에 있는 하늘로 시선을 향한 채 린코는 계속했다.

"아실지 모르겠지만 내가 일하는 싱크탱크는 정책에 조언을 하는 정부 관련 연구기관이에요. 내 전공은 국제정책이지만, 뭐랄까…… 조언을 정리해서 정부에 제출해도 늘 헛방망이를 휘두르는 것 같은 허망함만 남아요. 그러니까…… 가령……."

뭔가 구체적으로 이야기하려다가 입을 다물기에 나는 "가령?" 하고 물었다.

"아뇨, 됐어요. ……이렇게 상쾌한 날인데, 일 얘기를 하면 망쳐 버릴 거예요."

"그럼 오늘은 번거로운 일은 다 잊죠. 대신 다음에 만났을 때 그 번거로운 일들을 전부 들려주세요. 음…… 저라도 괜찮다면."

린코의 얼굴이 이쪽으로 향했다.

가슴이 덜컹, 했다. 봄 햇살이 깃든 린코의 눈동자가 반짝였다.

안 돼. 빨려든다.

나도 모르게 얼굴을 가까이 대려는 순간, 린코가 얼굴을 홱 돌려 다시 하늘을 보았다.

아…… 위험했다.

나는 얼굴로 피가 쏠리는 것을 느끼며 황망히 말했다.

"……하지만 역시 바쁘시니까…… 리, 린코 씨는. 다시 만나는 건 어렵겠죠……."

"어려울 거 없어요."

단호한 목소리가 돌아왔다.

"다음에 만나면 다 들어 주세요. 오늘은 일단 전부 잊을 테니까."

후우, 하고 긴 숨을 허공에 내쉬고 다시 눈을 감았다. 나도 살짝 눈꺼풀을 닫았다.

햇볕이 우리 두 사람을 감싸 주는 듯 쏟아졌다.

우리는 몸을 완전히 대지에 맡겼고, 그녀의 손과 내 손은 불과 몇 센티미터 거리를 두고 푸릇푸릇한 풀 위에 조용히 놓여 있었다.

문득 내 오른손 약지가 그녀의 왼손 약지에 닿았다. 뭔가를 약속하듯이.

살짝 닿은 손가락을 통해 그녀의 고동이 전해져 온다.

순간 나는 느낄 수 있었다.

연구와 업무에 쫓겨 숨 돌릴 틈도 없는 나날.

남녀가 평등하다지만 여전히 남성이 주도하는 직장과 사회에서 겪어야 하는 고독한 싸움.

그런 것들을 그녀에게 직접 듣게 된 건 훨씬 나중 일이었지만 그날 우리는 어떤 고독을 넘어서 하나로 연결되어 있었다——약지 하나로.

생각해 보면 그것은 앞으로 무슨 일이 닥쳐도 함께 걸어가자는 우리의 첫 약속. 그리고 내 평생을 관통하게 될 결심의 순간이었다.

앞으로 무슨 일이 닥쳐도, 아무리 거센 폭풍이 몰아쳐도.

나는 당신을 지지하겠어. 그리고 당신을 따라갈 거야.

씩씩하고 굳세고 아름다운 당신을.

어디까지나.

15

20××년 12월 18일 맑음

후우우. 첫 문장부터 한숨 소리를 적고 말았다.

왜 이렇게 일기를 시작하느냐 하면, 방금 읽으신 대로 마침내 밤을 세워 쓰고 말았기 때문이다. 누구에게도 절대 밝히지 않기로 했던 린코와 나의 첫 만남에 대하여.

혹시 당신, '이게 다야?' 하고 실망하지는 않았는지? 뭐, 그래도 할 수 없다. 조금 더 진도를 나갔다면 좋았겠지만 내 아내이자 총리인 소마 린코의 은밀한 프라이버시까지 까발릴 수는 없겠죠. 그건 곤란하지. 아무리 졸라도 안 됩니다.

린코와 내가 사귀게 된 내력을 일기에 쓰고 보니 가슴속 폭풍이 어느새 가라앉았다. 이제는 다시 내가 지금 처한 현실을 냉정하게 돌아보아야겠다.

나는 현금 1천만 엔을 요구받았다. 프리랜서 정치 저널리스트이며 형사 콜롬보를 닮은 아베라는 자가 나타나, 특별히 무슨 짓을 저지른 것도 아닌데 엄청난 뭔가가 있어 보이는 투샷 사진, 즉나와 내 동료 이토 루이 씨의 모습을 도촬했다. 그리고 7일(벌써 이틀이 지났으니 오늘을 포함하면 닷새) 안에 1천만 엔을 자기 계좌에 입금하지 않으면 적당한 매체에 사진을 넘기겠다고 한다.

이 협박을 나에게 전해 준 사람은 현 연립정권 수립의 주역 하라 구로이다. 아무래도 아베 씨는 정계 뒤 무대에 정통한 사람 같다. 그자는 나와 거래하기 위해 하라 씨를 중간에 세웠다. 얼마나 용의주도한 인간인가. 이로써 밝히고 싶지 않은 나의 비밀을 아베 씨와 하라 씨 두 사람과 공유하게 되고 말았다.

사실은 '밝히고 싶지 않은 비밀'이고 뭐고가 없다. 왜냐하면 이토 씨와 나 사이에 아무 일도 없었기 때문이다. 때마침 '어느 쪽으로든 해석할 수 있는 장면'을 도촬 당했을 뿐…… 아니지, 그것 자체가 실수다. 도촬 당한 것 자체가 나의 경솔함이 초래한 심각한 사태이기 때문이다.

나는 이 일을 린코에게는 알리지 말자고 일단 결심했다. 소비세율 인상 법안 건으로 린코는 어려운 처지에 몰려 있다. 괜한 일로 그녀를 힘들게 할 수는 없다.

그러자면 돈이 필요한데, 당장은 달리 방법이 없지 않은가.

나는 은행에서 아베 씨 계좌로 송금하는 방법을 시뮬레이션 해보았다.

내 계좌는 소마 가의 담당 세무사가 정확하게 관리하고 있다. 어쨌거나 나는 소마글로벌의 이사이고 지금은 총리의 남편이기도 하다. 용도가 불분명한 송금이 발견되면 추궁을 당한다.

그렇다면 현금을 인출해서 직접 입금하는 편이 좋겠지. 여러 계좌에서 200만 엔가량씩을 인출하는 거다. 세무사에게는 '긴자 술집에서 돔 페리뇽을 마셨다' 혹은 '내기골프 했다'라고 둘러대면 어떨까. 아니, 그건 곤란하려나, 이 초 안에 거짓말을 간파당할 테니. 유흥비를 펑펑 써 본 적이 한 번도 없으니까. 무엇보다 그렇게 많은 계좌를 갖고 있지도 않고.

나는 거래든 흥정이든 줄다리기든 소위 '밀당'에 매우 약하다. 이리저리 심사숙고한 끝에 마침내 결론에 다다랐다.

콜롬보 아베를 직접 만나 교섭하는 수밖에 없다.

그렇다. 그게 가장 좋다. 돈을 건네주더라도 흔적이 남지 않는 방법을 택하고 싶다고 부탁하는 것이다. 여하튼 린코를 궁지로 모는 짓은 앞으로 하지 말아 달라고 말하자.

얼굴 보며 부탁하면 들어주는 사람인지는 알 수 없지만, 아무튼 이제는 그와 직접 대결하는 것 말고는 달리 좋은 방안이 떠오르지 않았다. 풀네임도 사무소 이름도 전혀 모르지만 일단 인터넷으로 조사해 보기로 했다.

'아베', '프리랜서', '정치 저널리스트', '정치계', '뒷무대', '베테랑' 등 생각이 나는 대로 키워드를 입력하려는데,

……나왔다. 첫 키워드만 입력하고도.

'아베 히사시. 프리랜서 정치 저널리스트. 정계 뒷무대에 해박하며 추적 조사의 베테랑……'. 이건 모든 키워드가 전부 들어 있지 않은가.

즉시 '정치 저널리스트 아베 히사시의 공식 홈페이지'에 접속해 보았다.

야호! ☆ 정계 뒷담화라면 뭐든지 맡겨주셈 ☆ 여기는 아베뿅의 홈페이지라구~ 데헷, 메롱♡, 소마 린코 진짜 짱이다! 대박! 소린 개이뻐♡, 소비세율 인상 법안, 이대로 개기다가 내년 국회에서 가결? 우와 대박! 대박~ 초대박! ^^

여기까지 읽었을 때 나는 하마터면 의자에서 미끄러질 뻔했다.

뭐야, 이 홈페이지. 이게 정말 콜롬보 아베가 쓴 글이라고?!

홈페이지를 전체적으로 살펴보면 소마 정권의 정책, 정치와 돈 문제, 소비세율 인상 법안 등 요즘의 다양한 이슈들이 등장하는데 그 문장이 전체적으로 '아베뿅' 스타일이었다. 흐음, 하고 나는 잠시 모니터를 쳐다보며 당황했다.

아베뿅. 이거 심상치 않은 자인걸.

홈페이지 안에는 메일 주소도 적혀 있었다. 어쩌면 아베 히사시 패러디 사이트인지도 모른다. 메일을 보냈다가 악용당하면 큰일인데…… . 하지만 고민하고 있을 시간이 없다.

될 대로 되라는 심정으로 키보드를 두드렸다. '의뢰하신 안건에 대하여'라는 제목으로.

아베뿅 귀하, 저는 히요린입니다~ . 오늘 점심시간에 고코쿠지 숲에서 만나고 싶어요. '사진 첨부 메일' 건입니다. 그 자리에서 기다리겠습니다! ^^

마지막의 '∧∧'는 무슨 의미인지 알 수 없었지만 아베뽕 흉내를 내 본 것이다. 지푸라기라도 잡는 심정으로.

그날 12시에 나는 연구소를 나와 택시를 탔다. 물론 고코쿠지 집으로 가기 위해서다.

나의 장난 같은 메일을 읽고 아베 씨가 과연 나타날까. 메일에 답신은 없었지만, 아무튼 고코쿠지 집에 가서 기다려 보기로 했다. 후지노미야 씨에게는 "점심시간에 자료 가지러 고코쿠지에 갑니다"라고만 말해 두었다.

대문 앞에 도착한 것은 12시 15분이었다. 주위에 인기척은 없었다. 나는 집 안으로 들어가 초조하게 기다렸다.

12시 45분에 출발하지 않으면 점심시간이 끝나는 1시까지 연구소에 도착할 수 없다. 1시 정각이면 내 자리로 돌아가 앉는 것이 나의 오랜 습관이다. 조금이라도 늦으면 동료들이 이상하게 여길지도 모른다.

12시 25분, 인터폰 소리가 울렸다. 놀랍게도 아베 히사시였다. 나도 모르게 펄쩍 뛸 뻔했지만, '아니지, 좋아할 때가 아니잖아. 지금부터 까다로운 흥정이 시작될 테니까' 하며 마음을 진정시키고 아베뽕을, 아니 아베 씨를 안으로 불러들였다.

"장난인 줄 알았습니다. 설마 소마 히요리 씨가 직접 메일을 보냈을 줄이야······."

거실 소파에 앉자 아베 씨가 감개무량한 듯 말했다.

"저야말로. 그 홈페이지 전체가 장난 같아서⋯⋯."

나는 긴장한 표정으로 맞은편에 앉았다. 어떤 표정으로 마주 앉아야 할지 알 수 없었다. 그러나 어떻게든 십오 분 안에 대화의 결론을 내야 한다.

아베 씨가 불쑥 웃었다.

"그 홈페이지, 우리 고교생 딸이 만든 겁니다."

뜻밖의 이야기에 나는 또 소파에서 미끄러질 뻔했다.

"저, 정말요?"

허를 찔려서 나도 모르게 목소리가 높아지고 말았다.

"사실입니다."

아베 씨는 수수께끼를 푸는 형사 콜롬보처럼 담담한 얼굴로 딸 이야기를 이어 나갔다.

"이런 일을 하면 집에 제때 돌아가지 못하고 가족과 어디 놀러 가는 약속도 못 잡습니다. 딸이 한창 귀여웠던 초등학교, 중학교 때도 같이 있어 주지 못했죠. 아빠를 미워한대도 할 수 없다고 생각합니다만⋯⋯."

아베 씨의 딸은 올해 고교생이 되었다. 아빠가 뭔가 수상쩍은 일을 한다고 싫어하는 줄 알았는데, 의외로 요즘 정치에 관심이 많았다. 정치 이야기를 해 달라고 한단다. 마주 앉아 정치 이야기를 하기가 쑥스러운 쪽은 오히려 아베 씨였다. 그래서 별 생각 없이 딸에게 제안했다고 한다.

그렇게 흥미가 있다면 내 홈페이지를 운영해 봐. 어떤 내용이

든 좋아. 단, 두 가지만 지켜라. 하나는 남 흉내 내지 말고 네 생각을 쓸 것. 또 하나는 신문이든 텔레비전이든 너 나름대로 성실하게 조사하고 거짓말은 쓰지 말 것.

"그리하여 결과적으로 지금의 홈페이지가 된 겁니다."

아베 씨는 항복했다는 듯이 두 손을 어깨 높이까지 쳐들고 어깨를 으쓱해 보였다. 그 모습은 수완 좋은 정치 저널리스트라기보다 "우리 마누라가 말입니다"라고 투덜대는 형사 콜롬보를 꼭 닮았다──라고 쓰면 너무 예스러운 비유라서 당신은 이해가 힘들지 모르지만, 어디까지나 아베 씨가 정말 콜롬보처럼 보였다는 얘기니까.

"당신을 아는 사람들이라면 그 홈페이지를 보고 놀라지 않을까요?"

내가 웃으며 묻자,

"네. 그런데 오히려 결과가 좋았어요. 전에는 내 또래 남성들이 주요 방문객이었는데 요즘은 여고생들도 재미있게 읽고 있는 모양입니다. 접속 건수도 전이랑 비교할 수 없을 정도로 늘었고요."

아베 씨도 웃으며 대답했다. 그러더니,

"쏠쏠한 일감도 들어오게 되었고. ……이번처럼."

빈틈없이 본제로 넘어간다. 내 웃음이 입가에 딱 얼어붙어 버린 느낌이었다.

"사진과 관련해서 하실 말씀이 있다고 하셨죠? 무슨 말씀일까요."

나는 손목시계를 힐끔 확인했다. 12시 35분. 이제 십 분밖에 없다. 서둘러서 끝내야 한다.

"솔직히 말씀드리죠. 1천만 엔을 현금으로 주실 수 없을까요?"

……아니아니아니아니, 이게 아니지.

"아니, 그게 아니라, 당신이 요구한 1천만 엔을 현금으로 드리면 안 될까요?"

아베 씨가 내 얼굴을 지그시 쳐다보았다. 나는 내가 방금 제대로 말했는지 확신하지 못할 만큼 동요하고 있었다. 아베 씨가 너무 빤히 쳐다보므로 안절부절못했다. 콜롬보에게 궁지에 몰린 용의자도 이런 심정이었을까.

"그런 말을 하려고 나를 굳이 이 집까지 불러낸 겁니까."

건방지게 굴지 말라고 말하는 것처럼 들렸다. 나는, "예. 죄송합니다" 하고 깨끗이 사과하고 말았다. 아아, 역시 나는 절대로 죄를 저지를 수 없다. 형사든 아내든 나를 추궁한다면 즉시 자백해 버릴 테니까. 아니, 그보다 도촬 당해 현금을 갈취당하면서도 이렇게 사과나 하고 있는 나란 인간은 도대체…….

나는 정신을 가다듬고 아베 씨를 똑바로 보며 말했다.

"당신이 찍은 사진에 나오는 여성과 나는 결코 이상한 관계가 아닙니다. 그러나 섣불리 사진에 찍히고 만 것은 내 책임입니다. 그러므로 나는 이 건을 아무한테도 말할 생각이 없고, 어떻게든 내 선에서 해결하기로 했습니다. 나는 이런 일로 아내를──소마 린코를 힘들게 하고 싶지 않습니다."

나는 무력한 남편이지만 아내를, 린코를 지키고 싶습니다.

소비세율 인상을 위해 앞장서서 힘겹게 싸우고 있는 린코. 탈원전 정책으로 전환한 탓에 경제계나 원전 마피아의 격렬한 공격에 시달리는 린코.

린코를 지금 지탱하는 것은 여론. 국민의 지지뿐이다. 나라의 주인은 국민이므로 린코는 국민이 지지해 주는 한 아무리 괴로운 일을 당해도 자기가 추진하는 정책을 끝까지 관철하겠다고 결심했다.

하지만 야당의 네거티브 공세도 있고 국민들 사이에서도 소비세율 인상은 역시 때가 아니라는 목소리도 나오기 시작했다. 내각이 출범하고 3개월 만에 린코는 처음으로 벼랑에 몰리는 경험을 하고 있다고 나는 생각한다.

그녀가 절대 추락하지 않도록 손을 단단히 잡아 주고 싶습니다. 죽어도 그 손을 놓고 싶지 않습니다. 설사 모든 사람이 그녀를 버린다 해도 나만은 곁에서 그녀를 지지하는 마지막 인간이 되고 싶은 겁니다.

그러니까…….

"……질문이 있습니다."

팔짱을 끼고 내 이야기를 듣던 아베 씨가 불쑥 이야기를 막았다.

"당신은 지금 총리인 소마 린코의 남편으로서 말하는 겁니까? 아니면 소마 린코라는 한 개인을 사랑하는 남자로서 말하는 겁니까?"

수수께끼 같은 질문에 나는 잠시 말문이 막혔다. 하지만 곧 대답했다.

"나는, 총리의 남편입니다."

아베 씨의 얼굴이 순간 긴장한다. 잠시 숨을 죽이고 뭔가 궁리하는 듯하더니 양손으로 무릎을 탁 치며, "알겠습니다"라고 말했다.

"자백하죠. 나는 어떤 사람의 의뢰로 이번 일을 했습니다. 그 사람은…… 하라 구로입니다."

뭐?

나는 세 번째로 미끄러질 뻔했다. 아베 씨는 내게서 시선을 거두지 않고 내처 말했다.

하라 씨가 실은 차기 총리 자리를 노리고 있다. 지난 총선거에서 야당 각 당에 호소해서 연립을 주도한 그는 연립정권이 실현되었을 때 총리가 되어도 괜찮았을 것이다. 그러나 주도면밀한 그는 그렇게 하지 않았다.

안 그래도 운영이 어려운 연립정권. 게다가 소비세율 인상을 공약으로 내걸었다. 소비세율 인상에 착수하면 야당은 물론이고 국민적 반발을 불러 금세 정권을 빼앗길지 모른다. '판도라의 상자'를 여는 것은 자기가 아니라 누군가 다른 사람이어야 한다.

그래서 하라 씨는 린코를 선택했다. 그녀를 일본의 첫 여성 총리로 추대하여 국민의 압도적인 지지를 얻게 해서 어떻게든 소비세율 증세 법안을 가결하게 한다. 그 후 최대한 이른 시기에 소마 총리를 퇴진시키고 자기가 정점에 선다. 그러려면 지금 얼마간 흔들어 두는 게 좋다.

린코 본인이 스캔들을 일으켜 주는 편이 가장 좋지만, 아무리 흔들어 봐도 그녀에게 오점이 보이지 않는다. 자금줄도 인맥도 섬세하게 정비되어 있어서 돈 냄새도 안 나고 남자가 있는 기미도 없다. 그래서 하라 씨가 주목한 것이 남편인 나라는 이야기이다.

하라 씨는 내 성격도 파악하고 있어서, 이런 스캔들을 만들면 린코와 상의할 거라고 생각했다. 대쪽 같은 린코가 그런 돈은 줄 수 없다고 단호하게 반대하면 사진이 유력 주간지에 폭로될 테고 린코를 바라보는 국민들 시선도 달라지겠지. 만일 내가 이 일을 린코와 상의하지 않고 알아서 돈을 입금해도 사진은 결국 언론을 통해 폭로되게 되어 있다. 어차피 폭로될 운명인 셈이다.

린코의 처지를 조금 궁지로 몰면서 내년도 정기국회에서 소비세율 인상 법안을 반드시 상정시킨다. 중·참 양원 모두 연립여당 의원수가 안정적이므로 법안은 결국 가결되겠지만 총리인 린코의 자질에 의문이 제기될 것이다. 충분한 토론으로 모든 국민이 납득한 상태에서 법안이 가결되었는가? 무리하게 밀어붙이지 않았는가? 소마 내각의 독주를 이대로 허용해도 괜찮은가? 그런 목소리가 반드시 나올 것이다.

그때 하라 씨가 린코에게 충고한다. 법안 가결을 조건으로 내각총사퇴를 선언하라고. 그렇게 선언하고 법안 가결을 추진한다면 야당도 양해할 것이다. 국민도 그렇게까지 나온다면, 하며 납득할 것이다. 그것이 책임질 줄 아는 총리의 모습이다. 설사 내각이 단명하더라도 당신 이름은 일본의 첫 여성 총리로 영원이 사람들 기억에 남을 것이다──.

아베 씨의 고백에 나는 말 그대로 말문이 막혔다.

설마…… 하라 구로가 그런 음흉한 계산을…….

아니, 그 사람이라면 그럴지도 모른다. 정계 안팎에 정통하고 어지러이 변하는 정국을 정확하게 읽어낼 줄 아는 사람이니까. 자기가 정점에 올라설 최선의 타이밍을 민권당 정권 시절부터 호시탐탐 노리고 있었을 테니까.

"나는…… 나는, 이제, 어떻게 해야 합니까."

나는 린코의 등 뒤로 검은 그림자가 다가오고 있다는 말을 듣자 동요를 숨길 수 없었다.

돈으로 해결되는 일이라면 어떻게든 해결할 수 있다고 생각했다. 그러나 이번 일의 심각성은 차원이 달랐다.

린코는 꼭두각시였던 모양이다. 하라 구로에게 조만간 토사구팽당할 운명이라는 것이다.

"주변을 조심하세요, 히요리 씨. 하라 구로는 소마 린코의 급소가 바로 당신이라고 믿고 있어요. 그 사람, 대머리에 술도 약하고 얼핏 익살스런 아저씨처럼 보여도 실은 정계 최강 최악의 괴물입니다. 앞으로 당신 주변에 좋지 못한 일들을 다양하게 일으킬 겁니다."

아베 씨는 차분하게 말했다. 좋지 못한 일들을 다양하게, 라는 말에 "설마" 하고 나는 중얼거렸다.

"설마, 이토 루이 씨도?"

아베 씨가 고개를 끄덕였다.

"하라 구로가 직접 포섭하지는 않았겠지만…… 아마도."

나는 다시 말문이 막혔다.

그러고 보니 이토 씨가 요즘 이상했다. 점심 식사 하러 가자고 적극적으로 권하고 도시락도 만들어 주고 갑자기 이 집에 오고 싶다고 하고…….

이 집에 왔을 때는 나에게 어려운 집안 사정을 고백했다. 거짓 말을 한 것은 아니지만, 어쩌면 하라 씨 측의 돈을 받고 결정적 장면을 도촬할 수 있도록 나를 유인했던 걸까…….

나는 다 죽어 가는 금붕어처럼 입만 뻐끔거렸다. 아무 말도 나 오지 않았다.

"오늘 당신과 내가 나눈 대화는 아예 없었던 걸로 칩시다."

내가 멍하니 입만 뻐끔거리는 모습을 보며 아베 씨가 냉정하게 말했다.

"나는 당신의 비밀 계좌에서 돈을 송금 받은 걸로 하겠습니다. 그래서 약속대로 사진을 공표하지 않았다, 하라 씨에게는 그렇게 전해 두죠. 그럼 이만."

일어나 나가려고 하는 아베 씨를 "자, 잠깐만요!" 하고 황급히 말렸다.

"상황이 그렇다면 나도 돈을 제대로 드리겠습니다. 오늘은 돈을 준비해 오지 못했지만 내일이라도 현금 1천만 엔을 가져오겠습니다."

아베 씨가 씩 웃으며 대답했다.

"그렇게는 못합니다. 정말로 돈을 받아 버리면 당신에게 전부털어놓은 의미가 없어지잖아요."

나는 아베 씨를 멍하니 쳐다보며 "……왜?" 하고 혼잣말처럼 말했다.

"왜 이렇게 중요한 이야기를…… 해 주신 겁니까."

아베 씨는 잠깐 침묵하다가 작심한 듯 단호하게 말했다.

"소마 린코를 지켜 줄 사람은 당신밖에 없으니까요."

나는 아베 씨의 눈을 쳐다보았다. 진심을 보여 주는 열의가 그눈에 깃들어 있었다.

오랜 세월 정치계를 구석구석 살펴보며 흥미로운 기사, 비장의특종을 위해 혈안이 되어 뛰어다닌 그는, 정계를 깊이 파헤치면파헤칠수록 걱정스러운 실상에 맞닥뜨린다. '정치모리배'들은 사리사욕만 챙기고 선거에 유리한 것만 중시한다. 어제까지 '선생'이라 불리며 대접받던 국회의원도 선거에 실패하면 바로 실업자가 되기 때문이다. 여당 의원은 더욱 죽기 살기다. 야당으로 밀려나면 세상을 좌지우지할 수 없게 된다. 보신을 위해 재계와 유착하고 선거를 위해 지역 유지와 한패가 된다.

이놈 저놈 할 것 없이 다 부패했다. 신물이 나는 자들뿐이었지만 유일하게 하라 구로만은 눈길이 가는 존재였다.

정계에서 보여 주는 그의 처신이 노련해 보였다. 내세우는 정책 중에도 납득할 만한 내용이 많았다. 용모에 어울리지 않는 음험함도 흥미로웠다. 아베는 아예 하라의 측근이 되어 정계 동향을 주의 깊게 살피고 있었다.

그런 정계에서 빠르게 두각을 나타내는 인물, 기존 '정치모리배'들과는 결이 사뭇 다른 인물이 아베의 눈에 띄었다. 소마 린코였다. 청렴결백하고 매사 올곧았으며 치열하게 싸우는 여성 정치인. 이거 재미있는 인물이 등장했군, 하며 아베는 린코를 관찰했다. 그때 하라에게 연립정권 계획을 듣게 되었다. 먼저 소마 린코를 꼭두각시로 세웠다가 나중에 자기가 정점에 오를 거라고 했다. 아베는 이 계획을 듣고 전율했다. 굉장히 흥미로운 쇼가 일본 정계를 무대로 시작되려는 것이다. 아베는 주저 없이 하라 씨의 계획에 동참했다.

그러나 린코는 아베의 예상을 훨씬 뛰어넘는 훌륭한 정치인이었다. 그녀의 소비세율 인상 계획은 국가를 재정 파탄에서 구하고 사회보장을 안정시키기 위해, 무엇보다 국민을 위해 신중하게 구상한 정책임을 아베는 깨달았다. 이 사람은 나라의 미래를 진심으로 걱정하고 있다. 국민도 그걸 느끼기 때문에 린코를 지지하는 것이다. 그리고 증세의 고통을 함께 극복하겠다고 결의하고 있다──.

그러나 하라의 계획은 이미 착착 진행 중이었다. 아베는 이미 달리는 배에 오르고 만 처지라 이제는 뒤로 물릴 수도 없었다. 어떻게 해야 하나, 하고 고민하는데 마침 어제 '히요린'의 메일을 받았던 것이다———.

"일이 이렇게 되었으니 나는 이제 하라 구로와 결별할 겁니다."

차분한 목소리로 아베 씨가 말했다. 정치 저널리스트를 그만둘 거라고 했다.

"아니……," 나는 말을 잇지 못했다. "그만둔다니……."

"괜찮습니다." 아베 씨가 후련하게 말했다.

"바람직한 직업도 아니고, 어차피 그만두기에 딱 좋은 때입니다. 앞으로 내가 무슨 일을 할 수 있는지는 모르지만 딸에게도 자랑할 만한 일을 하고 싶습니다. 그리고 딸과 마주 앉아 떳떳하게 정치 이야기를 하고 싶습니다."

고교 1학년인 딸이 정치에 흥미를 느끼게 된 계기. 그것은 첫 여성 총리의 탄생이었다고 아베 씨는 말했다.

씩씩하잖아. 나는 총리의 팬이야.

아빠, 소린 너무 멋있지? 굉장해. 근사해.

나도 언젠가 정치 분야로 진출하고 싶어. 총리는 어렵더라도 소린처럼 멋진 정치가가 될 거야. 아니면 아빠처럼 정치 저널리스트가 되든가.

망가지고 있는 일본을 구할 거야. 진정한 히어로, 아니지, 세기의 히어로인!

"눈을 반짝이며…… 이제 겨우 열여섯 살 아이가 건방진 말을 하더군요."

아베 씨는 그렇게 말하며 콧잔등을 긁적였다. 한창 건방지고 꿈 많은 여고생 딸을 둔 아빠의 얼굴이었다.

"나도 딸도 총리를 응원합니다. ……하라 구로에게 속으면 안 됩니다."

국민을 위해. 끝까지 총리를 지켜 주세요.

그걸 해낼 수 있는 사람은 히요리 씨, 당신뿐입니다.

총리의 남편인 당신 말고는 아무도 없으니까.

16

20××년 12월 21일 흐림

정치 저널리스트 콜롬보 아베와 내가 '밀담'을 나눈 뒤 긴장된 사흘이 지났다.

아니, 긴장한 것은 내가 아니었다. '특종! 총리의 남편 소마 히요리 씨의 외도 현장. 소마 린코 수상, 정계 은퇴를 향한 카운트다운 시작되나'라는 턱없이 자극적인 제목으로 엄청난 판매량과 영향력을 자랑하는 모 주간지에 나와 이토 루이 씨가 찍힌 야릇한 사진이 오늘이라도 실리지 않을까——하고 긴장하며 '그날'을 기다리는 사람은 도촬의 먹잇감이 되었던 이토 씨 본인이었다.

아베 씨에 따르면 하라 구로 일파에 포섭된 그녀가 도촬을 돕기 위해 나를 교묘하게 유인했을 거라고 했다. 주간지에 발표되는 '디데이'가 다가올수록 나를 대하는 이토 씨의 태도가 날로 어색해졌다. 내 눈길을 애써 외면하고 나를 피해 다녔다. 점심시간에도 같이 나가자고 말하지 않게 되었고 업무가 끝나면 부리나케 퇴근해 버린다. 이상할 정도로 적극적이던 도촬 전과는 완전히 딴판으로 변했다. 역시 그랬구나.

그래도 당연히 지금은 그녀를 비난할 수 없다. 나는 아무 일도 없었던 것처럼 애써 태연하게 행동하려 했다.

동료가 심상치 않은 사태에 말려들었다는 사실도 착잡했지만, 그보다 더 나를 힘들게 한 점은 정계의 흑막 하라 구로가 주도한 '괴뢰정권'에 아무래도 린코가 아무것도 모르고 이용당했다는 생각이었다.

설마 그럴 리가, 라고 반문하기도 했지만, 가만히 따져 보면 하라 구로가 대머리에 술도 못 마시고 얼핏 익살스러운 아저씨……아니, 이쪽이 아니라, 정계 최강 최악의 괴물이라는 아베 씨의 말은 사실인지 모른다.

그는 돌다리도 두드려 보고 건널 만큼 신중하고, 지금은 야당으로 추락한 민권당이 장기간 정권을 좌지우지하던 시절에도 언제나 당 3역 가운데 한 자리를 차지했으며, 장관에 취임하지는 않고 늘 당 전체를 장악하고 관리하는 실력자처럼 보였다. 그리고 무서울 정도로 타이밍을 정확히 포착한 그는 린코와 은밀히 상의하여 연립여당을 세우기로 계획을 짜 놓고, 민권당을 탈당한 다음 정권을 무너뜨리기 위해 총선거로 정국을 몰고 갔다.

담담하고 착실하게 밟아 왔던 그 모든 행적이 자기가 훗날 총리 자리에 오르기 위한 것이었다.

원래 린코는 '언젠가 총리가 되겠다'는 생각으로 정치가가 된 것이 아니다.

그녀는 우선 정치가로서 이념과 정책이 있었다. 그 바탕 위에서 '좋은 나라를 만든다', '정치의 힘으로 국민을 행복하게 한다'는 매우 단순명쾌한, 하지만 지금까지 어떤 정치가도 해내지 못한 가장 어려운 과업을 실현하고자 정치생명을 걸었다.

그거야 당연한 일 아닌가, 라고 당신은 반문할지 모른다. 정치가로서 이념과 정책을 갖는 것은 당연한 거라고 말이다. 어쩌면 당신이 사는 시대에는 그게 당연한 일인지 모른다. 아니, 그런 시대이기를 바란다. 왜냐하면 우리 시대는 그렇지 않기 때문이다.

정계에 뛰어든 자라면 한 번씩 망상하는 위대한 꿈은 총리가되는 것이다.

그것이 이룰 수 없는 꿈일 동안에는 그래도 낫다. 한데 총리석에 다가갈 기회를 얻게 되면 이제는 의자를 차지하는 것이 목적이 되어 버리는 경우가 대부분이다.

총리석만을 노리다가 막상 앉게 되면, 즉 목적을 달성하면 그다음에는 뭘 어떻게 해야 할지 모르는 꼭두각시가 되고 만다. 총리 자리에 오르느라 분투하던 속빈 총리는 애초에 정책 비전도 없었으니 가스미가세키_{각종 관청이 모여 있는 곳} 공무원들에게 금세 포위되어 관료들이 하라는 대로 적당히 움직이는 수밖에 없다. 이것이 수십 년이나 정권을 잡아 온 예전의 여당 민권당이 만든 총리상이었다.

예전의 총리들과 린코는 전혀 다르다. 그녀는 총리가 되고 싶다는 말을 한 번도 해 본 적 없을뿐더러 목표로 삼은 적도 없다. 아마도.

나는 곰곰이 기억을 더듬어 보았다. 총리석이 뜻밖에 린코의 시야에 들어오게 된 뒤로 있었던 일들을.

그녀는 나에게 물었다. 만약에 내가 총리가 된다면 말이야, 당신한테 무슨 곤란한 일이라도 생길까?

생각해 보면 그때 처음으로 린코의 마음에, 내가 일본의 첫 여성 총리가 되겠다──라는 '목표 비슷한' 것이 생겼으리라.

그래서 하라 구로가 무서운 사람인 것이다. 누구보다 청렴하고 전보다 좋은 나라를 만드는 정치를 하겠다는 이념으로 불타는 린코의 마음을 겨냥해 '여성 총리'라는 화살을 쏘았다. 우리 함께 일본을 바꿔 나갑시다. 당신이라면 할 수 있소, 아니 당신이 아니면 안 됩니다──라면서.

격려처럼 들리는 유혹의 독이 묻은 화살은 그녀의 가슴 한가운데, 결과적으로는 정곡에 박혔다. 그 독이 린코를 차근차근 괴롭히다가 마침내 퇴진으로 몰아넣는 일련의 과정을 하라 구로는 특등석에 앉아 강 건너 불구경 하듯 바라볼 요량이었다.

이 몸이야말로 머지않아 총리석을 차지하고 오래도록 버티게 될 사람이다──.

득의양양하게 웃으며 기울이는 브랜디 잔에는 여전히 우롱차가 들어 있겠지만…….

마침내 올해도 연말이 코앞이라 내년도 국회를 대비하여 법안 작성에 속도를 내고 있었다.

린코는 바쁘고 고된 업무에 묻혀 지내는 중이었지만, 나는 마음 단단히 먹고 최근 내 신변에 일어난 모든 일과 '하라 구로의 속셈'에 대한 정보를 남김없이 말해 주기로 결심했다.

내일은 그 주간지가 발매되는 '디데이'. 하라 구로는 '그 기사'가 실리기를 느긋하게 기다리고 있을 게 틀림없다. 어쩌면 '소마 린코 앞에 곧 적신호가 켜질 것'이라는 흑막다운 메시지를 여기저기 흘리고 있을지도 모른다.

결국 그녀를 궁지에서 구해줄 수 있는 사람은 하라 구로 자신밖에 없다는 듯이 속이 빤히 들여다뵈는 도움의 손길을 내밀어 린코에게 생색을 내고, 소비세 인상 법안을 가결한 뒤에 책임을 지고 퇴진하게 만든 다음 마침내 만반의 준비를 갖추고 스포트라이트 아래 모습을 드러낸다——그것이 하라 씨가 구상하는 '하라 총리, 씩씩한 등장' 플랜이다.

과연 린코는 이 무서운 플랜을 눈치 채고 있을까.

감이 빠른 사람이니까 뭔가 감지하고 있는지도 모른다. ……아니, 정치인으로서의 경험치는, 게다가 태연한 얼굴로 음흉한 함정을 파는 데는 하라 구로가 린코보다 한참 고수다. 린코가 절대로 눈치 채지 못하도록 용의주도하게 준비하고 있을 게 틀림없다.

상황이 이렇게 되었으니 한시라도 빨리 그녀에게 알려야 한다.

나는 평소처럼 가정부가 지어 놓은 저녁 식사를 식당에 홀로 앉아서 먹고 얼른 목욕을 마친 후에 노트북과 연구서적을 양 옆구리에 끼고 침실로 들어갔다. 오늘 밤은 린코가 이 방에 들어올 때까지 잠들지 말고 기다려야 한다. 무슨 일이 있어도 오늘 밤에는 말해야 한다. 아베 씨가 말한 대로 린코를 구할 사람은 나밖에 없으니까.

……이렇게 기염을 토하다가 깨끗하게 잠들었다. 퍼뜩 놀라 베갯맡의 시계를 보니 새벽 2시. 상체를 벌떡 일으키는 순간 문이 열리며 린코가 들어왔다.

"오…… 나 때문에 깬 거야?"

벌떡 일어난 나와 눈을 맞추며 린코가 말했다. 목욕을 끝낸 개가 몸을 부르르 떨어 물방울을 터는 것처럼 나는 격하게 도리질을 했다.

"아니, 안 잤어. 안 잤어. 절대로 안 잤어."

린코가 의아한 표정으로 나를 쳐다보고 워크인 클로젯으로 들어갔다. 잠옷 대신 오프화이트 스웨트로 갈아입고 나와 "자, 그럼" 하고 중얼거리며 침대 위에 노트북을 열었다.

"일을 더 하려고?"

"해도 해도 끝이 없어."

그다지 싫지도 않은 투로 대답한다. 원래 린코는 워커홀릭이긴 했지만 총리가 되고 나서는 더욱 정도가 심해졌다. 그러나 하기 싫어 죽겠다는 기색은 한 번도 보인 적이 없다. 궁지에 몰린 상황에서도 어딘지 경쾌함을 잃지 않는 것이 린코의 스타일이다.

"저기, ……질문이, 있는데. 일하는 데 방해가 되려나."

조심스레, 하지만 다시 마음을 단단히 먹고 말을 걸었다. 린코는 침대 등받이에 기댄 자세로 무릎을 세워 그 위에 노트북을 균

형 잡히게 놓은 다음 탁탁 키보드를 치고 있었다.

"음──. 그래, 지금은 좀……"

나는 일어나 침대에 걸터앉아 침대 위에 있는 린코를 보며 말했다.

"내가, 꼭 지금 얘기하고 싶다면?"

린코는 노트북 화면을 들여다보던 얼굴을 내 쪽으로 향했다. 신기한 생물이라도 발견한 양 말없이 지그시 쳐다본다. 한창 연애 중인 중학생 같은 말을 해 버린 나는 무의식적으로 고개를 돌릴 뻔했다. 하지만 견뎌야 한다. 나의 진심을 전해야 해. 무슨 일이 있어도 지금 얘기해야 해.

탁, 하고 노트북 디스플레이를 닫고 린코도 침대 가장자리에 앉아 나와 마주 앉았다.

"좋아. 얘기해 봐."

나는 휴우, 하며 가슴을 쓸어내렸다.

꼭 '지금' 이야기하고 싶다고 하는 데는 이유가 있으리라 생각했음이 틀림없다. 그리고 노트북으로 작업하면서 듣는 대신 상대가 누구든 대화를 나눌 때는 경청한다는 것이 그녀의 방식이다.

나는 무릎 위에 주먹을 꼭 쥐고 재차 마음을 다잡으며 이야기를 시작했다.

"실은…… 음…… 뭐라고 해야 하나, 큰일 났어. 콜롬보 아베…… 형사 콜롬보를 닮은 카메라맨이 이상한 사진을 찍어 버려서……."

린코가 다시 내 얼굴을 뚫어져라 응시하고 있다. 마음 단단히 먹고 말을 꺼냈지만 종잡을 수 없는 말머리가 되고 말았다.

"……알아듣게 설명해 주겠어?"

동요하는 나를 보며, 아무래도 이건 제대로 들어야 할 이야기인가 보다, 라고 오히려 마음을 다잡았는지 린코는 조금도 당황하지 않고 말했다.

나는 더욱 허둥대고 말았다. 저간의 사정이 너무 복잡해서 무엇부터 말해야 할지 알 수 없었다. 린코는 이야기를 막 시작하자마자 거품을 물 것처럼 허둥거리는 나를 가만히 지켜보다가,

"그럴 때는 결론부터 말하면 쉬워."

라며 침착한 목소리로 말했다.

"만약 당신이 지금 하려고 하는 이야기가 뭐라고 설명해도 결론은 변하지 않는 거라면."

나는 차가운 손이 가슴속을 쓱 문지른 느낌이 들어 린코를 마주 보았다.

사실대로 말해 주면 돼. 어떤 이야기든, 결론이 뭐든, 그게 당신이 찾아낸 거라면 확실하게 들어 줄 테니까.

린코의 곧은 시선은 그렇게 말하는 듯했다. 숨을 크게 한 번 들이쉬고 그녀의 조언대로 결론부터 말했다.

"……하라 구로와 결별해야 한다고 생각해."

린코의 눈동자에 놀라움이 잔물결처럼 번졌다. 역시 말문이 막혔는지 입을 꼭 다문 채 나를 응시하고 있다. 형사 콜롬보니 이상

한 사진이니 하는 서두로는 아마 상상도 못한 결론이었을 게 틀림없다. 내가 린코였다면 이 사람이 실성했나, 하는 의심부터 했을 것이다.

"이건 뭐…… 아닌 밤에 홍두깨인걸."

과연 일국의 총리답게, 짝꿍이 실성을 했다고 해도 일단은 냉정하게 들어 보자는 자세로 린코는 말했다.

"하라 선생과 결별하라니, 이런 시기에 가당키나 한 얘기야? 다음 달에 정기국회가 열리고 그때를 위한 법안 작성도 거의 마무리되었어. 안 그래도 의견을 모으기 힘든 연립내각이 이 정도로 단합하고 있는 것은 내 힘 때문이 아냐. 하라 선생이 버티고 있어서지. 그 정도는 당신도 알고 있는 줄 알았는데……"

나는 고개를 들고 단호하게 말했다.

"물론 알아."

나는, 당신의…… 총리의 남편인걸.

그러니까 당신을 돕고 싶어. 지키고 싶다고.

그런 일념으로 나는 지난 일주일 사이에 일어난 일들을 정성을 다해 솔직하게 털어놓았다.

직장 동료 이토 루이 씨가 최근 이상한 모습을 보였던 것. 고코쿠지 집에 가고 싶다고, 논문 자료를 복사하고 싶다고 해서 점심시간을 이용해 같이 집에 갔던 것.

서재에서 대화하다가 어느새 그녀가 힘겨운 가정 형편을 토로해서 갑자기 우울한 분위기가 되고 말았던 것. 그 분위기에 휩쓸

린 채 택시를 탔는데, 이토 씨가 갑자기 울음을 터뜨리며 내 어깨에 머리를 기댄 것.

나와 이토 씨의 모습을 정치 저널리스트 콜롬보 아베가 몰래 촬영한 것.

그러한 사실을 알려 준 이가 엉뚱하게 하라 구로였다는 것. 하라 씨가 사진이 보도되는 사태를 막으려면 아베 씨 계좌에 1천만 엔을 입금하라고 조언했다는 것. 전부 당신의 부인, 현재 이 나라 총리인 소마 린코를 돕기 위해서라며──.

내가 고민 끝에 린코와 상의하지 않고 알아서 해결하기로 결심한 것.

그런데 놀라운 이야기를 아베 씨에게 들었다, 모든 것이 '어떤 인물'이 파 놓은 함정이었다는──.

린코의 얼굴은 이내 창백해졌다. 계속 이야기하면 깊은 상처를 주겠지. 어쩌면 회복하지 못할 만큼 절망해 버릴지 모른다. 우리 관계는 이것으로 끝장날지 모른다.

그래도──그래도, 나는 있는 용기 없는 용기를 다 짜내어 말했다.

"당신, 마음이 상했겠지. 그래도 확실하게 말해야겠어. 당신은…… 당신은, 당신도 모르는 사이에 하라 구로의 꼭두각시가 되어 버린 거야."

가장 다루기 힘든, 그러나 더는 피할 수도 없는 증세 문제와 복지 문제.

건드리면 정치생명이 위험해진다고 정치인들이 다들 기피하는 '판도라의 상자'를 과연 누구를 시켜서 열게 할 것인가.

하라 구로는 은밀하고 신중하게 탐색했다. 자신의 꼭두각시로 내세우는 데 어울리는 인물을. 심해에 숨은 상어처럼.

그리하여 내린 결론은——.

소마 린코 말고는 없다.

소마 린코를 총리석에 앉히면 당분간은 잘 될 것이다.

일본의 첫 여성 총리라는 희귀함으로 화제를 만들고 젊음과 미모로 국민의 관심을 모은다. 그녀는 연립여당의 상징이 되어 국민의 절대적 지지를 얻을 것이다.

게다가 그녀에게는 소마글로벌이라는 뒷배가 있다. 연립여당 운영에 필요한 정치자금도 넉넉하게 얻을 수 있을 테고, 하라 구로가 그녀의 후견인이므로 자신의 주머니에도 소마 가의 돈이 흘러들 것이다.

이렇게 조종하기 쉬운 보기 좋은 인형이 또 어디 있겠나.

그리하여 인형의 손을 움직여 판도라의 상자를 감쪽같이 여는 데는 성공했다. 이제 남은 일은 상자에서 '소비세율 인상'을 꺼내어 현실화하는 것이다.

그러나 하라 구로도 예상하지 못한 문제가 하나 등장했다.

이렇게 위험천만한 다리를 건너는데도 국민들이 예상보다 더 굳건하게 소마 린코를 지지하고 있다는 것이다.

국민 대부분이 소마 총리와 어려움을 나누고 고난을 함께하기로 각오하고 증세를 순순히 받아들인다면 어떻게 되겠는가.

소마 린코는 절대적인 인기를 과시하며 총리 자리를 계속 지키게 될지 모른다.

그렇게 되면 곤란하지. 절대로 안 될 일이지.

바로 나, 하라 구로가 나설 무대가 사라지지 않는가.

소비세율 인상 법안을 가결하더라도 4대 6의 비율로 국민 상당수가 반대하는 것을 무리하게 밀어붙인다는 설정이 알맞다. 야당을 입 다물게 하려면 국회 해산이나 총사직밖에 없다. 그런데 해산·총선거가 실현되면 국민은 역시 소비세 인상이 싫어 소비세율 인상 반대를 외치는 당에 표를 줄 것이다. 연립여당에 참여한 각 당은 참패하고 민권당이 여당으로 복귀하면 소비세 건은 아예 없던 일이 될 것이다. 그렇게 되면 말짱 헛일이다.

법안 성립을 조건으로 소마 내각이 총사직——이런 시나리오로 가고 싶다.

그러려면 지금 단계에서 소마 린코에게 살짝 생채기를 내 두는 편이 좋다.

총리가 바쁘게 일하는 와중에 남편 히요리가 바람을 피우고 있다는 설정으로 가자. 그렇게 되면 소마 린코는 남편 하나 관리하지 못하는 한심한 여자가 된다. 역시 총리는 여자에게 맡기면 안된다, 믿음직한 남자, 정계에서 잔뼈가 굵은 사람이 좋다, 가능하면 여당 경험도 많고 능력도 있는 인물에게 맡기자. 이런 흐름이 될 것이다.

오, 그래, 한 사람 있잖아. 대머리에 근시안경을 쓰고 술이 약하다는 익살스런 아저씨. 하지만 알고 보면 누구보다 뒷거래에 능하고, 어떤 강자하고도 너끈하게 대항할 수 있는 인물이.

아무렴. 소마 린코가 퇴진한 뒤, 반석에 오른 정권을 차지할 사람은──제112대 총리에 취임할 사람은 나, 하라 구로라는 말이다.

이런 식으로 말했는지 어땠는지는 모르지만, 나는 콜롬보 아베가 들려준 이야기를 최대한 상세하게 린코에게 전했다.

총리를 지킬 사람은 당신밖에 없다. 이 말은 차마 하지 못했지만.

"함정이었어. 모든 게 하라 구로가 파 놓은 함정이라고. 당신은 그자가 총리에 오르는 데 필요한 디딤돌에 불과해. 꼭두각시인 셈이야. 그러니까 당신이 평소 소신대로 정책을 추진해서 국민을 정말로 행복하게 만들고 싶다면, 그와 결별하는 수밖에 없다고 나는 생각해."

린코는 입을 굳게 다문 채 미동도 없이 내 이야기를 들었다.

강력한 일격이었을 것이다. 하라 씨에게 흔들림 없는 신뢰를 품고 있었을 테니까.

'타도 민권당'이라는 목표를 공유하고 연립여당을 통해 손을 잡았다. 파산 직전에 이른 경제를 다시 일으키고 국력을 회복시킨다는 목표를 내세운 린코 뒤에는 늘 하라 구로라는 존재가 있었다.

정계 최고의 수완가인 만큼 린코도 처음에는 경계했을 것이다. 그러나 정권을 수립한 지 3개월, 내년 초에 열릴 정기국회에서 마침내 절정에 달할 소비세 투쟁을 앞둔 이 시기에 설마 그렇게 비열한 함정을 파 놓다니.

존경하고 믿었던 동지의 숨겨진 정체를 남편을 통해 듣는 순간, 린코는 어떤 심정이었을까.

린코의 마음에 소용돌이 틀던 것은 어떤 폭풍이었을까.

배반당했다는 분노. 슬픔. 증오. 혹시 그 감정은 하라 구로에게 향하지 않고, 이 타이밍에 엄청난 사실을 말해 준 나에 대한 분노로 뒤바뀌지는 않았을까.

아내의 얼굴이 창백하게 흐려지는 것을 더는 쳐다보고 있을 수 없었다.

소심한 나는 린코의 손 맡으로 눈길을 내렸다. 무릎 위에서 피가 배어날 만큼 꽉 쥐어진 두 손.

왼손 약지에서 백금반지가 둔하게 빛나고 있다. 차가워 보일 만큼 단순하게 생긴 결혼반지.

다이아몬드 약혼반지도 유명 브랜드 결혼반지도 필요 없어——하고 린코는 말했다.

값비싼 쇠붙이하고는 인연도 없고 흥미도 없어. 내가 건조한 여자인지도 모르지.

하지만 앞으로는 작은 빛이 필요할지도 몰라.

내가 앞으로 하고자 하는 일은 상상하기도 어려울 만큼 힘든 일이야. 끝도 없이 넓고 사나운 파도가 치는 바다를 작은 배로 건너는 것과 같은 일이야.

가끔은 파도에 시달릴 때도 있을지 몰라. 어두운 밤에 항로를 잃을 수도 있어.

그럴 때 등대가 되어 주면 좋겠어.

아무리 약한 빛이라도 내 눈은 볼 수 있을 거야.

히요리 씨. 당신이 밝히는 빛이라면——.

"……고마워."

긴 침묵을 깨며 린코가 말했다. 속삭이는 목소리였다.

"말해 줘서 고마워. 역시 내가 모르게 속에 품어 두고 있을 사람이 아니지, 당신은."

나는 고개를 들어 린코를 보았다. 그리고 뜻밖에 불타는 듯한 눈동자와 부딪혔다. 당장이라도 스르륵 칼을 뽑아 들고 싸움을 시작하려는 투사의 눈빛으로 린코가 말했다.

"제법 하는군. 하라 구로."

그녀의 입가에 도전적인 미소가 떠올랐다.

자, 그럼 이제 내 차례지? 더 깊은 함정을 팔 사람은.

17

20××년 1월 1일 맑음

새해가 밝았다.

작년까지만 해도 소마 가에서 새해 첫날에 치르는 행사, 즉 본가에서 열리는 새해 인사와 신년모임에 올해도 참석할 수 있을지 어떨지 알 수 없었다. 작년 정초의 린코와 올 정초의 린코는 그 처지가 크게 다르기 때문이다. 작년에는 소마 가의 며느리이자 직진당 당수였고 올해는 직진당 당수이자 총리이다. 어머니는 불만이겠지만 '소마 가의 며느리'라는 처지는 일단 잊기로 했다.

설날 오전에는 황궁에서 신년축하 의식이 거행된다. 총리인 린코는 천황 황후 양 폐하와 황족에게 인사하기 위해 각료, 중·참양원 의장, 최고재판소 장관 등과 함께 황궁으로 향했다. 까만 실크 슈트를 단정하게 입고 늠름하게 출발하는 린코의 모습이 얼마나 우아하던지. 나도 까만 올 슈트를 차려입고 그녀를 배웅했는데, 아내의 미모에 정신이 팔려 무엇에 홀린 표정을 짓고 있었을게 틀림없다.

설날 오후에는 국회의원, 내각 관계자 등이 새해 인사차 쉴 새 없이 관저를 방문하고, 4일로 예정된 총리의 연두기자회견을 위한 준비 작업도 있으므로 신년을 차분히 보내는 여유는 고사하고 다른 때보다 더 경황이 없었다. 린코를 소마 가의 신년 모임에 데려간다는 것은 역시 안 될 일이었다.

소마 가에서 설날에 열리는 신년모임은 보통 오전에 일가친척이 모두 오는데, 나는 황궁으로 향하는 린코를 배웅하고 마중도 해야 하므로 참석할 수 없었다. 저녁 식사에나 참석하려고 준비하는데, 후지노미야 씨가 '총리님도 소마 가 신년모임에 참석한다고 하십니다'라는 문자를 보냈다.

한 지붕 아래 살아도 나와 린코는 일정조차 마음대로 맞춰 볼수 없었다. 린코는 총리 스케줄을 비서관에게 일임하고 있었고, 나도 아내에게 어딜 같이 가자고 편하게 제안하는 것은 포기한지 오래였다. 따라서 아내와 일정을 맞춰 볼 때도 후지노미야 씨를 통하고 있었다.

'오후 4시 정각에 관저 포치에서 대기해 주세요'라는 후지노미야 씨의 지시 문자가 왔다. 시계를 보니 삼 분 남았다.

얼른 재킷을 걸치고 포치로 뛰어갔다. 마침 총리 공용 차량이 포치로 들어온 참이었다. 시마자키 군이 조수석에서 내려 나에게 "새해 복 많이 받으십시오"라고 정중하게 새해인사를 했다.

내가 뒷좌석에 타자 린코가 말했다.

"늦게 왔다고 어머니와 시댁 분들이 섭섭해 하시겠지?"

"그럴 리가. 당신이 올 줄은 몰랐을 테니까 틀림없이 기뻐할 거야."

내가 들뜬 목소리로 말했다. 사실 나 혼자 참석하면 어머니에게 잔소리 들으리라 생각하고 있었다. 린코는 총리니까 참석하지 못해도 어쩔 수 없지만, 너까지 이렇게 늦게 왔냐면서.

린코는 빙긋 웃으며――연말연시에도 제대로 못 자고 쉬지도 못하며 일에 파묻혀 지냈는데도 우아하기 짝이 없는 미소였다―― ――말했다.

"오늘은 말야, 오토와 본가 모임이 끝나면 가고 싶은 데가 있는데…… 같이 가 줄래?"

오래간만에 어딜 동행하자는 분부였다. 목적지는 놀랍게도 하라 구로의 자택. 신년인사차 가겠다고 한다.

린코의 말에 나는 등줄기가 서늘해졌다.

"늘 보살펴 주시는 하라 선생이니까 새해 인사는 내가 찾아가 뵈어야지…… 그게 예의겠지?

작년 말 린코 주변에서는 아무런 이변도 없었다.

린코의 지위를 뒤흔드는 스캔들. 남편 소마 히요리의 외도, 연구소 후배와 열애하는 현장……이라는 기사는 어느 잡지에도 실리지 않았다. 따라서 아무런 소문도 돌지 않고 입방아에 오르는 일도 없었다. 린코는 1월에 시작되는 국회를 앞두고 오로지 법안 작성과 공무 처리로 바쁜 날들을 보냈다.

스캔들을 기획한 하라 구로는 허탈했을까. 정기국회를 앞두고 '지지율이 지나치게 높은 총리'에게 찬물을 끼얹으려고 비열한 수단으로 흔들기에 나섰다. 그런데 아무 일도 일어나지 않았다. 린코는 태연한 얼굴로 직무를 수행하고 소비세율 인상과 사회보장의 개혁과 정비를 위한 법안 작성에 매진했다. 그렇다면 하라 구로는 '작전 실패'를 어느 시점에 알았을까. 스캔들이란 폭탄을 장치하기로 했던 저널리스트 아베 씨에게는 과연 연락해 보았을까.

그러나 역시 하라 구로였다. 섣불리 수상쩍은 움직임을 보이는 것은 삼가고 있는 듯했다. 나에게도 연락이 없었다. 상황을 조용히 지켜보는 모양이었다.

하지만 속으로는 얼마쯤 분통을 터뜨리지 않았을까. 아베 씨에 따르면 하라 씨는 정계라면 속속들이 아는 사람이다. 그가 은밀히 설치한 폭탄이 제대로 터지지 않은 전례가 없었다.

그렇다면 이제 어떤 수를 쓰려고 할까. 벌써 움직이고 있는지도 모른다.

여하튼 린코와 나는 오랜만에 나란히 소마 본가에 도착했다.

소마글로벌 비서들과 가정부들이 현관 홀에 나란히 서서 우리를 맞아 주었다.

"새해 복 많이 받으세요. 공사다망하신데 이렇게 와 주셔서 감사합니다."

소마글로벌 비서실 부실장 와카모토 씨가 공손하게 인사했다. 소마글로벌이 주관하는 아침 공부 모임에 린코가 대타 연사로 참석했을 때 이 사람이 사회를 보았다. 설마 그 연사가 내 아내가 될 줄은——아니, 총리가 될 줄은 상상도 못했으리라.

"새해 복 많이 받으세요. 여러분, 오랜만이네요. 늘 수고가 많으십니다."

린코는 와카모토 씨뿐만 아니라 나란히 선 가정부 여섯 명에게도 정중하게 인사했다. 가정부들은 총리가 되어 돌아온 린코를 어떻게 대해야 좋을지 몰라 당황하는 듯했지만, 예전과 전혀 달라지지 않은 친밀한 태도에 다들 환한 미소를 지었다. 가정부 관리장 오쿠바야시 씨는 "역시 린코 씨는 멋져. 이렇게 크게 출세하셔서 얼마나 기쁜지 몰라요" 하며 마치 제 자식이 출세한 양 기뻐했다. 린코도 밝게 웃었다.

어머니가 기다리는 다다미 깔린 객실에 들어가기 전에 린코는 뒤를 따르던 오쿠바야시 씨를 돌아보며 귀엣말을 했다.

"못 보던 가정부가 있네요. ……지금부터 객실에 오쿠바야시 씨 말고는 아무도 들어오지 않게 해 주시겠어요?"

그 말에 아차 싶었다.

린코는 짐짓 자연스럽게, 그러나 예민하게 주변을 경계하고 있었던 것이다.

──정신 바짝 차려. 이 정도는 네가 먼저 손을 썼어야지.

나는 속으로 자책했다. 솔직히 이것도 내가 어수룩한(이라고 내 입으로 말하기도 한심하지만) 탓이다. 이제부터 정신 바짝 차리지 않으면 안 된다.

나는 내 주위에 나쁜 사람은 없다고 믿는 경향이 있었다. 아무리 악인이라도 선한 구석은 있다는 식이다.

하지만 이번에 새삼 깨달았다. 세상에는 하라 구로 같은 인간도 있다는 것을. 술도 못하고 대머리에다 익살스러운 아저씨 모습을 하고 있지만 아무렇지도 않게 음험한 일을 꾸미는——더구나 자기는 절대 나서지 않고——놈이 존재한다는 것을.

객실에서는 어머니와 형이 우리를 기다리고 있었다.

"새해 복 많이 받으세요, 어머니. 자주 들르지 못해 죄송합니다."

과연 린코답게 이 집 주인인 어머니에게 반듯하게 인사했다. 어머니는 저도 모르게 미소가 피어오르는 것을 애써 참으며 조금 새침한 투로 대답했다.

"린코 님도 새해 복 많이 받으시고…… 아니, 총리님이지. 소마 총리님."

그러더니 오호호, 하고 웃었다. '소마'라는 성에 '총리'라는 직함이 이어지는 것이 몹시 기쁘다는 듯이.

"바쁠 테니까 힘들게 오지 않아도 됐는데……요즘 일하느라 힘들지? 이렇게 누추한 곳에 오지 않아도 우리가 관저로 인사하러 들를까 했는데……."

"아무 때나 방문할 수 있는 곳이 아닙니다."

내가 얼른 끼어들자,

"오, 너도 왔니?"

몹시 냉랭하다. 하하하, 하고 형이 애써 웃는다.

"왜 그러세요, 어머니. 맨날 히요리 히요리 하시면서. 린 짱이 올 줄 꿈에도 몰랐죠?"

굳이 '린 짱'이라고 부르며 친근한 척한다. 린코 뒤에 있던 시마자키 군이,

"린 짱은 총리님을 말씀하시는 건가요?"

하고 자연스럽게 일침을 놓았다. 형이 깜짝 놀라 시마자키 군을 쳐다보았다.

"뭐야, 당신은. 여긴 가족이 모인 자리야. 함부로 들어오는 건 결례 아닌가."

"이분은 내각관방 비서관 시마자키 씨입니다. 직진당 창당 이래 줄곧 제 측근으로 일해 왔습니다. 제가 가는 곳은 어디나 동석하는 게 기본입니다만, 안 될까요?"

린코의 부탁에 형은 하려던 말을 꾹 삼켰다. 잘 했어, 시마자키 군! 나는 속으로 외치며 주먹을 꽉 쥐었다.

믿을 만한 제삼자가 함께하면 형도 린코에게 '가족 청탁'을 못한다. "이봐요, 린코 씨, 소비세 문제 말인데, 그거 없는 일로 하면 안 될까" 같은 말은 절대로 하지 못한다.

우리 네 사람은 널찍한 자단나무 좌탁을 사이에 두고 마주 앉았다. 시마자키 군은 린코의 1미터쯤 뒤에 단정히 무릎을 꿇고 앉아 늘 들고 다니는 '비서가방'에서 노트와 펜, 그리고 소형녹음기까지 꺼냈다. 그걸 보자 형의 얼굴이 한층 더 일그러졌다.

새빨간 아침 해, 학, 거북 같은 길상을 그린 족자와 커다란 소나무 분재가 장식된 도코노마를 등지고 앉은 어머니가 역시 새침하게 물었다.

"오늘은 저녁 먹고 갈 거지?"

"아, 죄송합니다만──." 냉큼 시마자키가 나섰지만 린코가 돌아보며 눈짓으로 말리더니 말했다.

"죄송하게도 바로 출발해야 해요. 오늘은 잠깐이라도 어머니를 뵙고 싶어서 들렀어요."

"오, 그래?" 어머니는 그리 싫지만은 않은지 낯빛이 환해졌다.

"무슨 소리야. 금방 간다고? 야박도 하시지. 하고 싶은 얘기가 산더미 같은데……."

형이 묘하게 허물없이 말했다. 총리가 되기 전의 린코에게 하듯이. 아니, 총리니까 더욱 친분을 과시하려는 것처럼.

오히려 내가 기분이 상해서 한 마디 쏘아붙이려는데, 어머니가 먼저 차갑게 한마디 했다.

"다요리. 넌 좀 잠자코 있어. 총리님 앞에서 그 점잖지 못한 말투가 뭐니."

형은 하려던 말을 또 삼켰다. 잘 하셨어요, 어머니! 나는 무릎에 놓은 주먹을 또 꽉 쥐었다.

어머니는 가만히 린코에게 시선을 돌리고 미소를 지으며 말했다.

"그래, 결국 소비세율은 인상되는 거지?"

중대한 일을 너무나 간단히 말하는 것이 내 어머니의 대단한 점이다.

린코는 씽긋 웃으며 대답했다.

"네. 그렇게 되었으면 해요. 국민 여러분께 충분히 설명을 하고 나서요."

직선적인 질문에는 직선적인 대답을. 단순하지만 중요한 태도이다. 많은 정치가가 좀처럼 못하는 일을, 이런 자리에서조차 린코는 가볍게 해치운다.

"지금은 자세히 말씀드릴 수 없지만 4일로 예정되어 있는 신년 기자회견 때는 소비세율 인상 법안의 대체적인 골자에 대하여 국민들께 설명할 수 있을 것 같아요."

"정말로? 정말로 인상할 거야, 린 짱?"

형이 집요하게 추궁하듯 말했다.

"물론 일본이 막대한 부채로 움쭉달싹도 못하는 상황에 있다는 건 알아. 하지만 우리 경영자들이 볼 때는 증세보다 경기활성화 대책이 먼저야. 섣불리 증세했다가는 시장의 소비 심리만 떨어지고, 지난번 소비세율 인상도 결국 언 발에 오줌 누기였잖아? 그보다는 경기를 자극할 정책을 먼저 발표하는 걸 시장도 원한다고. 그래야 주가도 뛰고 소비 심리도 개선되고……."

"일본 경제가 나빠진 원인으로 지난번 소비세율 인상이 결정타였다는 의견에는 동의할 수 없어요."

린코가 즉시 대답했다.

"리먼브라더스 사태, 유럽발 통화위기, 지진과 원전 사고—— 지난번 소비세율 인상 이후로 일본은 헤아릴 수 없을 정도로 많은 경제 위기에 시달렸어요. 당장 손을 써야 할 심각한 국면이 몇 번이나 있었는데 이전 여당은 그걸 방치하고 있었죠. 문제는 소비세율을 추가로 인상할지 말지가 아니라 파산으로 향하는 나라의 재원을 어디서 발굴하고 어떻게 안정적인 것으로 만드느냐 하는 겁니다. 그러므로 저희 정책은 세율 인상이 다가 아닙니다. 당연히 경기활성화 대책도 종합적으로 제안할 겁니다."

손톱만큼도 동요하지 않는 린코의 모습에 형은 재삼 할 말을 삼켰다. 잘 했어, 린코! 나는 주먹을 꽉 쥐며 이번에는 무릎을 살짝 쳤다.

"하지만…… 우리가 린코네 정치 단체를, 여러 가지로 지원하는 거, 잊지 않았겠지?"

의미심장한 말을 하며 나를 힐끔 쳐다본다.

"뭐 당신 남편이야 이렇게 어수룩한 사람이라 내가 자기 부인에게 뭘 해 드리고 있는지 알지도 못하겠지만……."

"정치자금 모금을 위한 파티 티켓을 사 주시는 거 말인가요?"

뒤에서 시마자키 군이 냉큼 말했다.

"물론 늘 구입해 주십니다만…… 관련법이 상한액으로 정한 150만 엔이 아니라 귀사의 이름을 장부에 기재하지 않아도 되는 19만 9천 엔이죠. 지원해 주셔서 늘 고맙게 생각하고 있습니다."

쯧, 하고 형이 노골적으로 혀를 찼다. 나는 양손으로 무릎을 탁 치며,

"그럼 슬슬 출발할까요? 어머니, 저희 그만 갈게요."

하며 일어섰다.

"어이, 잠깐만, 히요리!" 하고 형이 언짢은 목소리로 말했다. "우리 집 가업에 보탬이 되도록 너도 이젠 좀 네 부인에게 뭐라고 한 마디라도 거들 수 있는 것 아니냐. 멍하니 쳐다보지만 말고…… 너 같은 놈을 기회주의자기회주의자=日和見主義者. 이 한자에서 '日和'를 '히요리'라고 읽으며 주인공 이름이기도 하다라고 하는 거야."

"아니죠, 아주버님."

린코가 앉은 채 태연한 얼굴로 말했다.

"기회주의란 자기에게 유리한지 어떤지 형세를 엿보는 태도를 말합니다. 남편은 그런 사람이 아니에요. 설사 온 세상이 적으로 돌아서도 끝까지 제 편이 되어 줄 사람이니까요."

내 남편은 무슨 일이 있어도 내 곁에서 한 발자국도 움직이지 않아요. 처음 만났을 때부터 지금까지 늘 그랬어요.

린코는 그렇게 말했다.

어수룩하고 서툴고 단순하고——아내에게 폐가 될까 봐 언제나 위축되어 있지만.

하지만 설사 온 세상이 적으로 돌아서도 당신 편에 선다. 당신을 지킨다. 당신을 따른다.

내 가슴에 담아 둔, 언어가 되지 못한 마음을 린코가 표현해 주었다.

그걸로 충분했다.

이로써 새해를 맞아 첫 번째 난관이었던 본가 방문은 의외로 기분 좋게 돌파할 수 있었다.

이제 난공불락처럼 보이는 다음 관문으로———.

처음 찾아간 하라 구로의 저택은 고코쿠지의 우리 집에서 그리 멀지 않은 도요시마 구 메지로의 조용한 주택가에 있었다.

정계에서 확고부동한 지반을 다진 거물인 만큼 호화 저택이리라 짐작하고 왔지만, 맥 빠질 만큼 소박한 집이었다. 그래도 시내에서 지가가 가장 비싼 곳이고, 호화롭진 않지만 유서 깊은 전통 가옥이었다. 현관에서는 하라 씨가 늘 그렇듯 성격 좋아 보이는 부인과 함께 맞아 주었다.

기모노 정장 차림인 하라 씨 부부를 보고 린코가 환하게 웃었다.

"기모노 입으신 건 처음 뵙네요. 잘 어울리세요."

하라 씨도 기분 좋게 웃으며 말했다. "총리 내외분을 누추한 곳에 모시게 되었으니 옷이라도 말끔하게 입자고…… 실은 몬쓰키 하카마를 입고 모시고 싶었지만 이 사람이 그건 지나치게 정중하다고 해서요. 그러면 '갑분싸'('갑자기 분위기 싸해짐'의 줄임말)된다면서."

그 말에 나와 린코도 하라 씨와 함께 웃었다.

이거다. 이래서 무서운 거다, 하라 구로는. 사람을 웃기는 요령이 있어서 상대방의 경계심을 풀어 버린다. 무거운 이야기를 꺼내기 어렵게 만드는 것이다. 만약 어려운 이야기를 끄집어 내도 교묘하게 빠져나갈 출구를 만들어 둔다———.

자, 어서 들어오세요, 하며 우리를 집 안으로 안내했다. 객실에 들기 전에 린코가 뒤따르는 시마자키 군을 돌아다보며 말했다.

"별실에서 대기하시겠어요? 삼십 분 안에 나올게요."

시마자키 군은 고개를 끄덕이고 하라 씨 비서에게 양해를 구한 다음 별실로 들어갔다.

하라 구로가 린코를 도코노마 앞 상석으로 안내했다. 린코가 사양하자 하라 씨는 단호하게 말했다.

"사양치 마시고 앉으세요. 지금은 당신이 총리니까."

잠시 망설이던 린코가 순순히 상석에 앉았다. 나도 하는 수 없이 옆에 앉았다. 강권하는 대로 상석에 앉으니 거북하기도 하고 뭔가 안 좋은 예감이 가슴에 번졌다.

도소약초로 빚어 정월에 마시는 길한 술를 내올게요, 하며 부인이 일어나자, 그때를 기다렸다는 듯이 린코가 입을 열었다.

"4일에 있을 기자회견에서 국민들에게 소비세율 인상 법안의 골자와 사회보장 정비안과 경제 활성화 대책을 설명하겠습니다. 국민이 납득할 만한 내용으로 정리됐다고 봅니다."

흠, 하며 하라 씨가 코를 울렸다. 조금 전 파안대소와는 딴판으로 팔짱을 낀 채 두 손을 소매 속에 집어넣고 생각에 잠긴 표정이 되었다. 그대로 눈을 감고 고개를 숙였다.

실내가 쥐죽은 듯 조용해졌다. 린코는 조심스레 하라 씨의 표정을 살피는 듯했다. 하라 씨는 곰곰이 생각에 잠긴 채 침묵하고 있었다. 세 사람 중에 제일 흠칫거리는 것은 나였다.

하라 구로와 소마 린코, 일본의 투톱이 대치하는 시간의 묵직함에 짓눌려 버릴 것 같아 나는 혼자 숨이 가빴다.

아…… 답답해. 이제 어떻게 전개될지가 전혀 보이지 않아.

온 세상을 적으로 돌리더라도 나는 린코 편에 선다. 곁에 선다. 지금껏 그렇게나 맹세했는데 하라 구로 한 명을 적으로 돌린 것만으로도 나는 허우적거리고 있었다.

이 괴물을 상대로 린코는 어떻게 싸우나. 그리고 나는 어떻게 그녀를 지키나.

대관절 어떻게 해야…….

"나도, 이번 연말연시에, 여러 가지를 생각했습니다. 이 나라와 정치가로서 나의 인생을 멀리 바라보면서."

마침내 하라 씨가 입을 열었다. 지극히 차분한 목소리였다. 그가 린코를 똑바로 쳐다보며 말했다.

"소비세율 인상…… 나는 반대하는 쪽으로 가기로 했습니다."

18

20××년 1월 25일 흐림

신임을 묻는다는 말, 나, 처음으로 해 볼까 해.

간밤에 린코가 불쑥 말했다. 한밤에 내가 침실에 들어간 직후였다.

최근 나는 11시 취침 5시 기상이라는 습관을 버렸다. 11시에 침실에 들긴 하지만 린코가 들어오기를 기다리며 연구서를 읽거나 인터넷 검색을 하며 기다린다. 린코가 들어오는 시간은 대개 오전 1시가 지나서인데, 그때부터 한 시간가량이 요즘 우리 부부가 소통하는 유일한 시간이다. 나에게는 하루 중 가장 응축되고 소중한 시간이기도 하다.

그런 연유로 어릴 때부터 계속해 온 아침의 새 관찰을 한동안 접기로 했다. 2시에 잠들어 5시에 일어나면 아무래도 체력이 버텨 내지 못한다. 20년 이상이나 계속해 온 말하자면 나의 라이프 워크를 포기하는 것은 쉬운 일이 아니었지만, 지금의 내게는 린코와의 소통이 훨씬 중요했다.

그날 밤 나는 시내 조류 분포 조사 결과를 정리하여 올해 안에 있을 발표를 준비하느라 바빴다. 연구소 일을 집으로 싸 들고 오는 건 최대한 지양했지만 도저히 시간이 부족할 것 같아 관저 내 서재에서 논문을 쓰는 데 열중하다 보니 어느새 오전 1시가 되고 말았다.

이런! 빨리 가 봐야 해, 하며 급하게 작업을 마무리하고 침실로 향했다. 문을 열자 린코가 침대에 앉아 뭔가 생각에 잠긴 듯 멍한 시선으로 허공을 보고 있었다.

"아, 일은 다 끝냈어? 수고했어. 나는 조사 결과를 정리하는 작업이 좀처럼 끝나질 않아서……."

표정이 평소와 다른걸, 하고 알아챘지만 태연하게 침실로 들어갔다.

린코는 아무래도 심상치 않은 오라를 발하고 있었다. 언제나 오라를 발하는 사람이긴 하지만 그날 밤의 오라는 특별했다. 중대한 결심을 했구나, 하고 그녀에게 다가가기도 전에 느낄 수 있었다.

"근데 히요리 씨. '신임을 묻는다'라는 말, 왠지 현실감이 떨어지지 않아?"

클로젯으로 들어가려는 나를 불러 세우고 린코가 물었다. 응? 하며 나는 돌아다보았다.

"'신임을 묻는다'……라면 '국민에게 신임을 묻는다'는 그거?"

작년 연말부터 야당인 민권당 의원들이 린코에게 줄기차게 던지던 말이기도 하다. 증세를 하겠다면 먼저 국민에게 신임을 물어라. 즉 국회를 해산하고 총선거를 실시하라는 것이다.

그러나 출범한 지 3개월 남짓 된 소마 내각에게 국회 해산과 총선거는 현실적이지 못하다. 모처럼 높은 지지율을 유지하고 있으므로 이대로 국회에서 소비세율 인상 법안과 사회보장 개혁안을 원안 그대로 통과시킨다. 그것이 린코의 계획이었다. 배후에 있는 하라 구로도 그렇게 뒤에서 조종할 계획이었으리라.

증세를 내걸고 선거를 실시하면 대개 집권당이 패한다는 것은 그동안 일본의 정치가 충분히 경험해 온 바이다.

지금 국회 해산과 총선거를 실시해서 국민에게 신임을 묻겠다고 하면 국민들은 증세와 린코를 저울질할 것이다. 역사에 전례가 없는 여성 총리이고 전례가 없을 정도로 높은 지지율을 유지하는 린코이지만 이 싸움에 이기리란 보장은 전혀 없었다.

위험한 물가에서 줄다리기를 하는 듯한 말──'신임을 묻는다'. 그 말에 현실성이 없지 않느냐는 린코의 갑작스런 질문에 나는 식은땀이 나는 심정이었다.

"왜? 좀 갑작스런 질문처럼 들리는데⋯⋯."

당혹감을 감추지 못하고 되묻자 린코는 가만히 한숨을 지었다.

"역시 당신에게는 현실감이 없나⋯⋯."

얼굴을 들고 나를 보며 린코는 말했다.

"야당이 계속 그렇게 말하고 있잖아. '증세를 하려면 국민에게 신임을 물어라'라고. 입만 열면 그 말이지. 국민 여론은 당연히 증세 반대라는 듯이. 냄비 같아. 의원들이 자리를 지키기 위한 홍정에 끌어다 쓰는 국민이란 거, 대체 그건 뭘까 싶고."

'신임을 묻는다'. 원래는 좀 더 중후한 말이고 쉽게 쓸 수 없는 말이라고 린코는 말했다. 자기한테 이 말을 들이미는 야당 의원들은 그게 가진 중요성을 느끼지 못한 채 소마 린코를 선거에서 쓰러뜨리기 위해 물 쓰듯 함부로 쓰고 있는 데 불과하다. 그러므로 현실성이 없는 거라고 린코는 말했다.

"국민에게 신임을 묻는다, 즉 나를 믿습니까? 라고 국민에게 진지하게 묻는 것. 그거, 누가 시킨다고 하는 건 아니잖아?"

나도 모르게 고개를 끄덕였다.

물론 누가 시켜서 할 일은 아니다. 하지만, 그 말은, 곧⋯⋯.

린코의 눈동자는 조용히 불타고 있었다. 언제였더라. 그래, 총리 취임을 받아들이기로 결심했을 때. 그녀는 나에게 물었던 것이다. 바로 그때의 눈빛이다.

만약 내가 총리가 된다면 당신한테 무슨 곤란한 일이라도 생길까?

그 질문에 내가 뭐라고 대답하든——아니, 내 대답은 린코도 이미 알고 있었을 테지만 그래도 굳이 물었던 것이다.

누가 뭐래도 나는 총리가 된다. 이 기회를 보란 듯이 잡겠어. 그래서 이 나라를 바꿔 볼 테야.

그때 린코의 눈동자도 역시 조용히 불타고 있었다.

"히요리 씨. 당분간은 나랑 당신만 알아 둘 이야기인데⋯⋯,"

나에게 다짐을 두고 린코는 단호하게 말했다.

"신임을 묻는다는 말, 나, 처음으로 해 볼까 해."

이야기를 조금 이전으로 돌려 보자.

연초에 린코와 나는 새해 인사를 위해 본가에 들른 다음 하라 구로의 집을 방문했다.

그리고 하라 부인이 도소 술과 설음식을 내오려고 자리를 뜬 사이, 하라 씨가 대뜸 선언했던 것이다——연두 정기국회에서 논의될 예정인 소비세율 인상 법안에 자기는 반대하는 측으로 돌아서겠다고.

린코와 나는 글자 그대로 기함하고 말았다. 전혀 상상도 못한 말이었기 때문이다.

사흘 뒤로 다가온 신년 기자회견을 이용하여 국민에게 소비세율 인상에 대하여 설명하려고 하던 린코는 먼저 하라 씨에게 자기 생각을 들려주고 양해를 구할 필요가 있었다. 이를 위해 애써 하라 씨의 집까지 찾아갔던 것이다.

이제껏 린코가 전폭적으로 신뢰하던 거물이며 '정권의 사령탑'이었지만 지금은 방심할 수 없는 '정적'이 된 하라 씨의 움직임을 봉쇄하기 위해 막 손을 쓰려던 참이었는데.

"……잠깐만요."

겨우 짜냈다고밖에 들리지 않는 목소리로 린코가 말했다.

"그게 무슨 말씀이죠? 소비세율 인상은 더 미룰 수 없다고 연립을 구성하기 전에는 하라 선생도 말씀하시지 않았나요?"

흠, 하고 코를 울리고 여전히 차분한 모습으로 하라 씨는 대답했다.

"그렇죠. 뭐 그런 말을 하기는 했지만…… 그러나 우리 당은 소비세율 인상을 특별히 정권의 공약으로 외친 것은 아닙니다. 어디까지나 연립으로 정권을 운영해 나가자면 합의가 필요할 듯해서…… 당신의 주장에 동조했을 뿐이죠."

증세론은 나의 지론이 아니라 소마 린코가 주장하던 거다, 라고 교묘하게 빠져나갔다. 린코의 목소리가 거칠어졌다.

"이 시기에 방향을 바꾸다니, 대체 무슨 생각을 하시는 겁니까. 며칠 후에 국회에서 법안을 통과시켜야 하는 이때……."

"실례합니다." 하라 부인의 목소리가 맹장지 너머에서 들렸다. 린코는 하려던 말을 꾹 삼키고 자세를 바로 했다. 그녀의 얼굴에서 핏기가 가시고 있었다.

하라 부인과 가정부로 보이는 여성이 도소 술과 반합, 작은 접시 따위를 탁상에 늘어놓는 동안 우리는 모두 말이 없었다. 부인이 방을 나가는 틈을 이용하여 시마자키 군이 얼굴을 내밀고, "히요리 씨, 잠깐만요……" 하고 불렀다.

차라리 린코와 하라 씨를 단둘이 두는 편이 나을지 아니면 곁에서 지켜봐야 하는지 한순간 고민했지만, 시마자키 군이 초조하게 손짓하므로 "잠깐 실례합니다"라고 양해를 구하고 자리에서 나왔다.

시마자키 군은 복도 구석으로 나를 데려가 "무슨 일 있어요?" 하고 소곤거리는 목소리로 물었다.

"방금 전까지 옆 응접실에 있다가 어떻게 돼 가는지 궁금해서 화장실 가는 척하며 복도에서 살짝 엿들었거든요. 총리님 목소리가 영 심상치 않던데…….."

직진당 창당 때부터 내내 그림자처럼 린코를 수행해 온 시마자키 군은 목소리가 조금만 변해도 그녀에게 무슨 일이 일어난 것을 감지한다. 이 사람이 없었다면 지금의 린코는 없었을 거라고 생각하면서 나는 최대한 작은 소리로 대답했다.

"……하라 씨가 증세 반대로 돌아섰어요."

시마자키 군은 네? 하고 저도 모르게 소리를 높이더니 그대로 굳어 버렸다.

그랬다. 그는 하라 구로가 우리를 함정에 빠뜨리려 했다는 사실을 아직 모른다. '그 일'을 통해 하라 구로의 꿍꿍이속을 알고 있는 사람은 린코와 나뿐이다.

"어떻게 된 겁니까. 원래 소비세율을 높이지 않고서는 방법이 없다는 데 의견이 일치해서 하라 씨와 린코 씨가 연립을 구상한 것 아닙니까?"

마침내 시마자키 군이 그렇게 말했지만 목소리는 떨리고 있었다. 내가 속삭이는 목소리로 말했다.

"저 사람도 아까 그렇게 말했지만…… 하라 씨는 증세는 어디까지나 저 사람 주장이고 자기 지론은 아니었다고. 연립을 구성하기 위해 동조했을 뿐이라고……."

"그게 무슨 궤변입니까. 일치단결해서 증세 법안을 통과시키자고 저 사람이 린코 씨에게……,"

시마자키 군의 목소리가 한층 거칠어지려고 해서 내가 "쉿!" 하고 입술 앞에 검지를 세웠다.

"밀실에서 나눈 대화여서 의사록이고 뭐고 없으니까 이제 와서 그런 말 해 봐야 소용없어요."

"그건 그렇지만…… 이건 너무하잖아요, 히요리 씨. 하라 구로가 외면하면 이번 정기국회에서 법안 통과는 절대로 힘듭니다."

시마자키 군의 염려는 사실이었다. 린코가 아무리 심혈을 기울여 작성한 법안이라도 하라 씨가 외면하는 순간 그 법안은 부결된 거나 다름없으니까.

연립 여당에 속한 다섯 개 정당──민심당, 신당오오조라, 혁신일보당, 신당카와루닛폰, 그리고 직진당. 이 다섯 정당으로 중의원에서 과반수 260석을 확보하고 참의원에서도 역시 과반수 131석을 확보하고 있다. 중의원 의원수는 480명이고 참의원은 242명이므로 연립 여당은 양원에서 간신히 과반수를 확보하고 있다고 해야 옳을 것이다. 그리고 다섯 개 정당 중에서 가장 의석이 많은 것은 하라 씨가 대표로 있는 민심당이다.

현재 중의원에서 연립 여당의 의석수는 민심당 80석, 신당오오조라 70석, 혁신일보당 60석, 신당카와루닛폰 40석, 그리고 직진당 10석이다. 지난 선거에서 린코가 이끄는 직진당은 대단한 선전을 펼쳤지만, 그래도 단독으로는 정권을 잡을 수 있는 의석수에 크게 못 미친다.

하라 씨가 적극적으로 증세 법안 반대로 돌아서고, 그래도 린코가 국회 심의에 중요 법안을 제출한다면——당연히 하라 씨가 이끄는 민심당 당원은 모두 반대표를 던지게 된다. 말할 것도 없이 야당도 반대표를 던질 테니까 절반 이상이 반대. 따라서 법안은——.

"부결되는 건가."

나는 중얼거렸다. 한겨울인데도 이마에 언짢은 땀이 배어나온다.

"왜 하라 씨가 반대로 돌아선 거죠?"

시마자키 군은 고통스러운 표정으로 물었다.

"정책을 추진할 때 연립 여당은 한 몸이 되어야 한다는 거, 누구보다 하라 씨가 잘 알고 있을 텐데…… 연립여당협의회 의장도 맡고 있으니까."

그러다가 문득 놀란 듯이 얼굴을 들고 나를 보았다.

"설마, 하라 씨…… 소마 내각을 무너뜨리려고…….."

나는 나도 모르게 눈길을 피했다. 설마나 마나 누가 봐도 그렇지 않은가.

"린코 씨와 하라 씨 사이에 무슨 일이 있었나요? 히요리 씨, 뭐 아시는 거 없어요? 대처할 수 있다면 빨리 손을 써야 합니다. 국회가 시작되기 전에…….."

"늦었어요, 이젠. 하라 씨가 반대하면 손 쓸 길이 없어요."

스스로도 믿기지 않을 만큼 차가운 목소리로 말하고 말았다. 후회가 무서운 기세로 밀려든다.

이게 뭐란 말인가. 설마 일이 이렇게 될 줄이야.

애초에 내가 아둔하여 도촬을 당한 데서부터 모든 일이 시작되었다. 그리고 함부로 저널리스트 콜롬보 아베 씨와 접촉해 버린 탓에…….

이럴 바에는 차라리 어리석은 남편의 외도 스캔들로 한바탕 소동이 벌어지는 게 훨씬 낫지 않았을까.

그렇게 되면 하라 구로가 쓴 각본대로 법안 통과까지는 어떻게든 하라 씨도 동행했을 텐데.

원래 그 각본에는 법안이 통과된 뒤 입법을 둘러싼 혼란에 책임을 지고 소마 내각이 총사직, 그리고 만반의 준비를 마친 하라 씨가 총리 자리에 오른다고 되어 있다.

그렇게 되면 소마 내각은 단명으로 끝난다. 하지만 적어도 린코가 정치생명을 걸고 이루기로 결심했던 소비세 증세와 사회보장 개혁은 완성되었을 것이다.

아무도 건드리지 않던 '판도라의 상자'를 열고 말기 증상을 보이는 이 나라를 재건한 일본의 첫 여성 총리로서 소마 린코라는 이름은 정치사에 찬란하게 남을 것이다.

그래. 그렇게 되는 편이 훨씬 나았다…….

너무나 천박했던 나의 처신을 생각하니 어지럼증이 일어날 것 같았다.

내가 완전히 침묵하는 것을 보고 시마자키 군은 하라 씨와 린코 사이에 무슨 일이 있었는지 더 캐묻지 않았다. 심상치 않은 상황에 빠졌음이 명백하다는 것을 그도 깨달았으리라.

"앞으로 하라 씨가 어떻게 나올지 알 수 없으니 뭘 어떻게 해야 할지……. 어쩌면 이거, 하라 씨가 또 그걸 쓰려는 건지도 모르겠네요."

내 귓가에 얼굴을 대고 작은 소리로 시마자키 군은 속삭였다. 나는, 응? 하고 그를 쳐다보았다.

"그거라니, 무슨……?"

"요네자와 정권 말기에 했던 그거 말입니다. 야당 측으로 돌아서서 내각불신임 결의안을 제출하는 겁니다."

정신이 번쩍 들었다.

그래. 하라 구로는 본래 그런 사람이었지.

자기가 정권을 좌지우지하지 못하게 되면 야당 측으로 돌아서서 내각불신임 결의안을 제출할 수 있도록 교묘하게 의원들을 포섭한다. '배반'은 그의 필살기였던 것이다.

현 상황에서 만약 내각불신임 결의안이 제출되면 하라 씨 측 의원과 야당의원 머릿수로 볼 때 가결될 공산이 훨씬 크다. 가결되면 린코가 택할 길은 둘 가운데 하나다.

내각총사직 혹은 국회 해산과 총선거.

이건 증세법안이 부결이냐 가결이냐 하는 문제가 아니다. 책임을 지고 내각총사직이나 총선거로 '국민의 신임을 묻는' 것 말고 린코에게 길이 없었다.

체스에 비유하면 체크메이트나 다름없다.

──당했다.

참담한 심정으로 가슴이 찢어질 것 같았다. 하지만 이미 늦었다.

하라 구로는 이런 장면까지 다 그리면서 게임을 진행해 왔을 게 틀림없다.

복도를 잔달음질하는 소리가 들려서 시마자키 군과 내가 흠칫 놀라 고개를 들었다. 가정부가 "저어……" 하고 조심스레 말했다.

"총리님께서 돌아가신답니다."

객실 맹장지가 스르륵 열리고 린코가 복도로 나왔다. 얼른 다가오는 시마자키 군과 나를 힐끗 쳐다보는 린코의 얼굴에 미소가 떠올랐다.

"돌아가죠. 예정 시간이 많이 지났네. 시마자키 씨, 관저에 전화 좀 해 줄래요?"

네, 하고 대답한 시마자키 군은 뒤도 돌아보지 않고 재빨리 현관으로 달려갔다.

린코를 뒤따라 하라 구로가 나왔다. 내 얼굴을 보자 그 역시 너그러운 웃음을 지었다.

"히요리 씨, 결국 아무것도 드시지 못했군요. 집사람이 손수 만든 설음식이 굉장히 맛있는데……."

나는 뭐라고 대답하려고 했지만 입을 뻐끔거리는 게 고작이었다. 무슨 말을 해도 말꼬리를 잡힐 것 같아 결국 한 마디도 하지 못했다.

여기 도착할 때와 똑같이 하라 부부는 현관에 나란히 서서 우리를 배웅했다.

"그럼 소마 총리. 올해도 잘 부탁합니다."

그렇게 말하며 하라 씨는 여왕을 받드는 가신처럼 정중하게 고개를 숙였다.

"저야말로 잘 부탁드립니다."

린코도 머리를 깊이 숙였다. 나도 당황하며 아내를 따라 고개를 숙였다.

찬바람이 부는 가운데 밖에서는 평소처럼 SP가 대기하고 있었다. 강건한 그들에게 에워싸여 수상 전용차에 탔다. 조수석에서는 시마자키 군이 긴장한 표정으로 기다리고 있었다.

차가 출발하기 무섭게 "저어, 총리님……," 하고 시마자키 군이 망설이는 투로 말했다.

"하라 선생하고는…… 그…… 대체 뭐가……?"

"뭐가라니?" 시치미 뗀 얼굴로 린코가 말했다.

"아무것도 없어요. 새해 인사를 했을 뿐. 그리고 예정대로 신년 기자회견 내용에 대해서 설명을 드렸을 뿐이에요."

그렇게 말하고 나를 불쑥 돌아보았다. 순간 가슴이 철렁했다.

린코의 눈동자에는 씩씩한 결의가 넘치고 있었다. 조용히 불타며 말하고 있었다.

드디어 때가 온 것 같아. 전투 개시의 신호탄을 쏠 때가.

걱정하지 마. 당신은 여느 때처럼 잠자코 따라와 주기만 하면 돼. 그리고 곁에 있어만 주면.

적극적으로 신임을 묻는다. 국민에게.

이 사람에게 이 나라의 미래를 맡겨 줄 것인지 말 것인지.

그것을 위해 내가 던질 최후의 카드——.

"히요리 씨. 당분간은 나랑 당신만 알아 둘 이야기인데……,"

정기국회가 열리기 전날 밤, 나에게 다짐을 두고 나서 린코는
분명하게 말했다.

"신임을 묻는다는 말, 나, 처음으로 해 볼까 해."

저들이 내각불신임 결의안을 제출하기 전에 총리의 권한으로
국회 해산 및 총선거를 선언한다.

그것이 린코가 준비한 최후의 카드였다.

19

20××년 1월 27일 흐림

드디어 정기국회가 시작되었다.

아니, 린코 인생의 최대 시련이 시작되었다──라고 말하는 편이 나으려나. 어쩌면 침몰 직전의 낡은 배가 거친 바다를 향해 닻을 올렸다──라는 표현이 더 적합할지도 모르겠다.

신년 총리 기자회견에서 린코는 '추가 증세와 사회보장 개혁', '경기활성화 대책', '저출생 대책과 고용 촉진' 등 세 가지 주제에 집중하고 불퇴전의 결의를 표명했다.

그 3일 전, 하라 구로가 '소비세율 추가 인상을 반대하겠다'고 비공개로 생각을 전했지만 린코는 조금도 위축되지 않고 "정치생명을 걸고 완수할 것입니다"라고 낭랑한 목소리로 단언했다.

총리가 된 린코는 지난 총선거에서 공약으로 내건 이 세 가지 과제를 실행하기 위해 길을 닦아왔다. 관료들에 포위되고, 정책을 놓고 줄다리기에 휘말리고, 국회 내 시끄러운 논쟁에 휘말려도 린코는 번복하거나 물러서지 않았다. 오히려 의지가 더 강해지고 있다는 인상이다. 총리의 의지는 불변, 마침내 소비세는 인상되는가, 야당은 어떻게 나올 것인가, 하며 언론에서도 군불을 피우기 시작했다.

소마 내각 출범 후 내내 전면에 나서지 않던 하라 구로의 동향이 사람들의 주목을 받게 되었다. 자, 과연 연립여당은 국회에서 어떻게 난국을 극복할 것인가. 총리와 권모술수에 능한 연립여당 협의회 의장은 소비세율 인상 법안을 어떻게 가결시킬 것인가. 희대의 정치 쇼라도 개막되는 양 언론이 들끓었다.

충분히 계산된 바였겠지만, 새해로 바뀌고 하라 씨가 갑자기 의미심장한 발언을 했다. 이에 언론도 항간에서도 놀라움을 감추지 못했다.

민심당 본부에서 하라 당수가 새해 인사를 하며 내놓은 발언이 뉴스에 보도된 것은 린코가 연두기자회견을 하던 그날 저녁이었다.

"정초에 총리와 대화를 했습니다만, 주요 정책에서 의견이 일치하지 않았습니다."

이 한 마디에 회견장에 있던 기자들이 술렁였다.

"그건 무슨 말씀이죠? 연립여당을 아우르는 위치에 있는 분께서 총리와 의견이 일치하지 않는다면 곤란하지 않습니까?"

"하라 당수는 소비세율 인상 법안에 동의하기 어렵다는 말씀인가요?"

하라 씨가 뭐라고 대답하기도 전에 민심당 홍보 담당자가 "이것으로 회견을 마칩니다"라고 일방적으로 끝내 버렸다. 하라 구로는 뻔뻔한 웃음을 지으며 퇴장했다.

이 회견으로 직진당 내부가 발칵 뒤집혔다. 직진당뿐 아니라 연립여당에 참가한 다른 당에도 빠르게 동요가 번져 갔다.

당연한 일이었다. 출범하고 네 달이 채 안 된 정권에서 연립이라는 이름의 단합을 다잡아 온 당사자가 너무나 불온한 말을 내뱉은 것이다. 하라 구로가 연합의 끈을 늦춘다면 힘없는 소수 정당으로 돌아가야 한다.

린코와 직진당 간부들은 정기국회를 앞두고 삼 주 동안 논의를 거듭하고 있었다. 린코는 여러 국가 요인의 일본 방문을 챙기고 시내로 나가 시민들과 만나고 국제회의에 참석하느라 편하게 쉴 틈도 없었다. 나는 린코의 출장에 동행하지 않았다. 이럴 때 아내를 따라다니다가 언론의 총공세를 당하는 사태는 피하고 싶었다.

역으로 내가 외출할 때는 SP뿐만 아니라 후지노미야 씨까지 항상 동행하게 되었다.

히요리 씨가 엉뚱한 곳에서 엉뚱한 인물에게 붙들려 엉뚱한 질문을 받고 엉뚱한 대답을 하면 곤란하다는 듯이 후지노미야 씨는 나에 대한 감시를 세 단계쯤 높였다.

직진당에서는 하라 구로가 소비세율 인상 법안에 반대할 생각을 이미 굳힌 듯하다는 소식이 시마자키 군을 통해 간부들에게 알려져서 당내 분위기가 긴박해진 듯했다. 후지노미야 씨도 이 소식을 알게 되었고, 그래서 더욱 내가 어딘가 나갔다가 기자들에게 붙들릴까 싶어 감시를 강화한 것이다.

──하라 구로가 소마 린코와 대립할 듯.

——설마 소비세율 인상을 반대하나?

——그렇다면 소비세율 인상 법안은 이번 국회에서 부결되나?

——소마 내각이 총사직으로 내몰릴까?

——내각불신임 결의안이 제출되나?

——어떤 경우든 소마 총리는 퇴장하나?

——그것은 국민에게 득인가 손해인가?

하라 구로의 석연치 않은 태도나 장난스러운 발언에 언론이 웅성대기 시작하고 국민들 사이에서도 당혹감이 번져 갔다.

내가 일하는 젠다 조류 연구소에서도 도쿠다 소장을 비롯한 동료들이 우려하고 있었다. 저마다 다른 이유로.

소장은, 총리가 하라 구로에게 외면당한다 → 소비세율 인상 법안이 부결된다 → 부결의 책임을 지고 소마 내각이 총사퇴한다 → 연구소에 거금을 기부해 주던 소마 본가의 사모님(어머니)이 불쾌해한다 → 기부액이 줄어든다……라는 도식을 머릿속에 그렸는지,

"소마 총리께서 부디 잘 버텨 주셔야 하는데. 어떻게 좀 안 되겠나, 소마 씨?"

하며 조카딸 혼담이 깨질까 걱정하는 삼촌 같은 모습이다.

선배 구보즈카 씨와 동료 하타가야 씨는 의외로 담담한 태도여서 "어쩌면 깨끗하게 퇴진하는 게 더 낫지 않을까?"라는 의견이었다.

"후배 부인이라서 말하지 않고 있었지만…… 솔직히 여자 몸으

로 총리 일을 하는 거, 여러 가지로 힘들지 않을까. 뭘 해도 색안
경을 끼고 바라볼 테니까 말이야. 소마 씨도 총리의 남편이라는
딱지가 붙는 바람에 연구자로서가 아니라 그쪽으로 더 유명해져
버렸잖아. 그런 게 과연 좋은 일인가 싶어."

구보즈카 씨는 매번 그렇지만 통쾌할 정도로 핵심을 찌른다.

"나는 소마 총리의 정치적 능력을 인정합니다. 그분도 원래 연
구자였기 때문에 내각 출범 후 예산을 대담하게 손볼 때도 학술
연구 지원금은 삭감하려 하지 않았고…… 그런 점에서는 도움이
됐다고 생각했습니다."

하타가야 씨는 그렇게 말머리를 꺼냈지만 본심은 달랐다.

"하지만 소비세가 더 오르면…… 우리처럼 연봉 낮은 연구원들
은 힘들어지지 않을까요? 총리가 퇴진해서 소비세 문제가 백지화
되면 안도할 국민도 많을 것 같은데……."

맞는 말이다. 틀림없이 맞는 말이다.

그건 그렇지만…….

뜻밖이었던 것은 이토 루이 씨의 의견이었다.

그녀는 예의 '도촬 사건' 이후 완전히 조용해졌고, 사람이 변한
것처럼 내 곁으로는 오지도 않았다.

하라 구로 측과 금전 수수가 있었는지 어떤지 나로서는 알 수
없다. 그녀가 휘말린 그 사건의 진상을 내가 알게 되었다는 사실
을 그녀가 깨달았는지 어떤지도.

그러나 무슨 음흉한 의도가 있어서 그 사건에 참여한 거라고는

생각되지 않았다.

그녀는 자신의 힘든 과거나 가족이 직면한 금전적 문제를 나에게 숨김없이 털어놓았다.

틀림없이 나를 속이려 했지만, 그때의 고백만큼은 어렵게 용기를 내어 말해 준 거라고 본다. 분명 금전 문제로 힘들었기 때문에 어쩔 수 없이 하라 씨의 음모에 휘말렸겠지…….

나의 생각을 만약 후지노미야 씨가 안다면 "그러니까 히요리 씨가 잘 속는 겁니다!"라고 일갈하겠지만, 여하튼 나는 그렇게 믿는다.

한데 이토 씨가 웬일로 대화에 끼어들더니 내 눈을 보지 않은 채로 말했던 것이다.

"나는 소마 총리가 절대로 총사퇴하지 않았으면 좋겠어요."

물론 소비세는 당연히 낮을수록 좋죠. 모든 국민이 같은 생각을 하지 않을까요.

하지만 길게 보면 이대로 가다가는 나라가 망가져 버리지 않을까 하고…….

"국민은 바보가 아니니까요. 이대로는 안 된다는 것 정도는 압니다. 소마 총리님이 우리 함께 극복하자고 말씀해 준다면 국민들도 적극 호응해야 한다고 생각할 겁니다."

소장도 구보즈카 씨도 하타가야 씨도 그리고 나도 깜짝 놀랐다.

이토 씨의 말은 정론이다.

말로 하지는 않았지만 우리는 모두 그녀의 주장에 동의했다.

작년 9월 소마 내각이 출범한 이래 린코는 이례적인 속도로 개혁을 실시해 왔다.

이거다 결정하면 관철하고야 마는 성향이 있어서 그랬지만 전여당 민권당 시절의 방해물이 모두 사라진 덕분인지 행정개혁을 위해 큰칼을 과감하게 휘둘렀다. 지출을 철저하게 조사해서 쓸데없는 지출을 삭감하기로 결정했다. 관청에 만연한 기득권을 주저 없이 쳐내라고 각 대신에게 촉구했다. 가차 없는 총리의 출현에 가스미가세키가 벌벌 떨고 있다고 당초에는 언론도 적극적으로 보도했다.

그녀는 원칙적으로 정치는 정치인이 담당하는 일이라 여겼다. 관료가 주도한다는 것은 있을 수 없는 일이었다.

그러나 현장을 가장 잘 아는 것은 당연히 관료들이다. 때문에 린코는 실력 있는 관료하고는 적대하지 않고 쓸 만한 인재는 철저히 활용한다는 방침을 취했다. 전 정권 시절의 짬짜미에서 손을 떼지 않은 관료라면 그의 말에는 일체 귀를 기울이지 않고, 일리 있는 의견이라면 상대가 젊은 관료라도 의견에 귀를 기울였다. 각 성청省廳의 관료 한 사람 한 사람의 성향과 동향을 파악하기란 매우 어려운 일이지만, 린코는 각 대신과 손잡고 그런 어려운 작업까지 해냈다.

그리고 총선거에서 내걸었던 세 가지 핵심 공약──'증세와 사회보장 개혁', '경제 활성화 대책', '저출생 대책과 고용 촉진'——
은 한 세트이므로 하나라도 소홀히 할 수 없다.

일본이라는 배는 바닥 여기저기에 구멍이 나 있다. 당장 뭔가
하지 않으면 침몰을 피하기 어렵다. 코르크로 틀어막는 임시방편
이 아니라 과감한 개혁을 단행하지 않으면 더는 방법이 없다.

그러므로 가령 소비세만 몇 퍼센트 올려 봐야 언 발에 오줌 누
기라는 것은 린코도 잘 알고 있었다.

소비세를 올리면 개인 소비가 줄어 마이너스 성장을 초래할 거
라는 의견도 있었다. 단기적으로는 분명히 그럴 것이다. 과거 몇
차례 소비세율을 인상했을 때도 그 직전의 사재기 소비까지 겹쳐
져 더욱 그랬겠지만 증세 후에는 마이너스 성장으로 돌아섰다.

그렇다고 이대로 방치한다면 일본이란 배는 침몰하는 일만 남
게 된다.

지난 수십 년간 일본의 실질 경제성장률은 놀랍게도 거의 제로
퍼센트였다. 아시아 이웃 국가들은 눈부시게 발전하고 있는데 인
구가 계속 감소하고 있는 일본은 이제 쇠퇴할 일만 남았다.

인구 감소, 수입 감소, 세수 감소가 계속되는 한편 초고령 사회
를 지탱하는 연금이나 의료비 등의 사회보장비 지출은 늘어만 간
다. 사회가 피폐하고 여성과 청년이 일하기 힘든 세상이 되면 자
녀를 낳고 키우기가 더욱 어렵게 되므로 일본은 더욱 위축될 수
밖에 없다. 그야말로 소용돌이에 빠져드는 것이다.

그래도 이 나라는 지금까지 기적적으로 살아남았다. 때문에 앞

으로도 괜찮을 거라는 이상한 낙관이 정계에나 국민에게나 만연하고 말았다. 당장 내일 어떻게 되는 것도 아니므로 추가 증세 같은 골치 아픈 문제는 잠시 미뤄 둬도 되겠지. 이것이 지난 보수정권의 사고방식이었다.

하지만 린코는 지금부터 자신이 공약한 대로 개혁하고자 한다. 어떤 정치가도 해내지 못한 일을. 즉 '일본호'라는 배의 부활과 새로운 출범을.

그 배의 선장이 나의 아내이다.

1월 25일 정기국회 첫날. 나는 도쿠다 소장 및 동료들과 연구소의 텔레비전 앞에 모였다. 업무를 잠시 쉬고 국회 중계를 시청하자고 제안한 사람은 소장이었다. 너무 초조해서 일손이 잡히지 않는 모양이었다. 역시 아끼는 조카의 맞선 자리에 동석한 삼촌 같은 인상이다.

구보즈카 씨, 하타가야 씨와 함께 이토 씨도 내 옆에 나란히 앉았다. 그렇게 생각해서 그런지 그녀의 얼굴에 긴장한 빛이 떠올라 있다.

"시정방침에 관한 총리의 연설이 있겠습니다."

중의원 의장의 목소리가 장내에 울려 퍼졌다. 곧 폭풍 같은 박수 소리가 터졌다. 중앙 단상으로 린코가 걸어 나왔다.

검은 실크 슈트는 정초에 황궁으로 새해 인사차 방문할 때 입었던 그것이다. 작은 숏컷 얼굴이 한층 긴장해서인지 다른 때보다 더 피부가 반들반들해 보여 나는 미소 지었다.

　허리 숙여 인사하고 호흡을 한번 가다듬은 린코가 손 밑의 원고로 몇 초간 시선을 떨어뜨리고 있다가 앞을 똑바로 응시했다.

　"존경하는 국민 여러분." 린코의 연설이 시작되었다.

　여러분은 새해를 어디서 어떻게 맞으셨습니까.

　가정에서, 고향에서. 직장에서, 여행지에서. 가족과, 친구와, 가까운 누군가와, 사랑하는 사람과, 혹은 혼자서. 한 사람 한 사람이 저마다 다른 새해를 맞으셨겠지요.

　여러분에게 찾아온 한 해는 앞으로 어떤 한 해가 될까요. 저는 여러분 모두에게 가슴 설레고 희망차고 평화로운 한 해가 되길 바랍니다. 행복한 해가 되길 바랍니다. 국정을 맡은 제가 지금 바라는 것은 그것뿐입니다.

　행복한 한 해가 되려면 행복한 하루하루를 거듭해 가는 것이 필요합니다. 여러분 모두가 행복한 하루하루를 거듭해 나갈 수 있도록 여러분의 매일을 제가 책임지고 돕겠습니다. 바로 그것이 제게 맡겨진 사명이라고 생각합니다.

　"독특한 시작이군, 수상의 시정방침 연설치고는."

　구보즈카 씨가 중얼거렸다. 그러자 하타가야 씨가 말했다.

　"눈앞에 앉아 있는 의원들을 넘어 국민에게 직접 말하고 있군요. 느낌이 좋아요."

"응, 좋군, 이렇게 시작하는 것도. 왠지 총리가 나한테만 말을 건네는 것 같아."

소장도 고개를 끄덕이며 말했다.

이토 씨는 입을 꼭 다물고 텔레비전을 응시하고 있다. 나도 화면을 뚫어져라 쳐다보았다.

국민 여러분이 행복한 날들을 보낼 수 있도록 정부는 무엇을 해야 할까요.

국민 각자가 행복을 실감하려면 정신적으로나 물리적으로나 충실한 생활이 가능한 안정된 사회를 만들고 유지해 나가야 합니다. 그것이 정치에 요구되는 과제라고 절실히 느끼고 있습니다.

그 과제를 현실로 만들려면 어떤 방법이 있을까요. 이에 저는 크게 세 가지 방침을 제시하고자 합니다.

첫째, 소비세율 추가 인상과 사회보장 개혁.

둘째, 대규모 경기부양책.

셋째, 저출생 대책과 고용 촉진.

이밖에도 외교, 안보, 에너지 정책, 교육, 복지 등 중요한 과제는 매우 많지만, 우선 이 세 가지 커다란 과제에 대한 대책을 설명해 드리겠습니다.

우리 연구원들이──아니 아마도 대다수 국민이 지켜보는 가운데 린코는 한 번도 원고를 보지 않고 앞을 똑바로 바라보며 열띠게 연설했다.

현재 일본의 총 부채는 대략 1500조 엔이다. 갓난아기부터 노인까지 모든 국민이 일인당 1500만 엔의 빚을 지고 있는 셈이다.

왜 이렇게 되어 버렸을까.

일본의 경제 상황은 위험 구간에 들어서고 말았다. 이제는 그야말로 붕괴 직전이다. 우리는 모두 무너지는 다리 위에 서 있다.

이제 여유 시간이 거의 없다. 나는 국민이 무너지는 다리에 서 있는 것을 결코 잠자코 보고만 있지 않겠다.

일본의 향후 방침을 세계가 지켜보고 있다. 전에 유럽 여러 나라가 재정 위기에 빠지던 상황과 비슷하기 때문이다.

지금까지 부족한 재원은 국채 발행으로 메워 왔다. 그러나 일본의 재정이 앞으로 호전될 재료가 없다고 시장에서 판단할 경우 어떻게 되겠는가. 일본의 국채 가격이 단숨에 폭락할 염려가 있다.

유럽 여러 나라의 재정 위기나 예전의 리먼 쇼크를 생각하면 그런 사태가 절대로 일어날 수 없다고는 이제 아무도 장담하지 못한다. 오히려 틀림없이 그렇게 될 거라고 시장 관계자들은 예상하고 있다.

시장에서는 증세를 호재로 본다. 재원이 확보된다면 국채가 폭락하는 일은 없다.

당연히 증세는 개인적, 단기적으로 보면 아무도 받아들이고 싶지 않을 것이다. 하지만 대국적, 장기적으로 보면 반드시 돌고 돌아서 개인에게, 사회에 그 효과가 돌아온다. 그렇게 되도록 보증하는 것이 정부의 역할이기도 하다.

그러므로 나는 이 나라의 총리로서 소비세율의 추가 인상을 제안한다──.

시정방침 연설은 한 시간에 이르렀다. 이상하게도 다른 때는 야유로 시끌시끌해지는 국회가 물을 끼얹은 듯 조용하기만 했다.

린코의 주장은 논리정연하고 이해하기 쉽고 한 마디 한 마디가 가슴을 쳤다.

맞는 말이다. 소마 린코는 진심으로 이 나라를 구하고자 결심했구나. 듣고 있다 보면 그렇게 납득하게 된다.

이 사람을 따르자. 그런 감정이 솟아난다.

그때 아, 하고 감탄하는 소리가 났다.

소장이 입을 떡 벌리고 있다. 구보즈카 씨와 하타가야 씨도 이토 씨도 열정적인 눈길로 화면을 바라본다.

나는 가만히 안도의 한숨을 내쉬었다.

국민 여러분. 제가 맨 앞에 서겠습니다.

우리가 이제 항해할 바다는 파도가 몹시 사납습니다. 하지만 저는 여러분을 행복한 미래로 이끌기 위해 결코 위축되지 않고 저 바다와 맞서겠습니다.

우리 함께 거친 파도를 넘읍시다. 이 새로운 한 해를, 그리고 우리 아이들의 미래를 행복하고 찬란한 것으로 만들어 나갑시다.

여러분의 생활을 제가 지키겠습니다. 안심하십시오. 당신을 제가 반드시 지키겠습니다.

바로 지금이 닻을 올릴 때입니다. 아직은 동트기 전이라 어둡습니다. 하지만 물러가지 않는 밤은 없습니다.

국민 여러분. 저는 당신을 믿습니다. 이 난국을 반드시 극복해 주리라는 것을.

그러므로 저를 믿어 주십시오.

우리는 하나. 앞으로도 함께할 겁니다.

20××년 7월 30일 흐림

문득 돌아보니 벌써 반년 이상이나 일기를 놓아 버리고 있었다.

일부러 쓰지 않았던 것은 아니다. '쓰고 싶지 않은 것이 너무 많았다'는 것도 아니다. 미래의 어느 날인가 이 일기를 보고 있을 당신에게 알리고 싶지 않은 일들만 일어났던 것도 아니다.

이 일기에만큼은 무엇 하나 숨기지 않고 낱낱이 써 두겠다고 결심했다. 나의 아내 린코가 총리로 취임한 그날부터.

하지만. 정초부터 지금까지 6개월간 린코 주위의 다망함과 긴박감은 보통이 아니었다. 곁에서 보는 나도 한가롭게 일기나 쓰고 있을 계제가 아니라는 기분이 들 정도였다.

게다가 이런 판국에 일기 같은 걸 쓴다는 사실을 린코가 알게 되면 "이게 뭐하는 짓이야?!" 하고 다투게 될지 모른다. 정말이지 그것만은 피하고 싶었다.

아무래도 상황을 객관적으로 조망할 수 있는 상황이 되었을 때 그간의 일들을 총괄하는 편이 낫겠다 판단하고 이 일기를 건드리지 않았던 것이다.

여기까지 쓰고 보니 역시 변명으로밖에 보이지 않지만…….

아무튼.

이번 국회는 거칠 대로 거칠었다. 린코가 연초의 시정 방침 연설에서 예언한 대로 그것은 '파도가 몹시 사나운 바다' 같았다.

어떻게든 통과하려고 거센 폭풍우 속에서 돛을 올리고 출항한 소마 내각이지만, 밀려드는 노도에 필사적으로 키를 잡아야 했다.

지난 반년간의 상황을 알지 못하는 당신을 위해 린코를 둘러싼 주변 동향과 국회 동향을 간략히 정리해서 기록해 두겠다.

먼저 저 감동적인 시정 방침 연설 직후의 상황.

린코는 향후 자신의 정책 방향에 대하여 상당히 구체적으로 밝혔다. 기존 총리의 시정 방침 연설은 터무니없이 장밋빛이었다. 때문에 다분히 추상적인데다가 설득력이 떨어지며 겉도는 내용이 많았다.

"저게 가능한 얘기야?", "될 리가 없잖아."

국민은 처음부터 체념하거나 애초에 듣지 않거나 둘 중에 하나였다고 해도 과언이 아닐 것이다.

그러므로 먼저 국민이 경청하고 곰곰이 생각하게 했다는 점에서 린코의 연설은 호평해도 좋다. 이것은 린코의 브레인, '전설의' 스피치라이터 쿠온 쿠미의 능력에 의지한 덕분이겠다.

연설에는 소비세율 인상을 비롯하여 다양한 정책이 담겨 있었다. 그중에서도 소비세율을 인상하는 한편으로 저소득층이나 고령자 등 사회적 약자를 배려한 점이 주목할 만했다.

소비세는 3년 안에 15퍼센트로 인상한다. 다만 '복수 세율'을 도입하여 국민 생활을 압박하지 않도록 최대한 노력한다.

복수 세율이란 소비 품목에 따라 세율을 달리하여 부과하는 것이다. 식품이나 일용품, 의약품, 월 15만 엔 이하의 임대주택 집세, 교육비 등 생활에 반드시 필요한 물품에 관해서는 낮은 세율을 적용하고 외식, 가구, 브랜드 제품, 보석장식류, 승용차, 주택 등에는 15퍼센트 세율을 적용한다. 이 방식은 영국 등 여러 외국에서 시행 중이다.

소비세와 함께 소득세, 상속세의 과세율도 변경한다. 소득세는 연수입 1천만 엔 이상, 5천만 엔 이상, 1억 엔 이상 등 세 단계로 나누어 세율을 인상한다. 역으로 연수입 1천만 엔 미만 층의 소득세는 감세한다. 돈이 있는 사람에게 제대로 과세하고 표준적인 연수입을 가진 사람이나 그 이하에게는 감세함으로써 소비를 자극하겠다는 것이다.

마찬가지로 법인세도 다양하게 과세하도록 했다. 신규 창업한 법인은 3년 이내는 적게 과세하여 회사의 체력을 키우도록 지원한다.

사업이 궤도에 올라 연매출 5천만 엔이 넘는 법인에게는 과세율을 올린다. 성장함에 따라 과세율을 높여 간다.

또 청년층의 정규직 고용 촉진, 여성의 출산 휴가 보장, 보육원 병설 등을 솔선하여 시행하는 기업에게는 감세 혜택을 준다. 청년층과 여성이 일하기 쉽고 자녀를 키우기 쉬운 사회 환경을 조성하기 위해 나라 예산을 쓴다.

이렇게 린코의 정책은 철저히 사회적 약자나 일반 시민의 눈높이에 맞춰져 있었다.

린코의 방침은 '모든 국민이 내일에 희망을 품을 수 있는 사회'를 만드는 것이었다. 이를 실현하기 위해서는 정치적으로 아무리 불리한 정책이라도 감행하겠다는 것이 그녀의 신념이었다.

시정 방침 연설에는 린코의 원칙과 결의가 당당하게 드러나 있었다.

속임수가 전혀 없는 열정적이고 깨끗한 연설이었다. 그렇다, 소마 린코라는 사람 자체처럼.

국회 중계를 함께 시청하던 우리 연구원들은 모두 감동한 기색이었다. 연구소 사람들이 그토록 감동한 까닭은 총리를 더없이 가까운 존재로 느꼈기 때문일 것이다. 린코의 정책을 매우 호의적으로 받아들였음이 분명했다.

이토록 가깝게 느껴지는 총리가 이전에 있었던가?

역대 총리라고 하면 어딘지 '수상쩍다', '어차피 무슨 말을 해도 들어주지 않는다', '이 사람에게 맡기면 일본이 망가진다' 등 부정적인 이미지만 따라 나온다. 총리가 '국민 여러분을 위하여'라고 말하면 할수록 국민은 냉소하고 더 거리감을 느낀다. 그것이 일본의 총리 이미지였다.

지금까지 오랫동안 여당을 독점해 온 민권당이 정권을 계속 장악하는 한 총리를 바꾸어도 똑같은 상황이 반복된다며 국민은 체념해 왔다.

누가 총리가 되어도 어차피 똑같다.

그런 체념을 깨뜨린 사람이 린코였다.

여자가 뭘 하겠어, 하며 삐딱하게 보던 국민도 많았다. 소마 재벌이 뒷배를 봐 주고 있겠지, 그러니 서민이 어떻게 사는지 어떻게 알겠어, 라는 시선도 있었다.

하지만 린코는 강했다. 내 상상보다 훨씬 씩씩했다.

어떤 역풍, 어떤 부정적 감정에도 결코 지지 않는 강인함이야말로 린코의 진면목이었던 것이다.

과감하게 린코를 총리로 민 하라 구로조차 그녀의 강인함이 이 정도일 줄은 예상하지 못했으리라.

린코의 지지율은 시정 방침 연설 다음 주에 무려 80퍼센트를 기록했다.

소비세 도입을 명확히 밝혔으니 지지율의 일정한 하락은 각오하고 있었는데, 이 결과에는 린코의 측근들과 직진당 당원들도 경악하고 크게 기뻐했다.

"이런 총리, 또 있었습니까? 대단해요, 린코 씨는!"

후지노미야 씨도 흥분하고,

"정말이지 린코한테는 번번이 놀라는구나. 사람들이 왜 그렇게 린코를 좋아하지?"

어머니도 눈이 휘둥그레졌다(어딘지 조금 기뻐하는 듯했다).

그러나 린코 본인은 높은 지지율을 반가워하는 기색도 없고 들 뜨지도 않았다.

다만 차분하게 "잘된 일이네" 하고 말했을 뿐이다.

그러니 더욱 국민을 절대 배반할 수 없지──라고 하면서.

그런데. 이 일기를 여기까지 읽은 당신은 아마,

"그랬군. 그럼 소마 총리는 지지율이 높은 상태에서 곧장 소비 세 추가 증세를 단행했겠지, 과연."

하고 납득했을지 모른다. 물론 나도 미래가 그랬으면 좋겠다는 희망적 관측 아래 일기를 쓰고 있긴 하지만…….

국민들은 린코의 방침을 분명히 수용하는 듯했다. 물론 반발하 는 사람도 많았다.

특히 경제계에서 반발이 심했다.

가령 승용차나 주택을 판매하는 회사가 맹렬하게 반대했다. "소비세는 모든 소비 품목에 동등하게 부과해야 하지 않는가", "이건 차별적인 과세다"라는 불만이 쏟아졌다.

각 경제단체의 장은 함께 기자회견을 열고 총리의 방침에 반대 한다고 외쳤다.

"경제계에서는 이런 차별적 소비세를 받아들일 수 없다."

"모든 소비 품목에 동률로 과세하거나 소비세율 인상 자체를 취소해야 한다."

"지금까지 일본의 경제발전에 기여해 온 대기업에 심대한 타격이다. 법인세 과세 방식도 상궤를 벗어났다."

"법인세가 이렇게 높아지면 기업들은 일본을 떠나 세금이 싼 해외에 나갈 것이다."

라며 불평했다. 마치 린코가 경제계 전체를 적으로 돌린 듯한 분위기였다.

소마글로벌 CEO인 형도 머리끝까지 화가 나 나를 CEO실로 불렀다.

다른 사람을 물리친 사무실에서 형은 내 얼굴을 보자마자 노성을 퍼부었다.

"나는 애초부터 소비세율 추가 인상에 단호하게 반대했다. 그런데 뭐? 세율 인상 정도가 아니라 복수 세율을 도입하겠다고? 웃기지 말라고 해!"

탕! 하고 데스크를 양손으로 거칠게 때리며 형이 벌떡 일어섰다. 나는 문 앞에 멀거니 선 채 형을 쳐다보는 수밖에 없었다.

형은 화난 표정으로 데스크 주위를 초조하게 서성이다가,

"너랑 린 짱은 정말 부부 맞아?"

묘한 질문을 던졌다.

"그게 무슨 말이죠?"

라고 대답하자, "못 믿겠어" 하며 고개를 저었다.

"부부가 맞다면 남편은 집안에 유리한 쪽으로 조언하는 게 당연하지 않나? 너는 멍청하게 앉아 있을 뿐 전혀 도움이 되질 않잖아. 집안에 유리한 쪽으로 움직이도록 총리에게 한 마디라도 제

안해 본 적 있어? 대체 뭐하는 거야?"

"유리한 쪽으로 움직이다니……." 나는 어이가 없었다.

"그건 공과 사를 혼동하는 거죠. 그 사람은 총리입니다. 공인이라고요. 그런 사람에게, 우리 집안에 보탬이 되는 정책 하나 부탁해, 라고 말하라니. 린코가 받아 줄 리 없잖아요."

"너 바보냐? 정말 바보로군."

형은 크게 실망했다는 듯이 한숨을 지었다.

"린 쌍이 총리가 되었을 때 경제계는 일단 기대했다. 그녀라면 참신한 방법으로 일본 제품을 국제 시장에 팔게 해 줄 테고, 관세도 일본 경제계에 유리하게 협상해 줄 테니까…… 분명히 국제 시장에 대한 정책은 괜찮았고 수출 증가에도 긍정적인 신호가 보였지. 하지만 모처럼 시장이 좋아지려는 참에 증세를 해 버리면 찬물을 끼얹는 거나 마찬가지잖아. 이런 상황에 몰리면 경제계에서도 앞으로 소마 총리를 밀어주지 않을 거다."

결국 린코의 정치적 입지가 위태로워질 거라고 형은 말했다.

그녀가 권좌에 최대한 오래 있기를 바란다면 경제계를 적으로 돌리는 정책은 펴지 말라고 조언하는 게 총리의 남편이 할 일 아니냐고.

"아내를 위한다면 그런 조언도 필요하지 않나? 결정적 시기에 영리한 조언을 해 주지 못하겠다니…… 넌 바보구나. 총리의 남편 될 자격이 없어."

나는 입술을 꽉 물었다.

총리의 남편 될 자격이 없다. 말이 너무 심하군.

그래도 나는 형의 눈을 똑바로 보고 대꾸했다.

"조언을 안 하는 것이 최고의 조언이라고…… 나는 믿습니다."

1월 이후, 국회는 소마 린코를 총공격하는 양상을 보였다.

먼저 각 당수의 대표질문. 이들은 시정 방침 연설을 놓고 온갖 트집을 잡게 마련이다. 야당이 된 민권당의 대표는, 복수세율은 명백히 차별적 과세라며 폭풍 같은 비판과 트집을 퍼부었다.

이에 대하여 린코는 정중하고 절절하게, 회피하지 않고 논리정연하게 답변했다. 소비세 담당인 경재상경제재정담당상도 린코를 잘 지원했다. 어느 대목에서든 빈틈을 보이면 끝장이다. 신중하게 논의해야 한다는 것을 린코 진영도 잘 알고 있었다.

소비세 문제 외에도 국회에서 토론해야 할 내용은 많았다.

다음년도 예산에 관하여 린코와 주요 대신들은 예산위원회에서 충분히 설명했다. 이것은 한 달간의 논쟁 끝에 2월 말에 가결되었다.

그 후, 드디어 린코는 '소비세를 포함한 세제의 근본적 개혁에 관한 구체적 개정 내용을 정하는 법안'을 국회에 제출했다.

3월은 연도말이 다가오는 시기였다일본 국회의 회계 연도는 4월부터 이듬해 3월까지. 지금부터 6월의 회기 말까지 여야당에서 이 법안을 통과시킬지 말지를 놓고 격렬한 논쟁을 벌이게 된다.

그런데 이즈음 지원단체 모임에 참석한 하라 구로가 연설에서 이렇게 발언했다.

"소마 총리의 소비세율 인상 법안과 내 생각이 일치하지 않는다는 것을 분명히 인식했습니다. 따라서 법안 성립에 반대하지 않을 수 없습니다."

아무래도 하라 구로가 소마 정권에서 이탈할 모양이라는 추측은 벌써부터 나돌고 있었지만 명확히 선언한 것은 이때가 처음이었다.

이때 하라 구로는 이미 소마 내각을 퇴진시키기 위해 움직이기 시작한 듯했다. 하지만 린코 진영이 순순히 받아들인 것은 당연히 아니었다.

내각에 참여한 연립 여당의 당수들과 린코는 연일 회담을 갖고 있었다. 하라 구로가 배반할 가능성이 높아지고 있는데, 부디 소마 정권의 원활한 운영을 위해 계속 힘을 모아 주기 바란다, 지금은 견뎌내야 할 때이다, 라고 린코는 호소했다.

각 당수와 의원들은 하라 구로의 은밀한 의사 타진을 받고 있었다.

소비세율 추가 인상은 시기상조이며 결코 국민 다수의 뜻이 아니다.

만약 총선거가 실시된다면 증세 깃발을 올린 자는 필패한다.

소마 린코를 권좌에서 끌어내리기 위하여 우리가 힘을 모아 먼저 연립 해소를 들이밀자.

그리고 국회 해산으로 몰고 가서 선거에 당선된 의원들로 다시 새로운 연립정권을 세우자.

젊음이나 미모나 배경에 혹하지 않는 견고한 정권, 확고한 내
각을 만들자.

반드시 그걸 해내겠다. 내가 보증한다——.

"하라 구로가 여야당 의원에게 그렇게 말하고 다닌다고 합니
다."

6월 장마철에 접어든 어느 날, 연구소에서 관저로 퇴근시켜 준
후지노미야 씨를 관저 내 회의실로 불러들여서 내가 물어보았다.
대관절 하라 구로는 지금 어떻게 움직이고 있는 겁니까? 라고.

그즈음에도 나와 린코는 여전히 함께 시간을 보내지 못했다.
린코는 국회에서 필사적으로 싸우는 동안 국회 밖의 업무로도 정
신없이 바빴다. 나도 린코의 외유에 동반하는 일을 삼가고 외출
이나 지인과의 만남도 애써 피했다. 아무리 사소한 틈이라도 드
러내면 안 된다. 나는 행동을 최대한 주의 깊게 제한하고 있었다.

그렇지만 조식 때나 취침 전처럼 부부가 함께 있는 귀한 시간
에는 린코가 기분 전환을 할 수 있도록 최대한 정계와 무관한 이
야기를 하려고 노력했다. 그러자니 아무래도 새 이야기나 나의
연구를 화제로 삼는다. 그 밖에 최근 읽은 책 이야기라든지……
소소한 이슈가 고작이었지만 린코는 미소를 지으며 귀기울여 주
었다.

그런 상황이어서 하라 구로와 벌이는 물밑 싸움이 얼마나 격
화되고 있는지 짐작도 못하고 있었다. 아무리 힘겨운 상황에 몰

리더라도 린코는 내 앞에서 변함없는 모습을 보여 주었고 여전히 포커페이스였다.

그래도 부부인데 이건 좀……, 하고 생각하면서도 나도 그녀 앞에서는 늘 친절하고 '어수룩한' 남편이려고 노력했다. 세상에는 그런 부부를 '쇼윈도 부부'라고 부르는지 모르지만…….

때문에 당내 동향을 잘 아는 후지노미야 씨에게 '린코 대 하라 구로'가 어떤 분위기인지 들어 보자고 생각했던 것이다.

하라 씨가 연립여당 구성원을 설득하고 있다는 사실은 알고 있었지만, 상당히 구체적으로 접촉하고 있음을 알게 되자 나는 갑자기 불안해졌다. 그렇다면 하라 씨는 국회 회기 말쯤에 배반을 실행에 옮길 것이다.

"총리의 상황은 어떻습니까? 상당수 의원이 반 소마 린코 쪽으로 돌아설 가능성은……."

"큽니다." 후지노미야 씨는 묘하게 차분한 표정으로 대답했다.

"하라 씨가 이끄는 민심당 의원 수만 해도 이미 상당하니까요. 야당과 민심당이 손을 잡으면 내각불신임안이 가결될 가능성이 높습니다."

그건 알고 있다. 그래서 이미 각 당의 의원들이 국회 해산과 총선거를 예상하고 움직이기 시작한 것이다.

그렇다면 하라 구로는 대체 어느 정도까지 속이 시커먼 사람일까.

자기가 속해 있던 민권당을 좌지우지할 수 없게 되자 바로 탈당해 놓고 지금은 다시 '정권을 되찾지 않을래?'라는 감언이설로 민권당에 접근하다니. 물론 자기가 총리가 되는 것을 전제로 해 놓고 접근하는 게 틀림없다. 야당으로 밀려나 서러움을 맛본 민권당은 무슨 일이 있어도 다시 여당이 되고 싶을 것이다. 그렇다면 '하라 총리'라는 조건도 기꺼이 받아들일 게 틀림없다.

린코도 이 상황을 얌전히 방관하고 있을 리 없다.

"……이대로 놔두지는 않겠지요."

나의 혼잣말 같은 소리에 후지노미야 씨가 고개를 끄떡했다.

"네, 할 겁니다, 총리님은. 쾅, 하고 말이죠. 머지않았어요. 히요리 씨는 린코 씨에게 상세한 이야기를 듣지 못해서 불안하시겠지만, 괜찮습니다. 총리님은 아주 잘 하시고 계세요."

후지노미야 씨의 얼굴에서도 늠름한 기색이 떠올랐다.

어느새 국회 회기 말.

내각불신임안이 제출되기 전, 그 결의를 기다리지 않고 마침내 린코가 먼저 전가의 보도를 스르렁 뽑아들었다. 그렇다, 직접 '해산'을 선언한 것이다.

그날 그때 국회 중의원 회의장은 만세삼창으로 요란했다. 나는 국회의사당에서 돌아온 린코를 관저에서 맞았다.

"드디어 했군."

수고했다는 인사도 이상하고 축하한다는 말도 아닌 것 같았다. 어울리는 말이 떠오르지 않아 그렇게 말했다.

린코는 가볍게 미소 지으며 고개를 끄덕였다.

"나, 절대로 지지 않을 거야."

이렇게 린코 일생일대의 여름 전투——총선거의 총성이 울렸다.

21

20××년 8월 10일 맑음

이보다 더할 수 있을까 싶을 만큼 쾌청하다.

오전 8시 30분, 벌써 강렬한 햇볕이 내리쬐는 가운데 린코와 나는 수상 전용차로 분교구의 모 초등학교에 차려진 선거투표소 입구에 도착했다.

차에서 내리자 카메라 셔터 소리가 일제히 울려 퍼졌다.

"린코 씨!", "소린!", "히요리 씨!", "히요린!" 하며 모여 있던 무리에서 환호하는 소리가 들렸다.

소리가 나는 쪽을 향해 린코가 방긋 웃어 보였다. 이내 와아, 하는 환성이 터졌다.

이어서 나도 어색하게 웃으며 사방으로 방향을 바꿔 가며 정중하게 고개를 숙였다. 순간 어디서랄 것도 없이 박수가 터졌다.

린코와 나는 결전의 장소인 투표소에 도착했다. 놀랄 만큼 많은 보도진 속을 SP에 에워싸인 채 가르며 체육관으로 이동했다.

체육관 안에도 보도진이 대거 기다리고 있었다. 해외 언론에서도 여러 명이 와 있었다. 린코와 나의 일거수일투족을 카메라들이 추적한다. 린코는 평소처럼——아니, 평소 이상으로 상쾌한 모습이다. 나는 딱딱하게 굳어서 오른발과 오른손을 동시에 내밀

뻗하며 투표용지를 들고 연필을 잡았다. 손바닥이 땀으로 축축했다.

우리는 동시에 기입대가 있는 부스로 향했다.

두 장의 투표용지에 각각 신중하게 아내의 이름과 정당 이름을 한 글자 한 글자 정성을 다해 적었다.

소──마──린──코

직──진──당

다 쓰고 나서 가만히 바라보다가 잠깐 눈을 감았다.

소마 린코.

내 아내의 이름.

첫 여성 총리의 이름.

이 나라를 구하겠다는 신념을 품고 떨쳐 일어선 사람의 이름.

부디 이 이름이 다시 국회의사당에서 호명되기를.

내각총리대신 소마 린코──라고.

린코와 나는 동시에 부스를 나왔다. 한순간 눈을 맞추자 그녀가 살짝 미소 지었다.

투표용지를 접어 투표함에 넣었다. 기다리는 보도진을 위해 천천히 밀어 넣었다. 엄청나게 많은 카메라 셔터 소리가 울리고 텔레비전카메라가 돌아간다.

린코는 출구에서 다시 보도진에 둘러싸였다.

"선거전을 치러 보니 어떠십니까?", "승산은 있습니까?"라는 물음에 린코는 친절하게 대답했다.

"모든 것을 국민 여러분의 판단에 맡겼습니다. 온 힘을 다해 달려왔습니다. 후회는 없습니다."

그 말에는 마라톤을 완주한 선수처럼 후련함이 가득했다.

다시 교문으로 다가가자 린코를 기다리던 사람들이 환호성을 지르며 저마다 악수를 청했다. SP가 막으려고 했지만 린코가 도리어 SP를 말렸다.

곧장 당 본부로 돌아가야 했지만 그녀는 투표소에 머무는 시간을 최대한 연장하며 시민들과 악수를 나누고 기념 촬영에도 응했다. 덕분에 나도 덩달아 악수를 나누고 기념 촬영에 응했다.

지난 이주일간 린코는 전국의 수십 군데를 뛰어다니며 사람들과 악수하고 대화를 나누었다. 나도 연구소에 여름휴가를 신청해서 린코를 지원하기 위해 참전했다.

솔직히 나 같은 사람이 넉살 좋게 나설 자리는 아니라고 생각했다. 내가 입후보한 것도 아니고 소마글로벌 임원인 내가 경제계 수장들이 모두 반발하는 소마 린코를 응원하기 위해 뛰어다니면 형이 분노할 것이 뻔했다. 얌전히 있는 게 좋지 않을까 하는 생각도 했다.

그런데 후지노미야 씨가, "꼭 지원 연설을 해 주셨으면 좋겠습니다!"라고 요청했다. "린코 씨의 간절한 부탁입니다"라면서.

나는 귀를 의심했다.

"부탁이라니. 그 사람에게 한 번도 듣지 못했는데요?"

라고 하자 "그럼 직접 확인해 보시든지" 하고 심술궂게 말했다.

그날 밤 자기 전에,

"나 같은 게 선거에 무슨 도움이 되겠어?"

하고 물어보니,

"당신이 아니면 안 돼."

라는 대답이 돌아왔다.

그래서 결국 한 번이 아니라 여러 번이나 지원 연설을 하러 뛰어다녔다. 그 이야기는 오늘 일기 뒷부분에 조금 써 두기로 하자.

생각해 보면 작년 이맘때도 선거를 치렀다. 그 후 설마 하던 총리 선출. 설마 하던 하라 구로의 이탈. 나아가 설마 하던 국회 해산과 총선거……

질풍노도와 같은 날들이라고 한 마디로 정리하기에는 너무나 처절한 날들이었다.

지난 1년간 린코가 제대로 쉬는 걸 본 적이 없다. 휴식이라고 해야 잠깐의 식사 시간과 역시 잠깐의 목욕 시간, 그리고 하루 평균 네 시간의 수면 시간이 전부였다.

하지만 질풍노도와 같은 날들도 어려운 국면도 언제나 가뿐하고 너끈하게 뛰어넘는다.

이 일기를 여기까지 읽은 당신이 '정작 중요한 선거 이야기가 전혀 없네!' 하고 노여워하지 않도록 시계를 조금 되돌려 린코가 선거전을 어떻게 치렀는지도 써 두겠다.

선거 기간이라도 일기를 도저히 못 쓸 정도는 아니었지만 솔

직히 일기 쓸 마음이 들지 않았다. 안절부절, 노심초사, 좌불안
석……의 상황이었기 때문이다. 하긴 선거 기간뿐만 아니라 린코
가 총리가 된 이후 지금까지 마음 편한 날이 없었다.

그러나 지난 반년 동안은 린코가 머지않아 국회 해산과 총선거
를 선언할 거라고 예상하며 지냈고, 그렇게 되면 뭐가 어찌됐든
남편으로서 그녀에게 힘을 보태기로 각오하고 있었다. 내내 비상
대기 상태가 계속되었는데, 선거전보다 대기하는 동안 오히려 더
안절부절못했다. 때문에 막상 총선거 국면이 되었을 때는 의외로
기분이 차분하게 가라앉았다.

선거전이 시작되고 가장 놀란 대목은 우리의 비서관 시마자키
군이 입후보했을 때였다.

지금까지 그가 보여 준 능력을 높이 사서 린코가 강권하고 당
에 추천해서 입후보시켰다고 한다. 시마자키 군은 "린코 씨 비서
로 남고 싶습니다"라고 호소했다는데 린코가 받아들이지 않았다.
"이번에는 내가 아니라 국민을 위해 일해 주었으면 좋겠다"라고
강력히 권하자 시마자키 군은 고향인 야마가타 1구에 입후보했
다.

야마가타 1구에는 하라 구로의 개인비서였던 간베 도모히로 씨
가 입후보했으므로 질 수 없는 싸움이 되었다.

린코는 선거기간 중에 시마자키 군을 응원하기 위해 야마가타
1구에 두 번이나 달려갔다. 어찌된 일인지 시마자키 군의 부탁으
로 나까지 지원 연설에 나서게 되었다. "나 같은 게 무슨 도움이

된다고" 하며 사양했지만 "됐으니까 그냥 하세요"라며 억지로 끌어낸 것이다.

시마자키 군의 입후보에 나도 모르게 시선을 빼앗기고 말았지만, 실은 린코 이하 직진당 선거대책위원들은 총선거를 예상하고 전국적으로 입후보자를 발굴하느라 벌써부터 분주했다. 연립여당 내에서 직진당과 계속 손을 잡기로 결정한 신당오오조라와 혁신일보당도 이 선거에 승리하여 하라 구로의 입김이 닿지 않는 연립여당으로 재결집하기 위해 땀을 흘리기로 약속해 주었다. 신당오오조라와 혁신일보당도 전국에 후보자를 세웠다.

여하튼 이 세 개 정당에다 신당평화, 일본신진당 등 소수 정당 두 개, 직진당을 지지하는 무소속 의원을 합쳐 어떻게든 중의원의 과반수인 241석을 쟁취해야 했다.

한편 하라 구로가 이끄는 민심당, 야당으로 밀려난 민권당, 나아가 연립 해산 후 린코 측과 결별한다고 선언한 신당카와루닛폰 등 세 개 당은 압도적으로 강한 지반을 갖고 있었다. 게다가 민심당과 민권당은 경험이 풍부한 정치가가 많아서 선거전에도 능했다. 정치가 집안의 2세, 3세 의원도 많았다.

막상 선거를 치르면 하라 구로 측의 압도적 승리로 끝나리라는 것이 대다수의 예측이었다.

하라 씨도 실은 그렇게 내다보고 모든 작업을 추진해 오지 않았겠나.

자신이 너무 빨리 이탈을 선언하면 린코가 당장이라도 국회를 해산하기가 쉽다. 린코가 높은 지지를 받는 상태에서 국회를 해 산하면 자칫 린코 측이 승리할지 모른다. 증세를 표명해도 높은 지지율을 유지한 총리는 과거에 전례가 거의 없다. 린코는 이례 중의 이례였다.

증세에 관하여 충분한 논쟁을 거듭해서 먼저 국민들이 '역시 증 세는 곤란하다'고 생각하게 만들어 둘 필요가 있었다. 최소한 총 리의 지지율을 떨어뜨리고, 그 사이에 자신은 물밑에서 각 당수 에게 의사를 타진하여, 국회 해산 및 총선거에 승리한 뒤 자신과 다시 연립을 구성하지 않겠느냐고 유혹하며 다닌다. 아군을 확보 하고 만반의 태세를 갖추어 총선거에 임한다.

이는 하라 구로가 전에 여당이던 민권당을 탈당하고 린코에게 연립을 제안하던 시나리오와 거의 다르지 않은 전략이었다.

그래서 린코는 선수를 치고 나갔다. 하라 씨가 연립여당 당수 를 유혹하기 전에 린코가 먼저 움직인 것이다.

린코도 각 당수를 개별적으로 관저에 초대하여 의논했다. 하지 만 그녀의 동향은 언론을 통해 훤히 공개되고 있었다.

앞에서도 썼지만 총리쯤 되면 각 신문마다 '관저의 하루' 같은 기사를 매일 싣는다. 누가 관저에 드나드는지, 누구와 면담했는 지 등 사생활을 제외한 모든 일정이 그대로 공개된다. 그것은 총 리의 의무이기도 하다.

때문에 린코가 당수들과 활발히 만난다는 사실이 하라 구로는 물론이고 국민에게도 알려졌다.

하라 씨도 이에 질세라 당수들에게 협의를 제안했다. "총리 쪽에 붙으면 이번 선거에서 패할 거요"라면서.

선거전에서 패배를 모르는 하라 씨에게 '당신은 패한다'라는 말을 듣는 국회의원은 얼마나 두렵겠는가. 나야 국회의원 경험이 없어서 모르지만 아마 몹시 무서운 일이 아닐까 짐작된다.

선거에 지면 국회의원이 아니게 되는 것이다. '의원 나리'로 추앙받다가 하루아침에 '보통 사람'이 되어 버린다.

지역으로 돌아가 다음 선거 때까지 착실하게 마을 회의에 참석하고 마을 축제에서 축하주를 한턱 쏴야 한다(이것은 어디까지나 나의 짐작이지만).

나가타초^{국회의사당, 수상관저 등이 있는 지역이어서 정계의 대명사로 쓰인다}에서 한껏 으스대던 경험이 많은 국회의원일수록 '하야'가 더욱 두려울 수밖에 없다.

그러므로 하라 구로가 "우리 함께 승리합시다!"라고 한 마디 건네면 국회의원 경험이 오랜 사람일수록 "그럽시다"라고 대답할 것이다.

따라서 현역 총리라고 해도 린코의 속삭임보다는 하라 씨의 속삭임이 각 당수와 유력 의원들 귀에는 훨씬 매력적이고 설득력 있게 들릴 게 틀림없다.

린코도 충분히 예상한 바, 그런 상황을 전제로 세운 전략은 '반드시 과반수 의석을 차지한다'는 것이었다. 이를 위해서는 '싸우는 국회의원'이 될 법한 신진 정치가를 정선해서 각지에 출마케

하는 수밖에 없었다.

아직 국회 회기 중일 때부터 린코는 선거대책위원들에게 지시하여 물밑에서 입후보자 물색을 시작했다. 그녀가 예전에 일했던 싱크탱크에는 정책조사를 할 때 정리한 전국의 논객, 학자, 연구자의 인명록이 축적되어 있었다. 또 반원전 시위 등에서 활약한 저명인사, 문화계 인사, 나아가 일반인 중에서도 오피니언리더로 알려진 사람, 정치가를 꿈꾸는 젊은이 중에 린코의 정책에 강하게 공감하는 사람, 유능한 기업가, 창업가를 상대로 입후보 의사를 타진하기로 했다.

선거전이 시작되자 린코가 추천한 입후보자들은 언론으로부터 '린코 키즈', '오합지졸', '아마추어 집단'이라는 야유를 받았다. 당연히 하라 구로 측의 입김이 닿은 평가였다.

이런 언론의 선동도 있어서 선거전은 소마 린코 대 하라 구로의 양상이 선명히 부각되었다.

린코가 내건 공약으로는 '일본의 재건을 위한 추가 증세', '탈원전', '각자 자립하고 상부상조하는 사회의 실현' 등 세 가지가 제시되었다.

국가 예산을 처음부터 재검토하여 낭비를 철저히 제거함으로써 헛되지 않은 추가 증세를 실시한다.

원전 이외의 에너지 공급원을 확보하고 탈원전을 향한 로드맵을 만들어 실천한다.

저출생 대책에 역점을 두고 기업의 고용 시스템을 근본적으로 바꾸어 여성과 청년층이 일하기 좋은 사회를 구축한다. 그리고 각자 자립하는 동시에 상부상조할 수 있는 사회를 만든다.

물론 현재 일본에는 헤아릴 수 없을 만큼 많은 문제가 쌓여 있다. 하지만 린코는 감히 이 세 가지로 쟁점을 좁혔다. 그리고 국회 해산 및 총선거를 선언한 몇 시간 뒤 하라 구로 측보다 먼저 공약을 발표했다. 그렇게 하면 하라 씨는 린코와 반대되는 공약을 내세우지 않을 수 없다.

하라 구로의 물밑 설득 작업도 있어서 경제계는 일제히 린코의 공약에 반대했다.

당연하다. 추가 증세도 탈원전도 고용 시스템의 근본적 재검토도 경제계가 받아들이기 힘든 것이었기 때문이다.

나는 형에게 불려가 일방적인 선언을 들어야 했다. "유감이지만 우리는 린 짱을 다시 총리로 밀 생각이 없다"라는.

"총리가 된 그 사람을 계속 지원해 나갈 생각이었지만 더 이상 참을 수 없다. 그 사람에게 환멸을 느꼈다. 남편인 너한테도."

나는 지난번과 마찬가지로 형의 말을 묵묵히 듣는 수밖에 없었다.

"지금이라도 늦지 않았다. 만약 네가 부인에게 공약을 철회하라고 타이르고 재계와 단단히 손잡게 해 주면…… 경제동우회나 그 밖에 영향력 있는 경제단체들이 전부 우군이 되어 줄 거다. 어떠냐?"

나도 모르게 쓴웃음을 짓고 말았다. 이제 와서 무엇을 제안해도 내가 받아들일 리 없다는 걸 알면서도 말하고 있는 게 틀림없었다.

"왜 웃지?" 형은 초조한 얼굴로 말했다. 그래도 나는 웃음을 참을 수 없었다.

형은 더는 못 견디겠는지 인터폰으로 비서를 불렀다. 그러더니 "이 미친놈을 당장 끌어내!"라고 명했다.

비서실 부실장 와카모토 씨가 당황한 얼굴로 들어와 나를 데리고 CEO실을 나왔다.

복도로 나오자 와카모토 씨는 "죄송합니다"라고 작은 소리로 사죄했다.

"저나 사원들 대부분은 사실 소마 총리님을 응원합니다. 총리님의 공약이 선명하고 진심으로 일본을 구하려 한다는 것도 압니다. 그런 총리, 본 적이 없잖아요. 놀랐습니다. ……하지만 사장님이 저러시니 아무래도……."

"괜찮습니다. 여러분 마음은 너무나 잘 압니다. 형도 실은 린코를 응원하고 싶을 겁니다. 하지만 처지를 생각하면 그럴 수도 없잖아요."

나는 빙긋 웃으며 가만히 속삭였다.

"그래도 린코는 틀림없이 이 싸움에서 이길 거라고 믿습니다."

그렇다. 나는 알고 있었다. 영향력 있는 재계 인사 중에도 틀림없이 린코를 응원하고 싶은 사람이 있을 것이다. 드러내 놓고 지지하지는 못해도 말없이 한 표를 던져 줄 사람도 있을 것이다.

린코가 내세운 정책——추가 증세, 탈원전, 사회시스템 변혁—
—은 단기적으로야 경제를 악화시킬지도 모르지만, 길게 보면 일
본을 다시 움직이게 하고 경제를 활성화할 수 있는 방안이다. 선
견지명이 있는 경제인이라면 틀림없이 이해할 수 있을 것이다.

일본을 대표하는 경제인을 조부로, 부친으로, 형으로 둔 나는
마음속 어디선가 믿고 있었다. 진정한 경제인이라면 린코를 응원
할 거라고.

그런 생각을 말하면 어머니는 또 "정말 너는 어수룩하다니까"
라고 말씀하시려나 싶었는데, 놀랍게도 어머니가 남몰래 린코를
후원하고 있었음을 알게 되었다.

선거기간 중에 몇몇 재계 거물이 나에게 전화나 메일로 연락해
주었다. "나서지는 못하지만 뒤에서 응원하고 있다"는 사람, "우
리는 누가 뭐라고 해도 소마 린코를 전면적으로 지지한다"는 사
람. 그들은 모두 "자당께 연락을 받았다"고 말했다. "자당께서 일
삼아 인사하러 오셨다"고 일러준 사람도 있다.

부디 소마 린코를 잘 부탁드립니다.

소마 가의 며느리라고 해서 이러는 게 아닙니다. 그 사람의 진
심을 알기 때문입니다.

그 사람이야말로 경제 위기를, 이 나라의 위기를 구해낼 사람
입니다.

그 사람이 아니면 안 됩니다. 네, 압니다. 저도 여자인걸요.

무익한 싸움은 피하고 생명을 키우고 서로 도우며 살아가는 사

회를 만들겠다. 그런 걸 당당하게 말할 수 있는 총리가 지금까지 있었나요?

죽은 남편을 대신해서 제가 보증합니다.

소마 린코가 우리 나라를 반드시 바꿔 나갈 겁니다.

어머니는 그렇게 말했다고 한다.

나는 가슴이 떨렸다. 당장 고맙다고 말하고 싶었지만 선거에 승리할 때까지는, 하며 가슴에 묻어 두었다.

마침내 맞이한 오늘. 결전의 일요일.

소마 린코와 하라 구로. 승리의 여신은 과연 어느 쪽에게 미소를 보여 줄 것인가.

바로 결론을 쓰기가 조금 아깝다는 생각이 든다. 내일 써야겠다.

22

20××년 9월 28일 맑음

9월 1일 오전 9시 50분, 수상관저.

정면 로비로 이어지는 대형 계단의 붉은 융단이 몹시 눈부시다.

수많은 보도진이 계단 앞에 모여 있다. 다들 마른침을 삼키며 기다린다.

후지노미야 씨, 강건한 SP 남성 두 명과 함께 보도진 제일 뒤에 선 나도 마찬가지로 숨죽이고 기다렸다.

마침내 시곗바늘이 10시 정각을 가리킨 순간. 회장이 갑자기 술렁거렸다.

──왔다.

계단 위 층계참에 씩씩하게 나타난 사람은 나의 아내 소마 린코.

검은 이브닝드레스에 순백색 재킷, 목깃에는 진주 목걸이. 말끔하게 정리한 숏컷 머리도 상큼하다. 길고 뜨거운 선거전을 마치고 다시 태어난 듯 말끔하고 후련한 표정이다.

린코를 이어 여러 대신이 등장한다. 짙은 감색이나 칠흑빛 이브닝드레스 자락이 검은 턱시도와 함께 경쾌하게 펄럭인다. 여성

대신이 무려 절반을 차지한다.

린코를 선두로 정장 차림의 대신들은 적당히 긴장한 얼굴과 우아한 걸음으로 대형 계단을 천천히 내려온다. 카메라 플래시가 일제히 섬광을 터뜨린다.

옆에 서 있던 후지노미야 씨가 쿡쿡 웃는 소리가 들렸다. 까치발을 하며 열심히 대형 계단을 바라보던 나는, "……얼굴이 왜 그래요?" 하고 속삭이는 소리를 듣고 후지노미야 씨를 돌아다보았다.

"네? 누가요? 총리가?"

하고 묻자,

"설마요. 히요리 씨 말예요."

여전히 쿡쿡 웃으며 후지노미야 씨가 대답했다.

"그렇게 눈이 부시세요? 눈을 가늘게 뜨고 인중까지 길게 빼고……."

나는 당황해서 양손으로 얼굴을 썩썩 문질렀다.

"아니, 플래시가 저렇게 한꺼번에 번쩍이는 바람에……."

"거짓말." 후지노미야 씨는 의기양양한 얼굴로 말했다.

"눈부신 거 맞잖아요? 린코 총리님이."

그렇다. 내 아내이지만 눈을 제대로 뜨고 볼 수 없을 만큼 눈부시게 보였다.

제112대 총리 소마 린코가 이끄는 제2차 소마 내각.

이날 당당하게 재출발에 성공했다.

작년에 이어 한여름의 결전이었던 이번 총선거는 하라 구로 대 소마 린코라는 구도가 선명하게 부각된 싸움이었다.

추가 증세에 반대하며 강력한 보수파 지지층을 업고 베테랑 의 원들을 결집하여 돌파하려 한 하라 구로.

이에 반해 린코는 추가 증세가 있어야 경제 재생이 가능하다고 주장하며 탈원전, 상부상조하는 사회를 내세우고, 이상론이 아니 라 어디까지나 현실에 입각한 정책을 제시함으로써 하라 씨가 휘 두르는 날카로운 창을 피하려고 했다.

마침내 투표 당일, 뚜껑을 열어 보니 린코 일파의 아슬아슬한 승리였다.

직진당이 세운 신인 후보가 전국에서 잇달아 당선되었다. 대부 분이 여성 후보였다. 또 직진당과 정책에 공조하며 제2차 소마 내 각의 연립여당에 합류하기로 약속한 각 당의 후보자들도 대거 당 선되었다.

그 결과 직진당은 92석을 획득하는 대약진을 이루었다. 선거 전에 불과 10석이었던 것을 생각하면 기적 같은 일이다.

신당오오조라(51석), 혁신일보당(35석), 신당평화(19석), 일본 신진당(14석), 직진당을 지지하는 무소속(35석)을 합하여 결과적 으로 246석을 획득했다.

이 선거전에 린코가 얼마나 바삐 뛰어다니며 땀 흘렸는지는 지 난번에 썼으므로 오늘 일기에서는 반복하지 않겠다.

다만 국민이 이렇게까지 린코를 지지한 배경에는 '이제 결코 뒷걸음질 쳐서는 안 된다'라는 그녀의 진심과 열정이 전해졌기 때문임은 특필해 두고 싶다.

린코는 선거전에서 거듭 외쳤다──.

절대로, 절대로, 절대로, 우리는 후퇴해서는 안 됩니다.

지난 여당 보수파가 수십 년이나 이 나라를 지배해 온 결과가 지금의 일본입니다.

저는 여러분과 함께 다시 태어나기로 결의하고 이 나라를 다시 뛰게 하고 여러분과 함께 재출발하는 데만 집중해 왔습니다.

이번 국회 해산 및 총선거라는 길을 택한 것은 이 나라를 후퇴시키지 않기 위해서입니다.

이 나라를 지난 여당 사람들에게 다시 맡길 수 없습니다. 그것은 과거로의 역행이기 때문입니다.

그들은 제 이권을 지키느라 여념이 없고 이 나라가 잘못된 길로 역행한다는 사실에는 조금도 관심을 주지 않습니다.

그렇게 되면 안 됩니다. 절대로 안 됩니다.

저는 증세라는 가시밭길을 택했습니다. 원전 폐기는 쉽지 않지만 올곧은 길입니다. 노인, 청년, 여성이 활기차게 나아갈 수 있는, 좁을지 모르지만 착실한 길을 제시했습니다.

그 길은 실제로 여러분 눈앞에서 미래로 이어지는 길입니다.

결코 허풍이 아닙니다.

보수파가 말하는 것은 새빨간 거짓입니다. 증세 없이는 경제 재건이 있을 수 없습니다. 사회보장이 있을 수 없습니다. 원전에 계속 의존하는 한, 여성이 아이를 키우기 힘든 사회인 한, 불안정한 고용 시스템을 버리지 않는 한 일본은 새로 태어날 수 없습니다.

여러분, 저를 믿어 주십시오. 저와 함께 오로지 전진, 똑바로 전진합시다. 그것만 생각해 주십시오.

저는 반드시 당신의 손을 잡고 어깨를 안고 단 한 사람도 뒤에 쳐지게 놔두지 않겠습니다.

절대로, 절대로, 후퇴하지 않겠습니다.

목소리가 갈라져 걸걸한 소리가 되도록 린코는 외쳤다. 줄기차게 외쳤다.

가두연설에서 청중은 열렬하게 박수 치고 린코의 이름을 연호했다. 나도 이젠 가만히 있을 수 없다는 열기가 청중 사이에서 피어올랐다.

선거전 마지막 날, 린코는 신주쿠역 서쪽 출구에서 가두연설 차량 위에 섰다. 놀랄 만큼 많은 청중이 모였다. 가두연설이 법률상 허용되는 시간은 오후 8시. 그 직전까지 그녀는 계속 외쳤다. 마지막에는 목소리 같지 않은 목소리를 쥐어짜서.

"여러분, 부디 우리 함께…… 함께 이 나라를…… 바꿔 나갑시다!"

마지막 한 마디를 외쳤다. 린코의 갈라진 목소리를 나는 가두 연설 차량 위, 그녀 옆에 서서 듣고 있었다.

부끄럽게도 솟아나는 눈물을 참느라 쩔쩔맸다. 내가 여기서 울어 버리면 린코가 무슨 말을 들을지 모른다. '울보, 나약한 남자, 변변치 못한 남편!'이라고 주간지에 보도되기라도 하면 큰일이다. 그것만은 피하고 싶다.

그러나 당신은 이미 눈치 챘겠지만 나는 눈물이 많다. 특히 린코와 관련된 감동적인 장면을 텔레비전에서 보거나 그 현장에 있거나 하면 금세 눈물이 터지려고 한다.

선거전을 정정당당하게 치르는 린코가 목이 상하도록 외치는 현장에서 내가 울지 않고 버틴다는 것은 나로서는 고문이나 다름없었다.

하지만 린코를 돕는 스피치라이터이며 선거 연설 컨설턴트로 일하는 쿠온 쿠미 씨가 "마지막까지 절대 울지 말 것"을 단단히 다짐하게 했다.

"히요리 씨가 울기 시작하면 총리님까지 울고 싶어지잖아요."

총리를 위해서라도 절대 울지 말라는 지시였다.

"게다가 아무리 잘생기고 귀여운 남편이라도 사십 대 남자가 어흑어흑 울면 갑자기 분위기 싸해집니다"라는 말도 곁들였다.

과연 쿠온 씨는 감각이 예리하다. 내가 감동에 겨워 울어 버릴 것을 뻔히 예측하다니…… 얼마나 울보처럼 보였으면 그랬을까.

하긴 나도 벌써 사십 대 초반인데 아무리 그래도 우는 건 곤란하겠지.

그래서 끝까지 절대 울지 않겠다고 쿠온 씨와 약속하고 응원하러 달려갔다.

처음에는 부끄러워서 선거 응원이 내키지 않았지만 막판이 되자 그런 생각을 하고 있을 계제가 아니었다. 뭐든 좋다, 어떤 일이라도 좋으니 아내에게 도움이 되고 싶다며 나도 분주히 뛰었다. 그렇게 다다른 마지막 유세, 신주쿠역 서쪽 출구의 연설.

저러다가 피라도 토하며 쓰러지는 건 아닌가 생각했다. 하지만 린코는 마지막 순간까지 긍정적이고 아름답게 선거전을 마무리 지었다. 나는 터질락 말락 하는 눈물을 참느라 필사적이었다. 온 얼굴 근육을 총동원해서 어찌어찌 참긴 했다. 짐작건대 몹시 괴상한 얼굴이었으리라. 텔레비전을 보는 사람들에게는 우는 모습보다 그쪽이 더 분위기 싸해지는 모습이 아니었을까…….

마지막 연설을 마치고 린코는 고개를 똑바로 들었다. 눈에는 눈물이 살짝 고여 있었다. 린코가 나를 돌아다보았다.

끝까지 달려낸 주자의 후련한 웃음이었다.

지금까지 봤던 얼굴 중에 가장 환하게 웃는 얼굴이었다.

아…… 안 돼. 벌써 눈물이…….

마침내 참아내지 못했다. 그러다가 어떻게든 감정을 숨기려고 내가 생각해도 엉뚱한 행동을 하고 말았다.

두 팔을 뻗어 린코를 꼭 안아 버린 것이다.

오오~ 하는 환호성이 들렸다.

땅울림처럼 큰 박수가 터졌다.

린코도 어색해하지 않고 마이크를 쥔 채 나를 꼭 안아 주었다.

환호성과 박수가 주변의 모든 소리를 지워 버렸다. 하지만 내 귀에는 분명히 들렸다.

내 아내의 목소리. 큰유리새처럼 노랑딱새처럼, 목이 쉬어도 여전히 아름다운 지저귐을.

고마워, 히요리 씨.

사랑해.

제2차 소마 내각이 발족한 직후부터 린코는 쉴 새 없이 정치개혁에 나섰다.

공약은 국민과의 약속. 이것을 실행하지 않는다면 자신은 총리로 일할 자격이 없는 거라고 소신 표명 연설에서도 다시 뜨겁게 말했다.

이 나라는 이제 절대로 후퇴하지 않는다. 무슨 일이 있어도 전진할 뿐이라고.

국민의 열광적 지지를 업고 다시 출범한 린코 내각. 그녀도 이제 후퇴는 불가능하다고 각오하고 있음을 모두가 느끼고 있었다.

그러므로 틀림없이 개혁을 완수할 것이다. 기대가 높아지고 있었다.

선거에 승리하고 이튿날. 모든 것이 시작되기 전 이른 아침에 제일 먼저 들른 곳이 있다.

내 본가였다.

선거기간에 내가 부탁하지도 않았는데 어머니가 재계 인사들을 찾아다니며 린코를 지원했다는 사실을 린코도 알고 있었다.

어머니는 이른 아침에도 기모노를 빈틈없이 차려입고 허리를 곧게 펴고 다시 총리가 되는 소마 가의 며느리를 맞았다.

어머니가 객실에 나타나자 린코는 소파에서 일어나 고개를 깊이 숙였다.

"이번에 도와주셔서 정말 고맙습니다."

어머니는 평소처럼 새침한 표정이지만 린코의 인사에 웃음을 종긋 입가에 모았다.

"잘했다."

그러더니 장난이 성공한 어린 소녀처럼 기모노 소매로 입을 가리며 고소하다는 듯이 쿡쿡 웃었다. 린코와 나도 덩달아 웃었다.

"제가 재계 전부를 적으로 만든 상황이라 어머니가 도와주시지 않았으면 정말이지 어려운 선거가 됐을지 모릅니다."

린코가 솔직하게 말하자,

"어머, 그렇지 않아."

어머니가 태연하게 대답했다.

"나야 내 의견을 조금 말했을 뿐이지. '소마 린코가 아니라 하라 구로가 총리가 되면 이 나라가 대체 어떻게 될지 상상해 보세요'라고. 경제계의 높은 양반들은 역시 머리가 좋거든. 이 나라가 침몰해 버리면 자기 회사고 경제고 없는 거니까. 그 정도 상상력은 다들 갖고 있는 것 같더구나."

그러더니 싱긋 웃으며 덧붙였다.

"다만 우리 집의 또 다른 말썽쟁이 아들한테만은 단단히 일러두었다. 너, 네 동생 부인을 내치고 싶으면 맘대로 해 봐라. 대신 그 사람이 총리가 못 되면 너를 해임하고 히요리를 소마글로벌의 CEO로 앉힐 거다. 그 정도는 나한테 일도 아냐……라고 말이야."

어머니의 '의견'에 형이 거역한 적은 지금까지 한 번도 없었다. 따라서 형과 소마글로벌 산하 사원들도 린코 진영에 표를 던졌을 게 틀림없다.

린코는 형에게도 빈틈없이 전화해 두었던 모양이다. 린코에 따르면 형은 조금 분하다는 듯이, 하지만 열띠게 말했다고 한다. "진심으로 일본 경제를 재건해 주었으면 좋겠소. 세 번째 기회는 오지 않을 테니까."

바라는 바입니다, 라고 린코는 대답했다.

그리고 하라 구로.

총리 자리가 걸린 일생일대의 싸움에 패한 장군은 선거 직후 패배 선언에서 한 마디 한 마디 꼭꼭 씹어 내듯이 말했다.

"내가 약했던 건 아닙니다. 소마 씨가 강했습니다. 그 강인함은…… 그건 진짜배기입니다. 그분이라면 정말로 이 나라를……

틀림없이 개혁해 줄 겁니다."

텔레비전에 비친 그의 표정은 정말 분한 듯했다. 하지만 과연 거물 정치인답게 질질 짜며 나약한 소리를 하지는 않았다. 정권을 얻지 못한 것은 자신의 실력 부족 때문만은 아니다. 국민이 소마 린코를 선택한 것이다, 그녀야말로 총리에 걸맞은 사람이라고 깨끗이 인정했다.

제2차 소마 내각 발족 직후 린코는 당수회담도 정력적으로 열었다. 일본을 바꾸려면 야당과 반목만 해서는 안 된다. 앞으로 국회에서 긴급하고 중요한 법안을 잇달아 가결하고 시행해 나가야 한다. 야당 각 당과 보조를 맞출 필요성을 린코는 잘 알고 있었다.

린코가 제일 먼저 향한 곳은 하라 구로의 집이었다. 두 사람 사이에 어떤 대화가 오갔는지는 분명하지 않다. 한두 가지 가차 없는 의견도 들었을지 모른다. 그러나 정치 수완은 하라 씨가 정계 최고라는 사실을 린코도 여전히 인정하고 있었다. 하라 씨가 무슨 말을 하더라도 경청했을 게 틀림없다.

아참, 우리의 시마자키 군에 대해서도 써야지.

시마자키 군은 멋지게 당선되었다. 그 기쁨이야 두말할 나위 없었다. 너무 기뻐 필승 다루마 지지자들이 후보자에게 선물하는 다루마 인형. 선거 전에 승리를 기원하며 왼쪽 눈에 검은 점을 찍어 눈동자를 그려 넣고, 승리하면 오른쪽 눈에 까만 점을 찍는 관습이 있다 눈 전체를 까맣게 칠해 버렸을 정도였다(혼란스러워서 어떻게 눈동자를 찍어야 하는지 알지 못했다고 나중에 본인이 말했다). 시마자키 군 선거사무소에 있는 필승 다루마는 그런 연유로 독안룡 마사무네독안룡은 외눈박이인 용맹한 인물을 가리키며, 마사무네는 일본 전국시대의 유명한 다이묘 다테 마사무네. 그는 다섯 살 때 천연두로 한쪽 눈을 잃었다가 되고 말았다.

신인 국회의원이며 총리의 신임이 두터운 그는 수상보좌관에 취임했다. 그가 활약할 장이 한층 넓어진 것이다.

'소마 히요리 전담' 홍보 담당이던 후지노미야 아야카 씨도 능력을 인정받아 직진당 홍보부장으로 발탁되었다.

이제 총리의 남편도 2기를 맞았으니 엉뚱한 행동은 하지 않을 거라고 해서 나를 전담하는 홍보 담당자는 없어지고 대신 남성 SP가 연구소 출퇴근을 경호하게 되었다. 조금 섭섭하긴 했지만 후지노미야 씨를 위해서는 잘된 일이므로 나도 그녀의 승진을 기뻐했다.

그런데──.

뜻밖의 일이 일어났다.

승진이 결정된 후지노미야 씨가 갑자기 직진당을 떠나기로 결심한 것이다.

'소마 히요리 전담' 홍보 담당자로서 마지막 인사를 하고 싶다며 후지노미야 씨가 린코와 나를 만나러 수상관저로 찾아왔다. 발령이 나는 10월 1일을 사흘 앞둔 오늘 밤 10시 경의 일이다.

린코도 정말 오래간만에 일찍 귀가하였고, 한밤에 열리던 간부

미팅도 없는 날이었다. 린코의 일정을 속속들이 아는 후지노미야 씨도 이날 이 시간대밖에 없음을 알고 찾아온 게 틀림없다.

관저에는 많은 회의실과 응접실이 있지만, 비교적 작은 응접실로 후지노미야 씨를 안내했다. 야근 가정부에게는 허브티 등을 부탁하고 우리 세 사람은 소파에 앉았다.

앉자마자 후지노미야 씨는 백에서 봉투 하나를 꺼내 테이블 위에 올려 놓고 린코와 나를 향해 가볍게 봉투를 밀었다. 봉투에는 '사직원'이라는 세 글자가 분명히 적혀 있었다.

나는 너무 놀라 소파에서 미끄러질 뻔했다. 린코는 얼어붙은 얼굴로 봉투를 쳐다보고 있었다.

"……죄송합니다."

감정이 격해졌는지 한 마디 사과만 해 놓고 후지노미야 씨는 고개를 숙였다. 그대로 얼굴을 들지 않고 있다. 린코의 눈을 쳐다보고는 차마 말할 수 없는 거라고 나는 금방 알아챘다.

"좀 더 일찍 말씀드렸어야 했습니다. 하지만 제2차 소마 내각이 발족하고 순조롭게 출발한 참이라…… 게다가 저를 승진시킨다고 말씀하셔서…… 차마 말씀드리지 못했습니다."

고개를 숙인 채 띄엄띄엄 말하기 시작했다. 평소 시원시원하고 언변도 좋고 씩씩한 사람이 답답할 정도로 어렵게 꺼낸 뜻밖의 이야기란 뭔고 하니——.

그녀는 임신 중이었다. 지금 2개월로 접어든 참이었다.

떳떳치 못한 사랑에 빠졌다고 털어놓았다. 처자식 있는 남자와 깊은 사이가 되고 말았다고.

상대는 정치인이 아니라 평범한 샐러리맨이며 대학 동창이라고 했다. 후지노미야 씨는 '선거를 하게 되면 직진당을 지지해 달라'고 동창을 상대로 작년부터 활발하게 운동하고 다녔는데, 그 와중에 오랜만에 재회한 동창과 그리 되었다고 한다.

예전에 좋아했던 남자. 안 된다고 생각하면서도 금세 빠져들고 말았다.

그와 결혼할 가능성은 없다. 게다가 출산하면 직진당에서 일할 수 없게 된다. 그렇게 좋아하는 린코 씨를 도울 수 없게 된다.

역시 낳을 수 없다.

고민한 끝에 그에게 임신 사실을 알렸다. 그리고 중절하겠다는 말도. 그는 진심으로 사과하고 수술 비용도 대겠다고 했다. 염치없는 이야기지만 수술 뒤에도 가능하면 계속 만나고 싶다는 말도. 하지만 모든 것은 물론 당신한테 달렸다고 했단다.

후지노미야 씨는 선거가 끝나면 아이와도 남자와도 깨끗이 결별하리라 마음먹었다.

하지만……

고민 끝에 아이만은 낳기로 마음을 고쳤다. 그래서 사직원을 썼다.

"당 홍보부장으로 일하면서 혼자 아이를 키우는 건 무리가 따를 테고 아무리 생각해도 주위에 폐를 끼치게 됩니다. 더구나 아비 없는 아이입니다. 그 사실이 알려지면 주위에서 뭐라고 할지…… 어쩌면 총리님까지 이런저런 비난을 들을지 모릅니다. 그게 가장 괴롭습니다. 그래서…… 본가로 돌아가 부모님께 아이를 맡기고 다른 일자리를 알아보기로 했습니다. 그게 가장 현실적입니다."

후지노미야 씨는 내내 고개를 숙인 채 모든 것을 털어놓았다. 그 목소리는 중간부터 울음 섞인 소리로 변했다. 하지만 단어 하나하나에 강한 의지가 담겨 있었다.

나도 모르게 찬장을 보았다.

얼마나 괴로웠을까. 필시 컨디션이 나쁜 상황이었음에도 꾹 참으며 린코와 함께 선거전을 치렀으리라. 정신적으로 얼마나 힘겨웠을까.

그때.

린코가 손가락을 가만히 뻗어 탁상 위의 사직원을 후지노미야 씨 쪽으로 소리 없이 밀었다.

"받을 수 없어요. ……거둬 주세요."

린코의 목소리가 울렸다. 후지노미야 씨가 그제야 고개를 들었다. 눈에는 눈물이 가득했다.

여성이 아이를 낳고 안심하고 키울 수 있는 사회. 출산 후에도 업무에 복귀할 수 있는 노동 시스템을 만든다. 모자 가정을 든든하게 지원한다. 형편 어려운 가정이라도 모친이 자녀 양육을 포기하지 않도록 돕는다.

그것이 총리로서 나에게 부과된 가장 중요한 '일' 가운데 하나

예요.

그걸 실천합시다, 라고 린코는 말했다. 어느새 테이블 너머로 후지노미야 씨의 양손을 잡고 있다.

"괜찮아요. 걱정 말아요. 내가 지켜 줄게요, 틀림없이. 당신과 당신의 아기를."

후지노미야 씨는 어깨를 떨며 울었다.

린코의 말에 연방 고개를 끄덕이며.

두 여성을 지켜보며 내가 끝내 눈물을 참지 못했다는 것은 말할 나위도 없는 일이겠지.

23

20××년 12월 15일 흐리다 가끔 비

시간을 조금 거슬러 올라가 제2차 소마 내각이 발족하고 한 달
이 지난 즈음에 대하여 쓰겠다.

린코는 정치개혁을 단행하기 위해 주저 없이 과감하게 칼을 휘
두르기 시작했다.

자신이 다시 총리로 등판할 수 있었던 것은 국민의 응원이 있
었기 때문이다. '정말로 일본을 바꿨으면 좋겠다'라는 절실한 바
람, 뜨거운 기대가 있었기 때문이라는 것을 린코는 깊이 새기고
있었다.

내각 발족 직후의 지지율은 무려 88퍼센트라는 놀라운 숫자를
보여 주었다.

제1차 소마 내각 발족 당시의 지지율마저 뛰어넘어 국내는 물
론이고 해외 언론에서도 크게 다루었다.

당연히 각국 수뇌부도 린코의 정치를 주목하고 있었다.

9월 말에 열린 유엔총회에서 연설할 때도 지난 번 이상으로 많
은 청중, 즉 각국 대표가 자리를 뜨지 않고(지금껏 일본 수상의
연설 따위는 국제적으로 전혀 인기가 없어서, 시작하는 순간 일
제히 자리를 뜨는 것이 보통이었다고 한다) 린코의 유창한 영어

연설에 귀를 기울였다.

이 인물은 진심으로 일본을 바꾸려고 한다.

지금의 린코는 누구의 눈에도 그렇게 비치는 것이 틀림없다.

물론 중요한 것은 '변해 가겠다'라는 이미지가 아니라 실행임을 린코도 알고 있다.

국민의 압도적 지지를 받는 여성 총리. 두 번째 등판에서는 인기 캐릭터로 사랑하는 데 그치지 않고 그녀의 진가를 묻게 될 것이다.

소비세율 인상도 2년 후 시행하기로 확정되었다. 세금이 많아지는 만큼 사회에 제대로 환원해야 한다.

린코가 단행한 개혁의 칼날은 제일 먼저 자기 발밑으로 향했다.

각료를 포함한 전 의원의 급여 삭감. JR 승차권이나 항공권 등의 무료 배포 중지. 의원 숙소 이용료 지원·해외 시찰 지원·의원연금 등 국회의원 특권의 재검토 및 폐지. 국회의원 전부를 적으로 만들기 쉬운 조치였지만 린코는 "우리가 진심으로 국민과 고통을 나누고 있습니까?"라고 물었다. 덧붙여, "임기 중 제 급여는 연구원 시절의 급여 수준으로 돌리겠습니다"라고 선언했다.

국가 예산 지출의 철저한 재검토는 예전에 민권당 내각의 조치와는 일선을 긋는 것으로, 관료 출신 낙하산 인사의 종착지에 불과한 정부 산하 재단법인이나 아무리 봐도 불필요한 공공사업 등 예산에 일정한 영향을 미치는 안건을 폐지하거나 동결했다. 이는 제1차 소마 내각 때부터 서서히 실행되다가 1년이 지난 지금 더 대규모로 재검토하는 것이다.

에너지 정책도 탈원전으로 크게 방향을 바꾸었다. 현재 모든 원전은 운전 정지 상태에 있지만, 그것을 재가동하지 못하도록 동결했다. 풍력을 비롯한 재생 가능 에너지를 이용하는 발전소를 증축하고 각지의 원전은 폐로 절차에 들어간다. 모든 원전의 폐로가 완료되는 데는 수십 년이 필요하고, 사용하지 않게 된 핵연료를 어떻게 처리할 것인가 등 여전히 과제는 산더미처럼 남아 있지만, 린코는 '여하튼 더 이상 원전에 의존하지 않는다'는 강한 의지를 관철할 생각이었다.

고용, 저출생, 고령화 대책에 관해서는 일단, 각 기업 정규직 사원의 증원을 촉구하기 위해 정규직을 더 많이 고용하는 기업에게 급여 보조와 감세 혜택을 준다. 계약직 사원이나 파트타임 직원의 사회보장을 강화하고 정부가 이를 보조한다. 계약직 사원에 대한 안이한 계약 파기를 허용하지 않기 위해 노동기준법 개정에도 나섰다.

출산지원금 외에 출산에 드는 비용에 건강보험을 적용하고, 신생아부터 중학생까지 육아 및 교육에 드는 비용에 대해서는 각 가정의 개별 신청에 따라 '아동 육성 조성금'을 지급한다. 역 주변에 탁아소와 보육소를 짓고 보육사를 대폭 증원한다. 사내에 탁아소를 설치하는 기업에 보조금 지급과 감세 혜택을 준다. 고령자가 지역 아동을 돌보는 프로그램을 운영하는 NPO를 지원한다.

고령자 재택 간병을 위해 파견 간병사를 증원하고, 간병사 임금 인상을 위해 간병사 자격증 소지자에게 보조금을 지급한다. 고령자 돌봄 시설을 증축하고 각 자치단체의 실버센터를 지원하며 노인과 청년과 아동의 상호 교류의 기회를 제공하는 NPO를 지원한다.

경제 활성화 대책과 외교도 결코 게을리할 수 없었다. 이것저것 다 열거하지면 끝이 없을 만큼 린코는 정신없이 일하고 싸워야 했다.

린코가 착수한 정치 개혁과 사회 개혁에 대해 국민 일반은 크게 환영했다. 반면 기업 관계자는 비난하기 바빴다.

그래도 이렇게 커다란 칼을 휘두르지 않고서는 언제까지나 변하지 못한다. 저출생 고령화를 고민하고 사회적 약자가 고통 받고 많은 국민이 장래를 걱정하여 저축에만 몰린다면 결국 경제는 정체되고 국력은 쇠퇴할 수밖에 없다.

조만간 누군가 해야 할 일이라면 내가 하겠다. 그것이 다시 총리가 된 나의 사명이다.

린코의 결단은 이제 속이 후련할 정도였다.

처음부터 대단한 사람이라고 생각했지만 이 정도로 대단할 줄이야.

제2차 소마 내각이 출범하고 우리 가정에도 소소한 변화가 찾아왔다.

린코가 아침에 나와 거의 같은 시간에 일어나게 되었다.

가정부가 아니라 내가 지은 조식을 함께 먹고 내가 탄 허브티로 하루를 시작한다. 밤 10시 이후는 완전한 개인 시간으로 확보했다.

취침 전 몇 시간은 나와 대화하거나 좋아하는 클래식 음악을 듣고 소설을 읽으며 편안한 한때를 즐기고 있다.

아무래도 그녀는 자신의 삶을 찬찬히 돌아본 듯하다.

정신을 차리고 보니 일, 일, 일에 치이는 생활. 스스로 원해서 그런 삶을 살아왔지만 늘 여유가 없고 빠듯하게 움직이는 제 모습을 뒤늦게 알아채고 이대로는 안 되겠다고 생각했단다.

총리가 되고부터는 가정도 돌보지 않고 저돌적으로 전진하기만 했다. 총리의 남편인 나에게도 배려가 부족했다고 반성했다.

어느 날 취침 전 건너편 침대에 앉아 나를 보던 린코는 문득 그런 말을 꺼냈다.

나, 너무 자기중심적인 것 같아. 내 생각만 하며 살았어.

어떻게 하면 내 뜻대로 일할 수 있는지. 어떻게 하면 아무한테도 방해받지 않고 내가 정한 길을 달려갈 수 있을지.

정말 솔직하게 말하면 당신은 내가 내 길을 한눈팔지 않고 달려가는 데 딱 맞는 페이스메이커였어.

당신은 매우 친절한 사람이야. 내가 성취하고자 하는 일에 불평 한 마디 없이 늘 지지해 주었어.

나는 당신의 친절함을 믿고 내 하고 싶은 일만 해 왔어.

하지만 이번에 다시 총리가 되고서야 깨달았어.

당신 없이——당신의 지지 없이 나 혼자 여기까지 싸워 올 수 있었을까 하고 말이야.

당신이 없었다면 내가 총리가 될 수 있었을까.

당신을 비롯해서 어머니, 직진당 스태프——많은 사람들의 도움으로 나는 여기까지 온 거야.

주위 사람들의 지원과 격려가 없었다면 아마 중간에 좌절했을 거야.

하라 선생 같은 노련한 정치가, 숙명의 라이벌 같은 존재도 나를 분투하게 해 주었어.

감사하고 있어. 혼자가 아니었다는 사실에.

나와 함께 있어 준 것에.

앞으로도 계속 함께 있어 줘. 히요리 씨.

린코는 조금 쑥스러운 듯 미소를 지었다. 총리가 아니라 소마 린코라는 한 사람——내가 사랑하는 아내가 거기 있었다.

나는 늘 그랬듯 가슴이 벅찬 나머지 눈시울을 붉혔다.

하지만 이런 장면에서 울고만 있을 수 없었다.

저기, 하며 내 침대에 앉아 있던 나는 조금 자세를 가다듬고 감히 말해 보았다.

——잠깐만…… 그쪽으로 가도, 괜찮을까?

오늘 밤은 좀 더 가까이 있고 싶어.

린코는 한층 밝은 미소를 짓고 가만히 고개를 끄덕였다. 나도 미소 지으며 그녀의 침대로 옮겼다.

그리고 오래간만에 내 품에 린코를 느꼈다.

따뜻하고 좋은 냄새가 난다. 장미 꽃다발을 꼭 안고 있는 듯했다.

11월 중순, 수상관저로 간만에 후지노미야 씨가 찾아왔다.

"후지노미야 씨! 건강하죠?"

인사를 건네자 후지노미야 씨는 금방이라도 터질 것 같은 웃음을 지었다.

"히요리 씨! 오랜만입니다!"

직진당 홍보부장에 취임하고 한 달 남짓. 소마 내각이 국민의 기대에 부응하고자 일하고 있다는 것. 직진당 당수 린코가 늘 국민을 생각하며 행동하고 있다는 것을 널리 알리기 위해 밤낮없이 분주히 뛰는 후지노미야 씨였다.

관저에 찾아와 뜻밖의 '사직원'을 내미는 장면을 지켜보고 말았지만, 그 후 린코의 설득도 있어서 직진당 홍보부장으로 다시금 일하기로 결의했다.

후지노미야 씨가 더 이상 '총리의 남편 전담' 홍보 담당이 아니어서 섭섭하지만 시마자키 군도 그렇고 린코를 보좌하던 젊은 인재가 정치가로 성장하는 모습을 지켜보는 것은 무엇보다 즐거운 일이었다.

"지난번에는 여러 가지로 번거로운 말씀을 드려서 죄송했습니다. ……하지만 총리님뿐만 아니라 히요리 씨가 함께 들어 주셔서 기뻤습니다."

후지노미야 씨는 '사직원'을 제출하게 된 경위를 린코와 함께 나에게도 고백했다. 처자식 있는 사람의 아이를 잉태했다고 후지노미야 씨는 털어놓았다.

린코와 당에 폐를 끼치면 안 된다며 사표를 쓴 그녀의 심정은 어떤 것이었을까.

늘 망설이는 나와 달리 린코는 후지노미야 씨에게 명확하게 말했다. 당신과 당신 아기는 내가 지키겠다고.

"아기는 어때요? 잘 크고 있어요?"

내 물음에 그녀는 매우 반가운 표정으로 "네, 덕분에" 하고 대답했다.

"입덧도 별로 없어서 해 오던 대로 일하고 있습니다. 태어나기 전부터 효도하는 아이예요."

사랑스러운 듯이 배를 살짝 만지며 말한다.

듣고 보니 언제나처럼 매일, 아니 전보다 더 열심히 잔업까지 하고 있다고 한다.

"무리하다 탈나는 거 아닙니까?"

"괜찮아요. 무슨 병에 걸린 것도 아니고 산부인과 의사도 평소처럼 일해도 된댔어요. 제 컨디션이야 제가 제일 잘 아니까 무리하는 거 전혀 아니에요. 오히려 컨디션이 좋을 정도랍니다."

이제는 관록마저 풍기고 있다.

엄마가 되기로 결심하면 이렇게 배포가 두둑해지는 걸까, 하고 나는 감탄했다.

"대단하세요, 후지노미야 씨."

나는 감동한 마음을 솔직하게 말했다.

"차분하고 다부지고…… 대단해요. 아니, 전부터 후지노미야 씨는 대단하다고 생각했지만…… 지금은 더 빛나고 있어요."

"네? 정말요?" 후지노미야 씨의 볼이 발그레해졌다.

"와아, 기뻐라. 지난 한 해 함께 움직이면서도 그런 말씀은 없었는데…… 왠지 포상이라도 받은 기분입니다."

살짝 쑥스러운 웃음을 짓더니,

"모든 게 총리님 덕분이죠."

라고 차분하게 말했다.

매일 만날 수는 없지만 린코는 후지노미야 씨가 올리는 보고서를 빠짐없이 읽고 메일로 지시를 내린다. 그리고 늘 묻는다고 한다. 당신에게 지금 가장 필요한 것은 뭡니까? 앞으로 필요한 것은 뭡니까? 라고.

혼자 아이를 낳아 키우기로 결심한 후지노미야 씨가 장차 안심하고 자녀를 키울 수 있도록 사회 환경을 구체적으로 정비해 나가는 것이 소마 내각의 중요한 과제 가운데 하나라고 린코는 생각하고 있었다.

이는 후지노미야 씨 한 사람의 이슈가 아니다. 사회 전체가 생각하고 지원해 가야 할 이슈이다. 저출생 문제에 진지하게 대처하려는 소마 내각의 의지의 표현이기도 하다.

총리님에게는 의견을 솔직하게 말하고 있어요, 라고 후지노미야 씨는 말했다.

무엇보다 중요한 것은 직장에서의 배려이다. 출산 휴가, 육아 휴가 이후의 직장 복귀는 물론이고 어린아이가 있는 부모는 갑자기 귀가해야 할 일이 생기거나 지각 및 결근할 때도 있을 것이다. 그럴 때 차가운 시선으로 보지 말고 "아이 돌보는 게 중요하다"는 사실을 직장 전체가 이해하고 지원하는 일이 중요하다.

모자 가정의 어머니를 경제적 정신적으로 지원하는 것도 필수다. 모자 가정에는 육아와 교육을 위한 보조금을 후하게 주고 어머니들이 고립되지 않도록 지역에서 지원하는 프로그램을 정비할 필요가 있다.

그런 식으로 후지노미야 씨는 최대한 구체적으로 향후 아이를 낳아 키우는 데 필요한 것들을 린코에게 전달하고 있다.

아울러 린코는 후지노미야 씨에게 직진당 홍보부장으로서 해야 할 임무를 주었다. 모자 가정뿐만 아니라 일하는 어머니들의 목소리를 널리 모으기 위해 설문조사를 실시할 것, 트위터나 페이스북 등 SNS로 의견을 수렴할 것 등등. 동시에 정부에서도 활동에 나서서 저출생 담당 대신을 창구로 지정했다.

"정말 총리님은 대단하세요."

후지노미야 씨는 놀랐다는 표정으로 감탄을 숨기지 않았다.

"저의 임신이 마침 그 타이밍이었을 뿐 제2차 소마 내각이 발족하기 전부터 '워킹 맘' 지원에 대해서는 상당히 많이 생각해 두셨던 것 같아요."

저출생 대책을 확실히 하지 않으면 국력은 점점 쇠퇴할 거라는 경고가 꽤 오래전부터 있었다.

하지만 소비세율 인상과 마찬가지로 아동수당 등을 일시적으로 도입하면서도 결정적인 대책이 빠져 있었다. 청년층이 장래에 희망을 가질 수 없다, 결혼을 할 수 없다, 자녀를 가질 수 없다, 낳아도 아이를 맡길 곳이 없다, 직장 복귀가 힘들다. 이런 부정의 연쇄를 끊어내지 못해서 저출생에 대한 특효약이 존재하지 않는 상황이었다.

린코가 총리가 되어도 특효약이나 즉효약이 없다는 데는 변함이 없다. 하지만 그렇다고 방관할 사람이 아니다, 소마 린코라는 사람은.

"점진적인지는 몰라도 상황은 변하고 있습니다."

내 말에 후지노미야 씨는 고개를 끄덕였다.

"네. 이 상황을 그냥 둘 총리님이 아니니까요."

이번에야말로, 정말 이번에야말로. 이 나라는 다시 태어난다.

국민 대다수가 큰 기대를 걸고 있었다. 그리고 린코는 착실하게 그에 부응하려 하고 있다.

이제 변혁의 흐름을 결코 막을 수 없다. 작년 이상으로 힘겨운 일정을 소화하면서도 그녀의 광채는 더 강해지고 있었다.

그런 린코에게 인생 최대의 변화가 찾아왔다.

너무나 급작스러운──너무나 놀라운 '변조'였다.

24

20××년 3월 3일 흐림

린코의 몸 상태가 이상하다고 느낀 것은 한 달쯤 전이었다.

정기국회가 열리고 시정 방침 연설도 작년 이상으로 감동적인데다(그리고 실질적이고) 완성도가 높아졌으며 이제는 총리로서 당당한 풍격을 보여 주고 있었다.

'세계에서 가장 영향력 있는 지도자'로 《타임》의 표지를 장식하고 '아름다운 총리'로 여성지 표지에도 등장했다. 린코의 발목을 잡으려고 하는 무리는 인터넷에서 총공격을 당한다. 국민의 압도적 지지 앞에서는 백전노장 국회의원도 섣부른 짓을 못한다는 분위기가 조성되어 있었다.

인기가 너무 뜨거워져서 도리어 린코가 예민해져 버렸다.

그녀는 '단독 선두' 상황이 반드시 안정을 가져다준다고는 생각하지 않았다. 하라 구로조차 자취를 감춘 지금은 오히려 생각지도 못한 일이 발목을 잡을지 모른다며 신중해져 있었다.

그녀가 가장 두려워하는 것이 '자만'이었다. 이젠 무엇을 해도 괜찮다, 국민이 지지해 준다는 안이한 마음은 1밀리리터라도 허용해서는 안 된다고 벌써부터 주의하고 있었다. 린코에 따르면 자만은 의식하지 못하는 사이에 생겨난다. 그러니까 내가 자만에 빠진 것 같으면 그때마다 지적해 줘, 히요리 씨, 하는 묘한 부탁을 했다. 새 관찰하듯 아내를 감시하다가 "잠깐, 잠깐만, 자만에 빠졌군!"이라고 말하라는 걸까. 나뭇가지 사이로 동박새 찾는 데 능한 나도 그건 너무 힘든 일처럼 느껴지는데…….

오히려 나는 그녀가 너무 금욕적인 나머지 자신을 몰아세우지 않을까 하는 걱정이 더 컸다.

"너무 걱정하지 않아도 괜찮아. 당신은 자만심 같은 거 전혀 없으니까"라고 하면 "그럴까……" 하며 생각에 잠긴다. 그런 모습은, 뭐랄까 린코답지 않았다.

총리로서 일을 척척 해내고 있을 때는 나약한 소리를 전혀 하지 않았고, 강력하게 밀고 나가는 모습은 곁에서 보기에도 통쾌할 정도였다.

여러 일들이 일단락되자 자연스레 마음에 여유가 생기고 자성의 시간도 늘었을 것이다. 그것은 그다지 나쁜 일이 아니다.

개인적인 시간을 의식적으로 만드는 것이나 자기 자신을 좀 더 배려하는 자세는 매우 좋다고 생각하지만, 당시 린코는 신경질적으로 자신을 분석하거나 갑자기 감정이 쳐지곤 하는 등 두드러진 변화를 보여 주었다.

늘 정서적으로 안정되어 어지간한 일로는 동요하지 않는 것이 그녀의 기질이었는데 개인적인 시간이면 "컨디션이 별로야"라든가 "기분이 쳐져"라고 불평하게 되었다. 대화 중에 점차 컨디션이 안 좋아져서 화장실로 뛰어가는 일도 있었고 식욕이 없다며 조식을 거르는 일도 있었다. 나는 걱정스러워 밤에 잠도 설치게 되었다.

혹시 무슨 병에 걸린 것은 아닐까.

린코는 6개월마다 정기검진을 받고 있었다. 총리직에 있는 사람은 늘 건강이 좋아야 한다. 책임감이 강한 린코답게 검진을 자주 받았다.

마침 다음 정기검진이 며칠 뒤로 예약되어 있었다. 만약 뭔가 있다면 그때 알 수 있을 터였다.

그 생각을 하니 걱정은 점점 커졌다.

혹시…… 어쩌면…… 만에 하나, 아주 몹쓸 병에 걸렸다면…… 생명에 관계되는 위독한, 돌이키기 힘들 만큼 진행돼 버린 병 때문에, 굉장히 심각한 상태라면…… 나는 어떻게 해야 하지?

물론 당장 입원시키고 최선의 치료를 받아야겠지. 물론 즉각 총리 자리도 사임하게 해야 한다.

뭐? 잠깐만, 잠깐만, 그게 있을 수 있는 일인가? 한창 잘나가는 린코가 사임을? 일본을 개혁할 총리가 이제 겨우 등장했는데? 그런 걸 국민이 받아들일까?

아니, 아니, 그런 일은 없을 것이다. 제대로 일해야 한다. 국민의 기대가 이렇게 높아졌는데 중간에 강판하기란 쉬운 일이 아니다. 무엇보다 린코가 도중에 직무를 포기할 수 없지 않을까.

아니, 아니, 그게 아니지. 목숨이 걸린 일인데 어쩔 수 없지 않나. 국민들도 이해해 줄 것이다. 그런 상황을 어떻게든 설득하는 것이 총리의 남편인 내 역할 아닌가.

뭐? 설득한다고? 내가? 국민을?

뭐라고? 어떻게?

린코가 정기검진을 받고 일주일 뒤.

조식으로 된장국을 끓이며 이런저런 쓸데없는 걱정을 하느라 머릿속이 점점 하얗게 변해 가고 있었다. 때문에 그날 아침 된장국은 간이 너무 세게 되고 말았다.

잘 먹겠습니다, 하고 된장국을 한 입 먹은 린코가 바로 젓가락을 내려놓았다. 그러더니 나를 똑바로 보며 말했다.

"저기, 히요리 씨. 중요한 얘기가 있는데……."

가슴이 덜컹했다.

나는 입까지 가져갔던 국그릇을 하마터면 놓칠 뻔했다. 국그릇이 아니라 심장이 굴러 떨어지는 줄 알았다.

"어, 미안, 오늘 된장국이 조금 짜지. 역시 다시 끓이는……."

얼버무리듯이 말해 보지만 손이 떨리는 것을 감출 수 없었다.

──왔구나. 드디어. 그 순간이.

아아, 린코. 당신은, 당신은 역시, 불치병에 걸린 겁니까──.

"……임신했어."

──엉?

나는 언어를 모르는 원숭이처럼 입을 멍하니 벌리고 린코를 쳐다보았다.

린코의 눈동자에는 기쁨, 당혹, 그리고 어딘지 좀 이상하다는 듯한 신비한 빛이 깃들어 있었다.

수상관저 제3응접실, 오후 9시 10분.

테이블 주위에 린코, 시마자키 군, 후지노미야 씨, 내가 앉아 있다.

'말문이 막힘'이란 표현을 구체적인 형태로 보여 준다면 이 순간 시마자키 군과 후지노미야 씨의 모습이 될 것이다. 좌우지간, 정말이지, 전혀, 말이 없다. 그런 느낌으로 두 사람 모두 입을 '어' 하는 형태로 벌린 채 말을 잊고 있었다.

"지금, 9주째로 접어든 참이고 아주 순조롭대요."

차분한 모습으로 린코가 말했다.

임신 7개월차로 접어든 후지노미야 씨는 "아…… 저어……" 하며 한동안 입을 뻥끗거리더니,

"저어, 저어…… 총리님, 추……축하드립니다!"

겨우 축하 인사를 건넸다.

린코는 쌩긋 웃으며 "고마워요"라고 말했다.

후지노미야 씨는 이번에는 나를 쳐다보며 "히요리 씨, 축하드립니다!" 하며 기쁨에 찬 얼굴로 말했다.

"아빠가 되는 거군요. 히요리 씨, 아빠가! 대단해, 대단해요! 대박입니다!"

소녀처럼 호들갑스럽다. 뭐라고 대답해야 좋을지 모르겠네. 나는 쑥스럽고 당혹스러웠지만 린코를 따라 "고, 고마워요……"라고 일단 대답했다.

한편 시마자키 군은 순순히 기뻐할 수만은 없는 듯했다. 딱딱한 표정을 허물지 않고,

"어떻게 하실 생각이세요, 총리님?"

단도직입적으로 물었다. 린코는 온화한 미소를 지으며 시마자키 군에게 말했다.

"우선은 제일 가까운 브레인 두 사람에게 솔직한 의견을 들어볼까 해서 이 자리를 마련한 거예요."

애초에 린코의 마음은 정해져 있었다.

──임신하셨습니다, 라고 의사가 얘기할 때 제일 먼저 떠오른 말이 있어.

나에게 임신 사실을 알리던 날 아침, 린코는 얼굴을 환하게 빛내며 말했다.

고마워. ……그 한 마디가 제일 먼저 떠오른 거야.

내 몸에 깃든 생명이 나를 꼭 집어서 와 준 것 같은 생각이 들었어.

나, 이런 처지잖아. 어렵지. 보통 엄마처럼 가족 모두가 기뻐하고 출산일을 손꼽아 기다릴 수도 없어. 낳기로 한다면 생각해야 할 일, 설득해야 할 사람, 더 나아가 이 나라의 앞날까지 생각하고, 그 전부를 해결한 다음 출산하는 날을 맞아야 해.

하지만 바로 그렇기 때문에 이 생명이 나를 택해서 깃들어 주었나 하고 생각했어.

이보세요, 틀림없이 극복할 수 있어요. 극복해 줄 거죠? 그렇게 말해 주는 것 같아.

어렵고도 어려운 문제야. 이 문제야말로 내가 직접 풀어야 해.

그러니까 히요리 씨. 나, 이 아이를 낳기로 했어.

나, 엄마가 될 거야. 당신과 내 아이의 엄마——.

"물론 기쁜 일입니다." 시마자키 군은 딱딱하게 웃는 얼굴로 말했다. 하지만 몹시 당황하고 있다.

"제2차 소마 내각은 저출생 문제를 해결하는 내각이란 깃발을 내걸고 있는데…… 그걸 총리가 직접 체현하다니, 이야 정말이지, 전대미문이라고 해야 할지……."

그야 물론 전대미문이다. 여성 총리부터가 전대미문이니까.

"저희 의견을 듣고 싶다고 하심은, 그러니까…… 그……."

시마자키 군은 한순간 말끝을 흐리다가 이내 명확하게 물었다.

"출산을 위해 사임할지 말지에 대하여 의견을 듣고 싶다……라는 건가요?"

린코는 천천히 고개를 끄덕였다.

"그거예요."

응접실 내부가 다시 쥐죽은 듯 조용해졌다.

시마자키 군은 씁쓸한 표정으로 팔짱을 끼고 곰곰이 생각에 잠겼다. 후지노미야 씨도 조금 전까지 기뻐하던 모습과는 딴판으로 머리를 바삐 굴리는지 미간을 찡그리고 테이블 위의 한 점을 응시하고 있다.

나는 두 사람의 복잡한 생각을 짐작해 보았다.

린코가 임신한 것은 물론 기쁜 일이다. 특히 후지노미야 씨에게는 '동지'가 생긴 거나 마찬가지다. 출산의 고통도 엄마가 되는 기쁨도 존경해 마지않는 린코와 공유할 수 있다는 것은 싱글 맘이 되는 길을 택한 그녀에게 무엇보다 큰 격려가 될 것이 틀림없다.

후지노미야 씨는 출산예정일 한 달 전까지 근무하고 출산 3개월 뒤에 직장에 복귀한다는 계획을 세워 놓고 있었다. 본가의 부모님과도 상의해서 어머니가 육아를 돕기 위해 상경하여 일단 1년간 후지노미야 씨와 같이 살기로 한 모양이다. 그때까지 탁아소도 알아보기로 했다고 한다.

내 아내 린코의 경우는 어떨까.

소마 린코가 누군가. 일본의 총리다.

임신 중에는 컨디션이 무너지기 쉽다. 국회 답변 중에 컨디션이 나빠지면 전국 방송을 통해 국민이 목격할 것이다.

생각하고 싶지 않지만 만에 하나라도 유산 같은 위기에 빠진다면 급히 입원하게 될 수도 있다. 그동안의 정치적 공백은 어떻게 메워야 할까.

순조롭게 시간이 흘렀다고 해도 "그럼 출산 휴가에 들어갑니다. 뒷일을 잘 부탁해요"라며 깨끗하게 퇴장…… 할 수도 없는 일이다.

아기가 태어난 뒤에도 보통 일이 아니다. 린코가 가령 총리로 복귀한다고 해도 대관절 누가 어떻게 아기를 돌본단 말인가.

후지노미야 씨처럼 할 수도 없는 것이 린코의 부모님은 이미 타계한 지 오래다.

그럼 내 어머니에게 부탁해? ……당신 아들(그러니까 나)조차 유모에게 맡겼던 그분에게?

"……히요리 씨는 어떻게 생각하세요?"

후지노미야 씨가 불쑥 물었다. 마침 내 어머니에게 신세 질 수는 없을까를 생각하던 참이라 "아뇨, 무리입니다"라는 말이 튀어나오고 말았다.

"무리?"

후지노미야 씨가 눈을 날카롭게 뜨고 나를 노려보았다.

"아뇨아뇨아뇨, 무리가 아닙니다." 나는 당황해서 정정했다.

"물론 나는…… 나는, 솔직히 무조건 기뻤습니다. 결혼한 지 십 년이 넘었는데, 설마 지금 아기가 생기다니, 정말 꿈에도 생각지 못했으니까……."

무책임하게 들리겠지만 내 마음은 그저 기뻤다. 그런 감정밖에 없었다.

물론 이런저런 어려운 일이 일어날 게 틀림없다. 크게 당혹스럽기도 하다. 하지만 지금의 심정을 한 마디로 표현하자면 이 말밖에 없다——.

"——고마워"라고 나는 말했다.

"고마워, 입니다. 린코에게 임신이라는 말을 듣고 내 마음에도 그 말이 제일 먼저 떠올랐어요."

고마워, 린코 씨. 엄마가 되겠다고 결심해 주어서.

이렇게 어려운 상황인데도. 극복해야 할 험준한 산이 눈앞에 또 나타났는데도.

당신은 조금도 흔들리지 않고 그걸 극복하려 하고 있어.

그렇다면 나도 그래야지. 흔들리지 말고 안달하지 말고 어디까지나 당신을 따라가겠어.

아니, 이번엔 달라. 이번에야말로 내가 당신을, 당신과 아기를 앞에서 끌어 줄 거야.

"앞으로 어떤 시련이 닥쳐도 내가 린코와 아기를 지킬 겁니다."

린코가 나를 가만히 쳐다보았다. 그 눈동자가 뜨거운 눈물로 젖고 있다. 후지노미야 씨도 눈물이 살짝 글썽이는 눈으로 나를 쳐다보고 있었다.

시마자키 군은 한참 참았던 숨을 길게 내쉬며 말했다.

"총리님. 히요리 씨. ……축하드립니다."

딱딱하게 굳어 있던 표정을 늦추며 시마자키 군이 계속 말했다.

"죄송합니다. 사실은 먼저 축하 인사부터 드렸어야 했는데. 정국만 생각하다가…… 향후 정국을, 내각을 어떻게 해야 하나. 그것을 함께 생각하는 것이 저희들 일입니다. 총리님과 히요리 씨가 그렇게 각오를 단단히 하셨다면 당연히 저희가 노력하는 수밖에 없습니다."

그제야 웃는 얼굴이 되었다. 후지노미야 씨도 미소를 지으며 말했다.

"그래요. 어떻게든 될 겁니다. 아니, 어떻게든 해 보겠습니다. 총리님이 지금까지 이 나라를 어떻게든 해 보자고 분투해 오셨으니까요. 그 의지를 저희가 이어야겠죠."

린코는 "고마워요, 두 사람 모두…… 히요리 씨도"라며 우리 얼굴을 둘러보았다.

"지금부터는 본심을 그대로 말해 주었으면 좋겠어요. 아기를 낳는 것을 전제로, 나는 앞으로 어떻게 해야 할까요?"

시마자키 군은 다시 팔짱을 끼고 심사숙고에 들어갔다. 후지노미야 씨는 테이블 위로 상체를 내밀며,

"총리님. 설마 사임할 생각은 아니시죠?"

하고 훅 들어온다. 절대로 그것만은 하지 말아 달라고 온몸으로 표현하고 있다. 린코는 여전히 침묵하고 있다.

"저는…… 저는 솔직히, 역시…… 총리님이 계속 직무를 수행하기는 힘들다고 생각합니다."

시마자키 군은 말하기가 조금 곤란하다는 듯이, 그러나 작정한 표정으로 입을 열었다.

"제 아내가 임신했을 때 보니까 몸 상태도 달라져서 많이 힘든 것 같더군요. 아내도 회사원으로 출산 직전까지 근무했지만……

출산을 계기로 그만두게 했습니다. 아기 때는 열도 자주 나니까 한시도 눈을 뗄 수 없죠. 아내는 직장에 복귀하고 싶어 탁아소에 맡기려고 했지만 아이는 역시 엄마가 곁에 있는 게 가장 좋지 않을까 해서……."

"잠깐만요!" 후지노미야 씨가 눈을 치켜뜨며 큰소리로 말했다.

"뭐죠, 그게?! 그만두게 했다니, 무슨 말이죠?! 부인은 일하고 싶어 하는데 시마자키 씨가 그만두게 했습니까? 그게 뭡니까, 말도 안 돼요! 아이는 엄마 곁에 있는 게 가장 좋다니, 그거 당연한 거잖아요! 그것도 가능하고 직장도 그만두지 않을 수 있다면 세상의 일하는 엄마들이 모두 해피하겠죠! 그게 안 되니까 고통 받고 있잖아요? 그게 안 되니까 그렇게 만들려고 소마 내각이 열심히 일하고 있는 거 아닙니까!"

굉장한 서슬이었다. 시마자키 군은 강렬한 일격에 거북처럼 목을 쏙 움츠리고 말았다.

"아, 아, 진정하세요, 아야카 짱."

린코는 쓴웃음을 지으며 후지노미야 씨를 달랬다.

"하지만 그래요, 말을 가려서 하는 게 좋을 것 같군요, 시마자키 군?"

린코가 따끔하게 말했다.

시마자키 군이, 죄송합니다, 하고 미안해하며 말을 이었다.

"……그러니까, 일반 여성도 그런 상황인데 총리쯤 되면 역시 평범하게 대처하려고 해도 어렵지 않을까 하는…… 총리님이 임신 중에 건강이 나빠지면 주변뿐 아니라 정국에 끼치는 영향이 절대적입니다. 물론 출산 휴가, 육아 휴가 기간에 총리 임시대리를 두는 것도 내각법상 가능하겠지요. 그러나 출산하고 복귀하신 뒤에는 더 큰일입니다. 아이가 열이 있다고 오늘 국회에 조금 늦겠습니다, 라고 할 수도 없고…….”

시마자키 군의 말은 지극히 타당했다.

요즘 린코에게 개인 시간은 기상 직후와 조식 시간, 취침 직전과 잠자고 있을 때가 전부이다. 하루의 대부분을 공인으로 살고 있다. ‘공인 시간대’에 아기를 돌보기란 어려울 것이다.

시마자키 군은 더 현실적인 문제를 지적했다.

“가령 지금의 처지 그대로 출산 휴가와 육아 휴가를 보내고 복귀한다고 해도 아기를 누구에게 맡긴 채 공무를 제대로 하실 수 있을지 어떨지도 알 수 없습니다.”

또다시 실내가 쥐죽은 듯 조용해졌다.

내각총리대신이 병으로 결근하면 내각법 규정대로 다른 대신이 임시대리로 일하게 되어 있다. 하지만 ‘총리의 출산 휴가와 육아 휴가’를 규정하는 법률은 없다.

애초에 ‘총리는 남자’라는 암묵적 인식 속에서 총리 직무 등에 관한 법률이 정해졌기 때문이다.

현역 총리가 임신하고 출산할 수 있다는 것을, 예전에 법률을 제정한 사람들은 상상도 못했을 것이다.

아니 옛날 사람이 아니라 우리도 상상하지 못했으니까…….

"육아 휴가를 마치고 복귀해서 계속 일하셨으면 좋겠습니다. 지금까지처럼."

고개를 반듯하게 들고 후지노미야 씨가 말했다.

"아기를 낳고 싶어도 직장을 잃고 싶지 않아서 낳지 않는다. 일을 계속하고 싶어도 출산을 하면 그만두지 않을 수 없다. 일하는 여성은 출산과 업무 사이에서 늘 고통 받아 왔습니다. 소마 내각이 저출생 대책의 일환으로 일하는 여성을 지원하는 획기적 정책을 제시해서 이제야 빛이 보이고 있는데…… 이럴 때 총리님이 그만둬 버린다면 일하는 여성들을 둘러싼 상황은 계속 변하지 않고 남게 될 겁니다."

어떤 처지에 있든 직무를 감당해 내면서 아기를 훌륭하게 키울 수 있다는 것을 부디 직접 증명해 주십시오.

그렇게 하신다면 모든 여성에게, 나아가 저출생으로 고통 받는 사회 전체에 크나큰 격려가 될 것이 틀림없습니다.

후지노미야 씨의 열띤 호소에는 가슴을 치는 울림이 있었다. 한편 시마자키 군의 말도 타당했다.

시마자키 군과 후지노미야 씨. 측근의 의견은 둘로 갈라졌다.

총리직을 사임할 것인가 계속할 것인가.

린코는 온몸으로 고민하고 있었다.

린코가 결정을 내린 것은 그로부터 사흘 뒤인 오늘. 수상관저 기자회견장에서였다.

린코는 그 직전에 각료회의를 열었다. 각 대신에게 자신의 뜻을 전하며 협의한 뒤에 아무런 사전 언급 없이 기자회견을 열겠다고 언론사에 전했다.

언론사들은 순식간에 활기를 띠었다.

인기 절정인 총리가 불쑥 기자회견을 연단다. 대체 무슨 일일까. 점점 긴장이 높아진다.

오후 6시 정각.

기자회견장에 린코가 나타났다.

물을 끼얹은 듯 조용해진 회장을 둘러보고 린코가 엄숙하게 발언을 시작했다.

"국민 여러분께 보고 드립니다. 저 소마 린코는 임신을 했습니다. 현재 임신 9주차에 들어선 참입니다."

이에 한 달 안에 총리직을 사임하기로 했습니다──.

25

20××년 3월 12일 맑음

소마 수상 사의 표명, 총리 임신으로 내각총사직인가
일본 최초의 여성 총리 임신, 출산을 위해 사임 결단
소마 수상 임신, 한 달 내 사임 의사 표명

아내 린코가 국민에게 임신 사실을 보고하고 한 달 안에 총리 직에서 물러나겠다는 결의를 표명한 뒤——.

텔레비전, 신문, 잡지, 인터넷 등 온갖 미디어의 톱뉴스에 '총리 임신', '출산을 위해 사임할 예정'이란 글자가 초대형 폰트로 '이래도 안 놀랄래?'라는 듯이 날뛰었다. 각 신문사는 호외를 발행하고 텔레비전에서는 '뉴스속보'를 편성해서 '소마 총리 임신, 사임 표명'이란 제목이 흘러나왔다. 직진당 본부의 전화기는 불이 나고 관저 전화도 벨소리가 그치지 않았고 각 서버는 대량의 메일로 다운되기 직전이고 내 스마트폰까지 쉴 새 없이 울리고 놀란 지인과 친구들이 보내는 문자가 끝도 없이 날아왔다.

수상관저 주변은 관저 담당 기자들 외에 언론사 보도 차량까지 몰려와 왁자해졌다. 언론사뿐만 아니었다. 대문 밖에 단골처럼 모이는 '린코지엔느', '히요러'들은 말할 것도 없고 린코를 열렬히

지지하는 사람들, 페미니스트 단체, 워킹 맘을 지원하는 단체, 구경꾼들이 이중삼중으로 에워싸고, 도로는 막히고, 상공에는 헬리콥터가 붕붕 날아다녔다. 나도 출근할 계제가 아니었다.

연립여당과 야당 모두 불난 듯이 술렁였다. 왜 안 그러겠는가, 지지율 8할이 넘는, 인기 절정의 총리가 불쑥 사의를 표명했으니. 그것도 인책이니 부패니 실정이니 하는 기존의 총리들이 사임하던 흔한 이유 때문이 아니다. 임신 출산을 이유로 권좌를 떠나는 수상은 전례가 없다. '아이를 낳는다고 정권을 던져도 좋은가', '출산이 정치보다 중요한가'라고 국회에서 추궁할 수도 없다. 그런 짓을 했다간 유권자를 적으로 돌리게 된다. '총리대리를 세워두고 출산 휴가를 활용하면 되지 않을까'라는 것도 안이한 생각이다.

대관절 이 전대미문의 사태에 어떻게 대처해야 한단 말인가.

아무도 모른다는 것이 객관적 상황이다.

총리의 남편인 나도 모르겠으니까.

"한 발이라도 밖에 나가면 다시는 관저로 돌아오지 못할 수 있으므로 사태가 진정될 때까지 외출 금지입니다."

사태를 심각하게 본 후지노미야 씨가 전화해서 오래간만에 직접 지시를 내렸다. 나는 얼른 이의를 제기했다.

"그건 곤란해요. 곧 '조류 레드리스트멸종 위기종 목록'에 관해 환경성에 보고해야 합니다. 그것 때문에 연구소에 틀어박혀서 일해야 하는데……."

"히요리 씨부터가 레드리스트에 올라 있어요! 그런 소리 하고 있을 때가 아닙니다!"

엉뚱한 비유를 듣고 말았다.

"총리의 남편이 멸종 직전입니까?" 어이가 없어서 물어보자,

"그럼요. 멸종 직전이잖아요." 후지노미야 씨가 대답했다.

아닌 게 아니라 린코가 총리를 사임하면 일본에 단 한 마리였던 총리의 남편도 멸종하는 것이다…….

하는 수 없이 내 방에 초조하게 앉아 있자 젠다 조류 연구소의 도쿠다 소장이 메일을 보냈다. 급하게 스카이프 회의를 열고 싶다고 했다. 내가 당분간 출근하지 못한다는 소식은 후지노미야 씨를 통해 연락받았다고 한다.

도쿠다 소장을 비롯한 연구소 동료들이 회의실 테이블을 둘러싸고 앉은 모습이 컴퓨터 모니터에 나타났다. 도쿠다 소장이 주저주저 입을 열었다.

"소마 씨. 이번에…… 그…… 그거…… 뭐라고 해야 하나……,"

"축하합니다. '총리 임신'이라니, 정말 희한한 일이군요. 쾌거입니다."

구보즈카 상석연구원이 대신 말했다. 따오기가 자연산란을 하는 장면이라도 본 듯한 말투다.

동료 하타가야 씨는 진지한 얼굴로 말했다.

"마침내 소마 씨도 아빠가 되는군요. 이야, 나도 다섯 살짜리 아들이 있는데, 정말 귀엽습니다. 소마 씨 자녀는 역시 나중에 도

쿄대에 진학하겠죠? 오, 아니면 사모님처럼 하버드?"

너무 성급하다.

"고맙습니다. 아내나 저나 설마 이 나이에 아이가 생길 줄은 상상도 못했는데…… 기쁨이 절반 당혹스러움이 절반입니다. 게다가 이런 상황이라 환경성 보고서도 마무리 짓지 못하게 돼서…… 면목이 없습니다."

소장은 어딘지 곤혹스럽게 웃는 얼굴로 말했다.

"환경성 쪽은 우리가 어떻게든 대처할 테니까 걱정할 거 없네. 걱정되는 건…… 그…… 소마 총리는 정말 사임할 생각이신가?"

린코가 총리가 된 뒤 환경성에서 주는 연구 지원금이 2할 늘었다. 환경성 관련 연구비 예산이 증액된 덕분이다. 하지만 총리가 바뀌면 바로 감액될지 모른다. 소장은 전전긍긍인 듯했다.

"저는 진퇴에 대해서는 특별히 조언하지 않고 있습니다. 제가 뭐라고 조언하면 그녀가 휘둘릴지 모르니까……."

나는 솔직하게 말했다.

"모처럼 얻은 생명이고 어떻게든 낳겠다는 아내의 결심도 확고합니다. 사임 문제도 아내 스스로 결정했습니다."

린코는 결국 스스로 결단했다.

출산을 위해 총리직을 사임한다.

이 나라를 바꾸기 위해 나는 감히 가시덤불 길을 걸어왔어. 다행히 국민의 뜨거운 지지를 받아 어려운 국면을 극복해 왔지.

본래대로라면 앞으로도 직무를 다하고 싶어. 국민 목소리에 충실히 부응하고 누구의 눈에도 '이 나라가 변했다'고 비칠 수 있도록 일하고 싶어.

그래서 나는 일본의 첫 여성 총리가 되었지. 여성들에게 아이들에게 노인들에게 사회적 약자들에게 힘이 되고 싶어 분투해 왔어.

하지만 나는 '엄마'가 된 적은 없었어. 돌아가신 어머니를 그리워하고 어머니처럼 되고자 노력해 왔지만 어머니라는 것이 대체 어떤 존재인지 내 몸으로 이해한 적은 없었어.

그래서 결심했어. 엄마가 되기로.

우리 자식으로 태어나는 아이. 세상에 단 한 명밖에 없는 인간. 둘도 없이 소중한 일본의 새로운 국민.

생명을 키우는 한 명의 인간으로 돌아가자.

무책임하게 정권을 내던질 생각은 없어. 이 나라를 보다 나은 방향으로 이끌어 줄 새로운 지도자에게 바통을 넘기고 앞날을 지켜보자.

그리하여 린코가 내린 결론이 총리 사임이었다.

새 지도자, 즉 새로운 총리는 연립여당 내에서 선출될 것이다. 그 지도자와 새 내각이 린코가 다진 기초 위에서 정권을 운영할 것이다.

폐 끼치고 싶지 않아 직진당 당수도 사임하겠다고 말했지만 시마자키 군과 후지노미야 씨를 비롯하여 당원 대부분이 적극 만류했다.

현 간사장이 당수 대리로 일하고 있으니 최대한 빨리 복귀하기 바랍니다. 직진당도 이 나라도 여전히 린코 씨를 필요로 합니다 ──라며 간부들이 모두 눈물을 흘리며 호소해서 린코도 받아들였다고 한다.

린코가 결론에 이르는 과정에 나는 일체 참견하지 않았다.

내가 아는 사실은 '아기를 낳겠다'는 그녀의 결단만은 이미 흔들림이 없다는 것이다. 아울러 총리의 직무를 계속 수행할지 말지는 그녀 말고는 아무도 결정할 수 없다는 것도 알고 있었다.

그녀가 어떤 결정을 하든 나는 그 결정을 지지한다. 아내가 어떤 선택을 하든 나는 애오라지 그녀와 아이를 지키며 살 것이다.

스크린에 비친 회의실 말석에서 고개를 숙이고 앉아 있던 이토루이 씨가 작심한 듯 고개를 들었다. 그리고 스카이프 카메라를 향해 소리쳤다.

"진심이 아닙니다. ……그건 린코 총리의 진심이 아닙니다."

남성 연구원들이 깜짝 놀라 이토 씨를 돌아다보았다. 이토 씨는 험한 눈초리로 카메라 너머에 있는 나를 쳐다보았다. 예전에 내 집에서 자신의 가정 형편을 솔직히 밝히던 그녀의 모습이 플래시백 되어 나는 부끄럽게도 가슴이 덜컹했다.

"사임이 총리의 본심이라고 생각되지 않아요. 도중에 강판하다니, 절대로 린코 씨답지 않아요. 주위 사람들에게 폐 끼치고 싶지 않으니까…… 남성 의원들에게 '육아 휴가를 마치고 복귀해서도 총리 자리를 차지하려고 하다니 뻔뻔하다'는 소리를 들을까 봐…… 마지못해 결단을 내린 거라고 봐요."

이토 씨의 말에 내 가슴은 다시 크게 뛰기 시작했다.

마지못한 결단. 그것은 분명 맞는 말이긴 하지만…….

"린코 씨는 실은 절대로 사임하고 싶지 않을 겁니다. 도중에 정권을 내놓고 싶지 않을 겁니다. 왜 그걸 헤아려 주지 못하는 거죠? 그렇게 중요한 점을 알아주지 못하고 아내가 스스로 결정했다면서 태연하게 구경만 하다니…… 소마 씨, 최악이에요. 제가 사람을 잘못 봤군요. 총리의 남편 같은 건 얼른 멸종돼 버렸으면 좋겠어요!"

며…… 멸종. 역시 그런 거였나…….

"잠깐만 이토 씨, 아무리 그래도 멸종은 너무 심하군." 소장이 당황해서 끼어들었다.

"아뇨, 맞아요. 소마 총리가 사임하면 총리의 남편도 멸종하는 거죠." 구보즈카 씨가 후련한 표정으로 말했다.

"이토 씨 말에 일리가 있다고 저도 생각합니다. 그렇지만 국민에게 이미 사임을 표명했으니 이제 와서 철회할 수도 없잖아요. 연립여당의 각 당수들도 벌써 다음 총리를 정하기 위해 움직이기 시작했을 테고……."

스카이프 카메라에 찍히고 있다는 걸 알았지만 내 얼굴에 먹구름이 끼는 것을 어쩔 수 없었다.

이토 씨의 말은 지극히 당연하다. 나도 린코가 총리 자리에서 기꺼이 물러난다고는 여기지 않는다.

모든 것은 주위에 폐를 끼치면 안 된다는 생각 때문이다. 그 생각이 모든 것에 우선하고 있다.

린코답지 않다면 린코답지 않은 모습이다. 소마 정권은 저출생 문제를 해결하고자 워킹 맘 지원 정책을 추진하고 있다. 여성이 마음 놓고 활약할 수 있는 사회를 만들고 사회 전체가 아이를 지키고 키운다는 정책을 제2차 소마 내각의 기치로 삼았다. 그런데 막상 자기 이야기가 되자 '주위에 폐 끼치고 싶지 않다'며 물러서버리다니.

그녀는 일반 여성이 아니라 일국의 총리다. 어쩔 수 없다고 말한다면 할 수 없지만, 자기가 내건 깃발을 스스로 내려야만 하는 것이 분하지 않을까.

그렇다고 옆에서 "역시 사임하지 말라"고 가볍게 말할 수도 없고…….

"잠깐, 여러분, 축하할 일인데 왜 다들 심각한 얼굴을 하십니까."

하타가야 씨가 웃으며 분위기를 추스르려고 했다.

"근데 소마 씨, 아기가 태어나면 우리 모두 놀러 가도 됩니까? 그때쯤이면 수상관저가 아니라 고코쿠지 댁에 계시겠죠. SP니 뭐니 하는 사람들도 없을 테고. 원래대로 평온한 일상으로 돌아가는 거니까 아주 좋은 일 아닙니까."

"네. 뭐…….." 나도 애써 웃었다. 실은 진심으로 웃을 수는 없었다.

평온무사한 일상.

육아 휴가 동안 린코는 생전 처음 아기를 위해 모든 시간을 바치게 될 것이다.

그것은 소중한 일이다. 훌륭한 일이다. 무엇과도 바꿀 수 없는 일이다.

그런데…….

총리를 사임하고 엄마가 된 그녀가 정말로 행복해질 수 있을까.

나는 알 수 없었다.

갑작스런 사임 기자회견으로부터 일주일 동안.

린코와 나는 다시 취침 직전과 기상 직후에만 얼굴을 볼 수 있었다.

무엇보다 그녀의 건강이 걱정되었다. 아직 안정기에 들어가지 않아 불안한 시기였다. 모처럼 낳기로 결심했는데 언론에 쫓겨다니다가 탈이라도 날까 두려웠다.

"부탁하는데 잠시 안정을 취할 수 없겠어?" 하고 부탁해 보지만 "괜찮아, 괜찮아" 하며 린코는 개의치 않았다.

"아직까지는 총리니까. 해야 할 일이 산더미 같아."

그 말에서 나는 희미한 망설임의 기운을 느꼈다.

아직까지는 총리니까——.

충격의 기자회견 직후 정계뿐만 아니라 국민도 크게 동요하고 있었다. 린코의 진퇴를 둘러싸고 여론이 양분되었다.

태도가 명확하다, 과연 총리답다는 의견. 일반 여성이 출산하는 것과는 차원이 다르다, 비상사태가 생길지 모르므로 사임은 당연하다는 의견. 이것은 보수적인 아저씨들에게서 흔히 들을 수 있었다.

그리고 대부분의 여성은——.

물러나지 말아요, 총리님. 부탁합니다. 저도 워킹 맘이고 하루하루 싸우고 있습니다. 하지만 린코 총리님이 워킹 맘을 위해 반드시 보다 나은 세상을 만들어 줄 거라고 믿었습니다. 앞으로도 믿을 겁니다. (35세 / 한 아이의 엄마 / 회사원)

중도 사임이라니, 린코 씨답지 않아요. 끝까지 일해 주길 바랍니다. 일하는 어머니를 위해서 사회 환경을 정비하겠다는 공약을 내세웠었죠. 국민과의 약속을 지켜 주세요. (48세 / 두 아이의 엄마 / 회사원)

린코 총리님이 노력하고 있으니까 나도 나중에 엄마가 되더라도 열심히 일해야지! 라고 생각했습니다. 이제 곧 결혼합니다. 하지만 아이를 낳은 뒤에도 일하겠습니다. 린코 총리님이 '파이팅!'을 외쳐 주었으니까요. 그러니까 린코 씨도 앞으로 계속 파이팅!

(27세 / 회사원)

출산과 직장 사이에서 고민하다 퇴직했습니다. 아이를 키워 놓고 복직하고 싶지만 재취직의 길은 험난합니다. 어째서 출산 휴가를 이용해 직장에 계속 다니지 않았는지 매일 후회하고 있습니다. 나 같은 여성이 많다는 것을 알아 주세요. 그리고 출산 때문에 사임한다는 말씀은 부디 철회해 주세요. (39세 / 한 아이의 엄마 / 무직)

총리님. 당신은 우리의 희망입니다. 당신이 용기 있게 사임을 철회하고 출산한 뒤에도 총리로 일해 준다면 멋질 겁니다. 세계에 자랑할 만한 쾌거가 될 거예요. 소마 린코, 엄마 총리! 훌륭하지 않나요? (40세 / 두 아이의 엄마 / 자영업)

기존 정치에 신물이 나고 체념한 여성들, 혹은 사회문제에 발언한 적이 없는 여성들이 SNS, 인터넷, 텔레비전 등 온갖 미디어를 통해 열심히 목소리를 높이기 시작했다.

시위에 나서자는 호소가 순식간에 인터넷에 활발하게 오가고 실제로 각지에서 "린코 총리의 사임을 결사반대한다!", "워킹 맘을 저버리지 마세요!"라고 외치는 시위가 벌어졌다. 린코의 사임을 저지하고 앞으로도 지지하자고 들고 일어선 사람들은 이제 린코지엔느나 페미니스트 운동가만이 아니었다. 힘겹게 일하며 자녀를 키우는 여성, 직장과 육아 사이에서 고민하다 퇴직한 여성, 아이를 키운 뒤에 지역에서 육아를 지원하는 활동가 여성들. 성실하게 일하며 아이를 키워 온 지극히 평범한 사람들. 청년과 남성들도 있었다. 사회학자도 정치학자도 있었다. 이 나라의 미래를 소마 린코와 함께 보고 싶어 하는 사람들. 거센 파도는 압도적 기세로 전국에 번져 가고 있었다.

그 목소리가 린코의 귀에 들리지 않을 리 없었다.

늘 국민의 목소리에 귀를 기울이고 국민을 위해 전심전력으로 일한다. 그것이 소마 린코라는 총리의 모습이었다.

국민의 열의가 이토록 높다면 거기에 부응하는 것이 본래 그녀의 철학이다.

그러나 총리로서 일단 발표한 결의를 철회한다는 것이 린코에게는 불가능한 일이었다.

차기 총리로 누가 좋을지를 놓고 이미 연립여당의 당수들과 협의를 시작한 상태였다. 이제 물러날 수도 없다──.

그럴 때 어머니의 호출 전화가 왔다.

"내일 밤 11시까지 린코와 함께 들르렴."

절대로 거역할 수 없는 일방적인 통고였다. 린코에게 말하자,

"마침 잘 됐네. 마침 나도 어머니에게 보고 드려야겠다고 생각하던 참인데."

하며 흔쾌히 받아 주었다.

린코가 기자회견을 한 직후에도 당연히 어머니의 전화가 있었다. 이거야 원, 하고 한숨을 짓더니 말했다.

"이것 참…… 총리가 사임한 데는 네게도 절반의 책임이 있는 거다, 알고 있니?"

보통 사람이라면 쉽게 할 수 없는 이야기도 가볍게 말해 버리는 사람이지, 우리 어머니는…….

상당히 센 잔소리를…… 아니 잔소리가 아니라 큰소리를 쏟아 놓을 게 틀림없다고 각오했다. 관저에서 차가 출발하자 많은 보도진이 우르르 모여들었다. 커튼을 내린 공용차는 엄청난 플래시 속에서 일단 근처 호텔로 피했다. 그곳에는 소마 가에서 마중 나온 차량이 대기하고 있었다. 우리는 한 시간쯤 호텔 객실에서 시간을 보내다가 호텔 스태프의 안내를 받으며 몰래 뒤쪽으로 빠져나갔다. 다행히 기자들에게 들키지 않았다.

파파라치에게 쫓기는 심정이 이럴까…….

'멸종 직전'이 되어서야 셀럽의 심정을 알 것 같았다.

간만에 들른 본가 응접실에 언제나처럼 기모노를 빈틈없이 차려입은 어머니가 나타났다. 린코가 얼른 일어나,

"일전에는 소란스럽게 해서 면목이 없습니다. 보고가 늦은 것도 죄송합니다."

고개를 깊이 숙였다. 나도 덩달아, "죄송했어요. 어, 여러 가지로……" 하고 모호하게 사과했다.

어머니는 린코와 내 얼굴을 번갈아 쳐다보다가,

"왜 사과하니? 이상한 사람들일세."

쿡쿡 웃으며 말했다.

"나는 고맙다고 말하고 싶어서 너희에게 와 달라고 한 거야, 린코. ……아기를 낳기로 결심해 줘서 고맙다."

그리고 우리 이상으로 정중하게 고개를 숙였다. 매우 우아하고 마음이 담긴 인사였다.

나는 정말 놀랐다. 꾸중 듣는 줄 알고 왔는데 설마 어머니 입에서 고맙다는 말이 나올 줄이야.

"린코의 입장도 있으니 너희 부부는 앞으로 아이를 가질 생각이 없겠구나 하고 나도 포기하고 있었다. 그래서 그 기자회견을 보고 정말 놀랐단다. 여러 가지 의미에서."

린코는 말없이 어머니를 쳐다보고 있었다. 어머니는 린코를 똑바로 쳐다보며,

"사의를 철회해라."

라고 단호하게 말했다. 린코의 눈동자가 한순간 바람이 지나가는 호수처럼 희미하게 흔들렸다.

"주위에 폐 끼치고 싶지 않은 마음은 잘 안다. 하지만 네가 그만두면 결과적으로 더 큰 혼란이 일어날 거야. 무엇보다 너를 지지하며 따라오던 국민은 어쩌라는 거냐. 모처럼 여기까지 왔는데 나 엄마가 될래요, 자, 안녕, 하고 만다면 뒤통수 맞는 기분이 되지 않겠니? 아무리 인기가 높아도 뭐든지 괜찮은 건 아니잖아. 조

금 더 생각하려무나."

와아아, 어머니. 그게 무슨 말이에요, 현 총리한테!

라고 외치고 싶었지만 꾹 참았다. 하기 어려운 말들을 정말이지 훌륭하다 싶을 만큼 단호하게 말해 버리는 어머니이긴 하지만 이때만큼은 진실을 말하고 있다고 생각했다.

그래. 린코, 최근의 당신 모습은 당신답지 않잖아?

폐 끼치고 싶지 않다느니 발언을 철회할 수 없다느니 하는 것은 국민의 목소리 앞에서는 분명히 하찮은 것이다.

아무리 멀고 희미한 목소리라도 국민이 당신을 원한다면 달려간다. 그 사람의 손을 잡고 어깨를 감싸 주고 이야기를 듣는다. 어떻게 하면 해결할 수 있는지를 함께 고민한다. 그리고 나아갈 길을 찾아내고 함께 걸어간다.

그것이 총리인 소마 린코의 모습 아닌가.

라고 말하고 싶었지만 역시 꾹 참고서,

"아, 저어. 당신, 사실은. 어떻게…… 하고 싶은 거야?"

종잡기 힘든 말로 간신히 물어보았다. 린코의 진퇴에 대하여 내가 질문한 것은 이번이 처음이었다.

"어떻게 하다니…… 그만두는 수밖에 없잖아? 내가 그렇게 결정했고 공표까지 했으니까."

린코는 당혹감을 감추지 못하며 대답했다. 역시 고민하고 있구나, 라고 나는 확신했다.

"그게 당신답지 않은 결정이라도?"

나의 물음에 린코는 대답하지 않았다. 실내는 쥐죽은 듯 조용해졌다.

"당연히 린코답지 않지. 린코는 자기가 하고자 하는 일에는 망설임이 없었어. 히요리와 결혼할 때도 총리가 될 때도."

어머니가 조용히 말했다.

"린코의 사임을 만류하려는 사람은 나 말고 한 사람이 더 있어."

그러더니 "잠깐 기다려 봐" 하고 응접실을 나갔다. 린코와 나는 단둘만 남았지만 한 마디도 나누지 않았다.

하지만 나는 느끼고 있었다. 린코의 당혹감과 망설임을. 그녀의 흔들리는 마음이 내게도 전해져 오는 듯했다.

똑똑, 하는 노크 소리가 났다. 우리는 흠칫해서 고개를 들었다.

문 너머에서 나타난 것은——대머리에 두터운 안경알, 사람 좋아 보이는 웃음.

——하라 구로였다.

"……하라 선생!?"

린코와 나는 너무 놀라 동시에 소리치며 동시에 벌떡 일어났다.

"아, 아, 그리 놀라지 말아요, 괜찮아요, 괜찮아."

하라 씨는 날뛰는 말을 워, 워, 하고 달래는 것처럼 린코와 내 어깨를 번갈아 다독이고 자리에 앉혔다.

"어…… 어떻게, 여기에……?"

내가 입을 뻐끔거리고 있자 뒤따라 들어온 어머니가,

"내가 뭐랬니. 내가 이래 봬도 정재계 인사들에게 힘깨나 쓴다니까."

하며 의기양양하게 말했다.

"아니, 사실은 내가 먼저 자당님께 부탁을 드렸소. 히요리 씨와 린코 씨를 꼭 만나게 해 달라고."

하라 씨는 특유의 '도저히 미워할 수 없는' 미소를 우리에게 보여 주었다.

지난 총선거에서 패배한 하라 구로는 그 뒤로 완전히 자취를 감추었다.

이런저런 술수로 정권을 노렸지만 이루지 못했다. 이제 나도 여기까지인가, 하며 한때는 정계은퇴도 생각했다고 한다. 그러나 간신히 마음을 다잡았다.

왜일까.

"나는 말이요, 린코 씨. 총리인 당신의 모습을 조금 더 지켜보고 싶소."

하라 씨는 린코를 정면으로 쳐다보며 말했다.

일본의 첫 여성 총리. 그 탄생에는 분명히 나의 책략도 한몫 거들었다.

솔직히 자기 계산대로 움직일 수 있는 사람이라고 쉽게 보고 있었다.

정치 경험도 많지 않고 언젠가 나약한 소리도 내겠지, 라는 생각 역시 있었다.

하지만 소마 린코는 예상 밖으로 강했다. 늠름했다.

국민의 지지를 이렇게 많이 받고, 개혁을 위해 이토록 맹렬하게 돌진한 총리가 예전에 있기나 했을까.

소마 린코가 총리에 다시 취임했을 때는 정치계에 몸담고 처음으로 깊은 패배감을 느꼈다.

당장 은퇴해야 하나 하는 생각도 했다.

하지만.

여기까지 왔는데 앞으로 더 지켜봐야 하지 않을까. 정국을 어떤 식으로 운영하고 어떻게 국민의 목소리에 부응하는지.

어떻게 이 나라를 바꿔 나가는지.

그 모습을 내 눈으로 지켜보고 싶다.

"나는 아주 오랫동안 정계에 몸을 담아 왔소. 솔직히 언제 은퇴해도 상관없소. 하지만 당신이 총리로서 정치개혁에 성공할 때까지는 나도 조금 더 힘을 써 볼까 하고 마음먹었소."

린코는 무릎 위에 모은 양손에 힘을 꼭 주었다. 그러고는 희미하게 떨리는 목소리로 말했다.

"하지만, 저는…… 연립여당 여러분에게, 그리고 국민에게 사의를 표명했습니다. ……그걸 철회하면 너무 우유부단해 보이지 않을까요……."

하라 씨는 잠시 침묵하며 린코를 응시했다. 그러다가 문득 웃었다.

"'일하는 여성이 아이를 낳고 키우기 좋은 사회로 정비한다'. 당신이 선거 때 국민에게 약속한 거요. 그걸 실천하지 않는다면 그게 바로 거짓말 아니겠소."

린코의 눈동자 속 호수에 다시 바람이 불었다. 수면이 급상승했다.

마침내 둑이 터지고…… 앗, 이건 내 이야기구나.

"하, 하라 선생. 어머니. 고…… 고맙습니다……."

눈물을 참으려고 하자 오히려 와락 쏟아지고 말았다. 시작된 눈물은 멈출 수도 없었다.

"나 원, 정말 어수룩한 아이라니까." 어머니도 눈시울을 적시며 쿡쿡 웃었다.

"너무 울보면 곤란해요, 히요리 씨. 린코 씨와 아기를 든든히 응원해 주세요. 앞으로도 당신은 유일무이한 '총리의 남편'이니까."

하라 씨가 말했다. 자, 기다리고 기다리던 영화가 드디어 시작되겠군, 하고 말하는 것처럼.

린코는 뜨거운 눈물에 잠긴 눈동자로 나를 쳐다보았다. 그리고 살짝 미소 지었다.

십 수 년 전이었나, 처음 만날 때와 조금도 달라지지 않은 아름다운 눈빛이 거기 있었다.

20××년 ×월 ×일 맑음

마지막으로 일기를 쓰고 나서 시간이 한참 지나고 말았다.

문득 생각이 나서 이 일기장을 들춰 보았다. 정말이지 온갖 이야기들을 자세히도 써 놓았네.

맨 앞부분을 읽으며 너무나 그리워 미소 짓고 웃기도 하고 눈물도 글썽이고…… 혼자 다양한 표정을 짓고 말았다.

이런 시대에 고풍스러운 일기장이라는 것도 꽤 괜찮지 않은가.

당신이 살아가는 시대──즉, 당신이 이 일기를 읽고 있는 지금은 어떤 시대일까.

린코와 나는 사라진 지 오래인 머나먼 미래를 당신은 살아가고 있겠지.

부디 그 미래가 훌륭한 시대이기를. 당신이 내적으로 풍요로운 날들을 보내고 있기를.

이런! 아기가 운다. 슬슬 배가 고픈 모양이다. 엄마는 오늘 국회에서 대표질문을 받고 있다. 내가 대신 아기를 돌보는 중이다.

아기 키우기야말로 차근차근 성장하는 아이의 모습을 기록하는 일기 같은 거구나, 라는 걸 깨달았다.

그러므로 일기쓰기는 오늘까지만 하자.

참고로 '새 관찰일지'는 변함없이 계속하고 있다. 아이가 조금 더 크면 함께 관찰해야지. 종종 아내도 함께 세 식구가 베란다로 나가서.

소소하지만 바로 그것이 지금의 내 꿈이다. 반드시 이뤄질 꿈이다.

편집자

후기

세계경제포럼(WEF)은 기업인, 경제학자, 언론인, 정치가 들이 모여 세계 경제에 대해 토론하고 연구하는 모임으로 막강한 권위와 영향력을 가지고 있다. 스위스의 휴양도시 다보스에서 열리기 때문에 '다보스 포럼'이라고도 불린다. 이곳에서 매년 발표하는 성차별 지수에 따르면 2021년 일본의 남녀평등 순위는 156개국 중 120위(참고로 한국은 107위)로 가장 뒤처진 나라 그룹에 속했으며, 여성의 정치 참여 순위는 147위로 꼴찌에 가까웠다. 2021년에만 특별히 나빴던 게 아니라 꾸준히 순위가 떨어져 왔다. 일본 정부는 2003년부터 고위 공직자의 비율을 30퍼센트 수준까지 올린다고 공언했으나 말뿐이었고 변화의 조짐은 전혀 보이지 않았다. 이 같은 상황을 겪으며 작가 하라다 마하는 "자민당은 너무나 보수적이어서 가망이 없구나. 정권 교체를 통해 집권한 민주당 역시 자민당과 다를 바 없네. 그렇다면 내가 이상적으로 생각하는 총리에 대해 쓰자, 이상적인 총리는 남성이 아니라 여성이겠지” 하고 생각했던 모양이다. 그리하여 씩씩하며 머리도 좋은데다가 정치적 수완까지 겸비한 최연소 여성 총리인 아내와, 여성이 사회적인 성공을 거두기 위해 파트너인 남성이 해야 할 역할은 무엇인가를 자연스럽게 이해하고 실천하는 남편의 이야기가탄생한 것이다.

하라다 마하의 소설 『낙원의 캔버스』는 앙리 루소의 명화에 얽힌 수수께끼를 밝히기 위한 지적인 싸움을 그리고 있다. 하라다마하가 누구인지 전혀 몰랐던 2015년 당시, 혼자 식당에 들어가‘주문한 밥이 나올 때까지 몇 장만 읽어볼까’ 하고 페이지를 펼쳤던 나는 밥이 입으로 넘어가는지 코로 넘어가는지 모를 만큼 무아몽중의 상태로 앉은 자리에서 끝까지 다 읽고 말았다. 이야기의 전개나 구조도 굉장했지만 무엇보다 ‘미술적인 디테일이 어쩜이렇게 뛰어날까’ 하고 깜짝 놀랐던 기억이 난다. 미술서 세일즈맨이었던 아버지의 영향으로 집에 쌓인 미술 관련 서적을 주야장천 읽으며 일찌감치 ‘그림 보는 법’에 눈을 뜬 하라다 마하는 중고교시절 미술부와 문예반에 적을 두었고 대학 때는 만화를 그리기도 했다. 이 시기에 친오빠인 하라다 무네노리(24살에 스바루 문학상을 받고 데뷔한 작가)가 하라다 마하에게 큰 영향을 끼쳤다. 아버지로 인해 미술에 관심을, 오빠 덕분에 문학을 동경했던 하라다 마하는 모리 미술관과 뉴욕 현대미술관(MoMA)에서 큐레이터로 일하는 한편 와세다 대학 미술사 대학원에서 공부를 병행하며 일본미술사과 서양미술사, 조몬 시대부터 현대까지 전부 머리에 새겨 넣었다. 이때 단단해진 지식은 훗날 '아트 미스터리의 대가'로 자리매김하는 데 결정적인 공헌을 하였다.

늘 소설을 쓰고 싶다는 마음을 품고 있던 하라다 마하의 데뷔작은 연애소설 『카후를 기다리며』이다. 일반적으로 변호사라면 법정 소설을, 금융 관계자라면 경제 소설을, 의료계에 종사했다면 의학 소설을 집필하여 일반 독자들은 잘 모르는 전문적인 세계를 그림으로써 '쉽게' 데뷔하는데 왜 굳이 연애물에 도전했을까. 이 대목이 인상적인데, 자신은 미술 전문가지만 그 분야에 대한 지식을 활용하지 않고 소설을 써도 과연 독자들이 알아봐 줄지, 타진해 볼 요량이었다. '미술'로부터 가장 먼 세계의 이야기(오키나와 낙도에 살고 휴대 전화도 없을 듯한 청년의 이야기)로 일본 러브스토리 대상을 수상하며 가능성을 입증한 하라다 마하는 『낙원의 캔버스』, 『암막의 게르니카』를 비롯한 아트 미스터리와 음악, 여행, 역사를 바탕으로 한 소설을 연달아 발표하며 단숨에 베스트셀러 작가로 부상했다.

그중에서도 처음으로 정치에 관심을 가지고 쓴 소설 『오늘은 일진도 좋고』(에는 전설의 카피라이터 쿠온 쿠미가 등장한다)가 좋은 반응을 얻자, 정치에 관해 더 깊이 있게 쓰고 싶다는 생각이 들었다고 한다. "일본 정치계나 재계에서도 여성 리더는 매우 적잖아요. 예전부터 그게 쭉 의문이었거든요." 가능하면 젊은 독자들에게 어필할 수 있는, 정치란 자신들의 생활과 밀접하게 연결돼 있다는 사실을 환기시킬 소설을 써 보자고 마음먹었다. 2013년 무렵의 일이다. "환경 문제, 고령화 문제, 육아 문제 등 미래를 바라보고 리더십을 가진 사람, 그렇지만 혼자서는 아니고 주위에 신경을 쓰며 사회적 약자를 배려할 줄 아는, 그런 여성이 리더로 나타나 주면 얼마나 좋을까 생각했습니다." 이러한 과정을 거쳐 태어나게 된 린코와 소마의 이야기는 출간 당시만 해도 '코믹+판타지'로 여겨졌다. 여성 총리라니 웃기지도 않다는 반응이 많았다. 하지만 2020년에 영화로 만들어져 큰 인기를 얻게 된 배경에 대해 저널리스트인 구니야 히로코 씨는 이렇게 적었다. "코로나 팬데믹을 대하는 방식으로 세계적인 주목을 받고 있는 차이잉원 대만 총통, 앙겔라 메르켈 독일 총리, 저신다 아던 뉴질랜드 총리, 산나 마린 미렐라 핀란드 총리. 이들은 모두 위기관리 능력과 대국민 소통 능력으로 많은 신뢰를 받았다. 그러나 일본에는 아직 여성 총리가 탄생하지 않았고 우리는 픽션의 세계에서나마 그 활약상을 만끽할 수밖에 없다. 한숨이 나올 정도로 남성우위가 계속되는 일본 사회에 대한 안티테제로서의 여성 총리. 린코와 같은 총리가 있었다면 신종 코로나 대책은 어땠을까 상상하고 싶어진다."

후기를 쓰며 찾아보니, 뉴질랜드의 저신다 아던 총리는 전 세계 현직 총리 중 최초로 '임기 중 출산+출산 후 휴가'를 얻은 인물이라고 한다. 이 뉴스는 일본에서 특히 화제가 되었다는데, 그렇다면 2020년에 발매된 문고신장판 『총리의 남편』은 이제 (판타지가 아니라) '리얼'이라 해도 좋을 듯하다.

작가 하라다 마하의 열혈 팬으로 이 책을 만들게 되어 기쁜,
마포 김 사장 드림.

총리의 남편

초판 1쇄 발행 2022년 2월 11일

지은이　　하라다 마하
옮긴이　　이규원

　　　　발행편집인　　김홍민 · 최내현
　　　　책임편집　　조미희
　　　　표지디자인　　이혜경디자인
　　　　용지　　한승
　　　　출력(CTP)　　블루엔
　　　　인쇄　　청아
　　　　제본　　보경

펴낸곳　　도서출판 북스피어
출판등록　　2005년 6월 18일 제105-90-91700호
주소　　(10595) 경기도 고양시 덕양구 동송로 23-28 305동 2201호
전화　　02) 518-0427
팩스　　02) 701-0428
홈페이지　　https://blog.naver.com/hongminkkk
전자우편　　editor@booksfear.com

ISBN 979-11-91253-48-1 (04080)
　　　979-11-91253-37-5 (세트)